经世济民

诚信服务

德法兼修

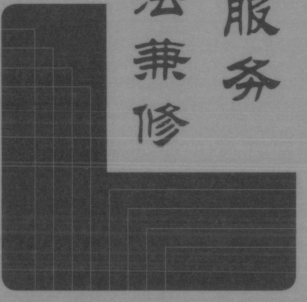

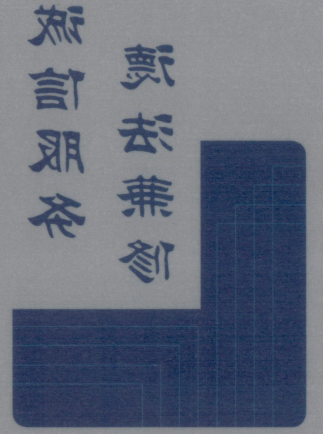

icve 智慧职教

高等职业教育在线开放课程
新形态一体化教材

高等职业教育商科类专业群
市场营销专业新目录·新专标配套教材

市场调查
与数据分析

主　编　居长志　周　峰
副主编　刘金忆　刘　芳

高等教育出版社·北京

内容提要

本书是高等职业教育商科类专业群市场营销专业新目录·新专标配套教材。市场调查与分析一直是市场营销专业的专业核心课。为体现《职业教育专业目录（2021年）》财经商贸类专业数字化变革的新趋势，设计为《市场调查与数据分析》。

本书从企业市场调查实际工作过程出发，阐述市场调查的主要内容和操作技能，特别强化了适应企业数字化转型需求的网络调查、数据分析的新内容，增加了提高学生数据分析能力的Excel基本操作的内容，工作流程清晰，内容实操性强。本书共九章，包括认知市场调查、制定调查方案和设计调查问卷、选用调查方法、确定调查抽样、开展调查工作、资料处理与撰写调查报告、市场预测、Excel数据统计分析、认识大数据分析。

本书既可以作为高等职业教育专科、本科院校和应用型本科院校市场营销专业和其他财经商贸类专业的教材，也可以作为相关从业人员的业务参考用书。

本书配套开发了微课、PPT课件、习题答案等数字化教学资源，具体资源获取方式参见书后"郑重声明"页的资源服务提示。

图书在版编目（CIP）数据

市场调查与数据分析 / 居长志，周峰主编 . -- 北京：高等教育出版社，2022.7（2025.2重印）
ISBN 978-7-04-057602-3

Ⅰ . ①市… Ⅱ . ①居… ②周… Ⅲ . ①市场调查 – 高等学校 – 教材②市场需求分析 – 高等学校 – 教材 Ⅳ . ① F713.52

中国版本图书馆 CIP 数据核字（2022）第 004057 号

市场调查与数据分析
SHICHANGDIAOCHAYUSHUJUFENXI

策划编辑	贾若曦	责任编辑	余 尚	封面设计	王 琰	版式设计 张 杰
插图绘制	邓 超	责任校对	吕红颖	责任印制	刁 毅	

出版发行	高等教育出版社	咨询电话	400-810-0598
社　　址	北京市西城区德外大街 4 号	网　　址	http://www.hep.edu.cn
邮政编码	100120		http://www.hep.com.cn
印　　刷	涿州市京南印刷厂	网上订购	http://www.hepmall.com.cn
开　　本	787 mm×1092 mm　1/16		http://www.hepmall.com
印　　张	19		http://www.hepmall.cn
字　　数	400千字	版　　次	2022 年 7 月第 1 版
插　　页	2	印　　次	2025 年 2 月第 2 次印刷
购书热线	010-58581118	定　　价	49.80 元

本书如有缺页、倒页、脱页等质量问题，请到所购图书销售部门联系调换
版权所有　侵权必究
物 料 号　57602-00

前　言

　　市场调查是企业一切工作的前提和基础。"凡事预则立，不预则废"，企业经营活动和各项决策都需要通过市场调查获取信息和依据。所谓"没有调查就没有发言权""知己知彼，百战不殆"，其实都是讲信息收集、信息分析和调查工作的重要性。

　　本书从互联网时代，社会信息既丰富多彩又瞬息万变、既汲取便捷又复杂难解的特点出发，以市场调查实际工作流程为主线编写，以"互联网+"背景下数据的获取、处理、挖掘和应用等能力的提升为创新点。本书具有以下鲜明特色：

　　1．坚持立德树人，注重德技并修

　　本书坚持立德树人，围绕"素养目标"，通过"素养之窗"等栏目用中国数据，述中国成就，讲中国故事，提升学生的自信心和自豪感，培养学生树立正确的数据观、职业观、价值观和人生观。

　　2．从"主""辅"两条线索实现理实一体

　　本书以市场调查实际工作过程为"主线"，阐述市场调查的主要内容和操作技能，包括调查方案设计、问卷设计、调查方法选用、抽样设计、数据处理、数据分析和调查报告撰写等，流程清晰、实操性强。同时，以当代热点商品"新能源汽车"市场的调查情况和数据分析为"辅线"，全书贯穿"导入案例"和"实训项目"，以一种商品、一个行业全程执行市场调查各环节工作来体现系统性和完整性。

　　3．适应信息时代和企业转型需要，突出数据分析能力提升

　　本书增加了为适应企业数字化转型需要的网络调查、数据分析与应用、大数据分析认知等创新内容，特别是增加了提升学生数据分析能力的Excel基本操作内容，希望通过数据分析与应用工具的学习，树立数据思维和大数据分析理念，全面提高学生数据输入、整理、分析与展示的能力，提升市场调查职业能力和职场竞争力。

　　4．注重信息技术的应用，打造新形态一体化教材

　　本书注重微课、动画、视频等数字化教学资源的建设，展现"互联网+"时代新形态一体化教材的新面貌，满足线上线下混合式教学的新需求。

　　本书由江苏经贸职业技术学院居长志、周峰担任主编，刘金忆、刘芳担任副主编。具体编写人员及分工如下：第一章、第二章、第六章由居长志编写，第三章、第四章、第五章由周峰编写，第七章由刘芳编写，第八章和第九章由刘金忆编写。

由于编者水平及编写时间有限，书中难免存在疏漏或不足之处，敬请广大读者批评指正，以使本书日臻完善。

编　者
2022年2月

目　录

第一章　认知市场调查 / 001
第一节　市场调查概述 / 004
第二节　市场调查的内容与
　　　　种类 / 010
第三节　数据分析与市场调查 / 021

**第二章　制定调查方案和设计调查
　　　　问卷 / 033**
第一节　制定调查方案 / 036
第二节　问卷的构成及题型 / 042
第三节　问卷设计的原则和
　　　　程序 / 054

第三章　选用调查方法 / 069
第一节　案头调查法 / 071
第二节　实地调查法 / 077
第三节　新兴调查法 / 087

第四章　确定调查抽样 / 097
第一节　抽样设计概述 / 099
第二节　样本量的确定 / 103
第三节　抽样方法的选择 / 106

第五章　开展调查工作 / 119
第一节　调查准备 / 121
第二节　正式调查 / 123
第三节　调查控制 / 127

**第六章　资料处理与撰写调查
　　　　报告 / 135**
第一节　资料处理 / 137
第二节　撰写调查报告 / 150

第七章　市场预测 / 161
第一节　市场预测概述 / 163
第二节　市场预测方法 / 173

**第八章　Excel数据统计
　　　　分析 / 189**
第一节　Excel功能与界面 / 192
第二节　输入工作表数据 / 195
第三节　格式化规范数据 / 204
第四节　数据透视表 / 213
第五节　绘制图表分析、展示
　　　　数据 / 230

第九章　认识大数据分析 / 259
第一节　大数据概述 / 262
第二节　大数据分析流程及相关
　　　　技术 / 271

参考文献 / 293

第一章

认知市场调查

学习目标

知识目标

- 了解市场调查的产生、发展和特点
- 了解市场调查与数据分析的关系
- 熟悉市场调查的特征
- 熟悉数据分析的概念和作用
- 掌握市场调查的概念和作用
- 掌握市场调查的内容
- 掌握数据分析的流程

技能目标

- 能根据调查主题，判断市场调查类型
- 能根据调查任务，提出可采用的调查方法
- 能根据调查目标，确定调查数据的范围
- 能根据数据分析要求，提出可采用的数据分析方法
- 能根据宏观数据，进行简要的思考分析

素养目标

- 通过数据分析内容的学习，培养经营管理数据的意识，树立正确的数据观
- 通过市场调查了解我国改革开放以来经济发展的伟大成就，坚定社会主义理想信念和民族自豪感

【思维导图】

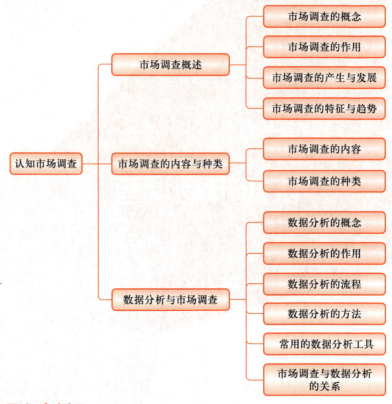

【导入案例】

2020年中国新能源汽车累计产销量

据中国汽车工业协会统计数据显示，2020年，我国汽车产销量分别为2 522.5万辆和2 531.1万辆，较2019年同比下降2%和1.9%。其中，乘用车产销量分别为1 999.4万辆和2 017.8万辆，较2019年同比下降6.5%和6.0%。

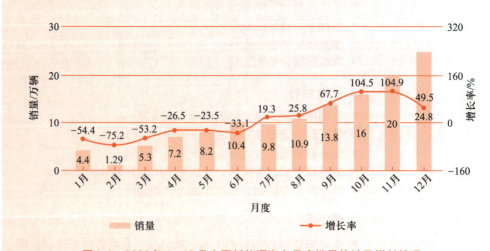

图1-1　2020年1—12月中国新能源汽车月度销量统计及增长情况

2020年，全年新能源汽车产销量分别为136.6万辆和136.7万辆，较2019年同比增长7.5%和10.9%。2020年1—12月中国新能源汽车月度销量统计及增长情况如图1-1所示。

2013年，新能源汽车的年销量为1.8万辆（如图1-2所示）。2020年，新能源汽车的年销量达到136.7万辆（如图1-2所示），占中国汽车市场当年总销量2531.1万辆的5.4%。销量增长75倍。

图1-2　新能源汽车销量及增长率（2013—2020年）

从图1-3中可以看出，2020年，我国汽车销量达2531.1万辆，远高于同期美国汽车1446万辆的销量，自2009年以来连续12年蝉联世界第一。但总体上看，我国汽车市场在2017年达到2888万辆的最高点后，销售增长迟缓，甚至有所下降，说明我国汽车市场进入了饱和阶段。此外，一批新兴汽车制造企业适应低碳排放大趋势，推动动力电池技术和汽车电驱动技术的发展，在电动汽车生产和销售上保持了令人瞩目的快速增长势头。我国的比亚迪、广汽新能源、美国的特斯拉等成为新能源汽车领域的领先者，一批传统汽车优势企业也迅速发力，争取后来者居上。

图1-3　中国汽车销量及增长率（2001—2020年）

案例思考：本案例介绍了我国汽车，特别是新能源汽车的销售和发展变化情况，结合以上数据思考：

1. 我国汽车市场这些年来有哪些发展特点？

2. 为什么2020年上半年新能源汽车销售低迷？

3. 如果你是一家传统汽车公司的总经理，未来应该注重开发哪些类型的新产品？

第一节　市场调查概述

一、市场调查的概念

21世纪是知识经济的时代，其最大特征就是信息成为一种重要的社会资源，而市场调查则是获取市场信息、服务经营管理的一种重要手段。随着我国市场经济的不断发展，市场调查作为一门科学、一项工作、一个行业，已逐步发展成熟起来。简单地说，市场调查（Market Research）是指为了科学决策，针对市场环境、市场主体、市场活动等进行的调查与研究活动。

20世纪30年代，由于产品销售矛盾尖锐，市场竞争日趋激烈，许多企业为了销售已经生产完成的产品，需要对市场进行经常性分析，有的企业就开始设立调查部门。当时市场调查的任务主要是了解市场供需状况和竞争情况，寻找推销产品的适当方法。

市场调查伴随着同期发展起来的市场营销（Marketing）新学科产生。市场营销理念（Marketing Concept）是以顾客的需求和欲望为导向的经营哲学。作为企业经营的指导思想，市场营销的功能不仅是要把已经生产的产品卖出去，更重要的是以满足消费者或用户需求为中心，参与企业生产经营活动的整个过程。市场调查通过收集、记录、分析影响企业生产经营活动的外界因素，以及与企业生产经营活动有关的全部资料，对市场环境、营销机会以及营销战略和策略等提出研究分析报告，供企业管理者决策时参考使用。市场调查支持配合企业的营销工作，也促进了市场调查技术和相关行业的快速发展。

关于市场调查的概念，不同的人和不同的机构有不同的描述。

菲利普·科特勒认为：市场调查是为制定某项具体的营销决策而对有关信息进行系统收集、分析和报告的过程。例如，某企业准备生产一种新产品，在做决策之前，有必要对该产品的市场潜力进行较准确的预测。对此，无论是内部报告系统还是营销情报系统都难以提供足够的信息并完成这一预测，这就需要组织专门力量或委托外部专业调查机构来进行市场调查。

大卫·杰拉克认为：市场调查是为了特定的市场营销决策，面对有关资料进行系统的计划、收集、记录、分析和解释。这个定义与上述定义的主要区别是增加了计划阶段。它认为市场调查应在计划环节花费较大精力。同时在对资料进行分析后，再根据所做的决策进行解释，相当于报告。

美国市场营销学会（American Marketing Association，AMA）对市场调查所下定义为：市场调查是通过信息资料的收集而与市场相适应的功能性手段。这些手段使市场营销活动发生，并得到评估和改进；可以使市场营销活动得到监控，并且有利于对作为一个过程的市场营销的理解。这个定义强调只是为了使企业等组织机构与市场相适应才进行信息资料的收集，因此这种市场调查必然要贯穿于市场营销活动的全过程，而且市场调查的本质是一种服务于市场营销的手段。

视频：认知
市场调查

归纳上述观点，市场调查是指用科学的方法，有目的、系统地收集、记录、整理和分析市场情况，了解市场的现状及发展趋势，为企业决策者制定政策、进行市场预测、制订计划、做出经营决策、评估绩效和发现问题等提供客观依据的活动。市场调查是一个系统的过程，包括对有关资料进行系统的计划、收集、记录、分析、解释和报告等。

综上所述，可以从宏观和微观两个层面理解市场调查的概念。

（1）宏观层面。市场调查服务企业经营管理工作的全过程，是企业决策的重要环节和前提，是监控和优化企业经营管理过程、评估企业经营管理绩效的重要手段。

（2）微观层面。市场调查针对某项企业决策或经营管理目标而开展，具有鲜明的指向性和目的性。

二、市场调查的作用

市场调查的作用体现在以下四个方面，主要聚焦于市场调查结果的应用。

（一）制定一切营销策略的基础

企业市场营销是建立在特定市场环境基础上的，并需要与市场环境达成默契，相互协调、相互配合。因此，要制定出正确的市场营销策略，就必须全面掌握相关市场营销环境和顾客需求信息，而市场调查的目的就是为营销决策者提供准确、客观的市场信息。这些市场信息主要包括：

（1）本企业产品在哪些市场上销售较好，有发展潜力？

（2）在具体市场上预期可销售数量是多少？

（3）如何制定产品价格才能保证提高销售量和利润？

（4）怎样组织产品分销？可靠的分销商有哪些？销售费用是多少？

（5）如何才能扩大产品的销售量？

只有通过市场调查，获得准确的市场信息，才能准确回答这些问题。企业管理者在制定产品策略、价格策略、分销策略、促销策略时，必须全面了解、具体分析这些市场信息，从而有针对性地制定市场营销策略、企业经营发展策略，才能避免发生决策性错误。

市场调查是企业市场营销决策的基础性工作，这项工作做得越好，企业制定的市场营销策略取得成功的可能性越大。否则，就会形成盲目的和脱离实际的决策，而盲目则往往意味着失败和损失。

（二）执行策略过程中的"纠偏"

动画：市场
调查的作用

市场是不断发展的，对市场的判断和把握需要不断与时俱进。企业经营过程中，既要面对产品、价格、分销、促销、竞争等市场因素的变化，也要面对政治、经济、文化、地理等环境因素的变化，以及这两类因素的相互联系和相互影响而产生的复合变化。

为适应这种变化，企业只有通过广泛的市场调查，及时了解各种市场因素和环境因素的变化，有针对性地采取措施，并对市场因素（如价格、产品结构、分销和促销等）不断调整，以应对市场竞争和市场变化。

对于企业来说，能否及时了解市场变化情况，并适时适当地采取应变措施，是企业营销策略动态优化和取得经营成功的关键。

（三）把握市场和科技变化的"风向"

掌握正确的市场信息，可以了解市场可能的变化趋势以及消费者潜在的购买动机和需求，有助于营销者把握最佳市场机遇，为企业发展提供新契机。

当今世界，科技发展迅速，新发明、新创造、新技术和新产品层出不穷，日新月异。技术的进步自然会在市场上以商品的形式反映出来。优质的市场调查有助于企业了解当前相关行业的发展状况和技术经验，为企业改善经营模式提供信息。

通过市场调查，可以得到有助于及时了解市场经济发展动态和科技领域的资料信息，为企业提供最新的市场情报和技术生产情报，以便更好地学习和汲取同行业的先进经验和最新技术，改进企业的生产技术，提高人员的技术水平和企业的管理水平，从而提高产品质量，加速产品的迭代升级，增强产品和企业的竞争力，保障企业的生存和发展。

（四）提高企业市场竞争力的"助手"

现代市场竞争实质上是信息的竞争，谁先获得了重要的信息，谁就会在市场上掌握先机，在竞争中立于不败之地。对于信息这一重要资源，其流动性远不如其他生产要素强，企业只有通过主动调查和分析，才能随时掌握市场、环境和竞争者的各种信息，开展有针对性的经营决策，从而提高市场竞争力。

市场调查作为促进市场与企业"共谐"的重要手段，在高速变化的经营环境中，为企业提供强有力的信息支持。有效利用市场调查的成果，可以提升企业的产品力、竞争力和促销力，提高消费者的认同度和满意度、品牌知名度、市场份额等，优质的市场调查可以有效提升企业市场竞争的优势。

随着市场竞争的日益激烈，市场调查对于经营者来说，显得愈发重要。它既是经营管理的开始，又贯穿于经营管理的全过程。市场调查决定企业发现和把握市场机会的能力，也能有效助力企业的市场竞争能力和目标实现能力。可以说，市场调查的好坏决定着经营管理过程的成败。

三、市场调查的产生与发展

市场调查是伴随着商品生产和商品交换活动而产生并发展起来的。在自给自足的自然经济社会，生产力水平极其低下，劳动者的产品只能满足日常消费的需要，并不作为商品进行交换，既没有市场，也谈不上市场调查。随着商品的产生和市场的出现，市场调查应运而生。

（一）产生原因

1. 买方市场的形成

买方市场是指在商品供过于求的条件下，买方掌握着市场交易主动权的一种市场形态。买方市场的形成是商品经济发展和社会生产力全面提高的结果。企业为了能够在激烈的市场竞争中谋求生存和发展，为了把自己的产品顺利售出，就必须研究消费者的需求偏好、消费心理和购买行为，以及必须开展的针对消费者的市场调查活动。

2. 市场竞争的日益加剧

随着商品经济的发展和社会生产力水平的不断提高，人民的生活水平随之不断提高，购买力也不断增强，从而涌现出越来越多的以满足人民日益增长的各项需求为目的的企业，社会商品也日益丰富。在目前的市场竞争条件下，谁能够更准确地把握市场机遇，并比竞争对手更快、更有效地满足市场需求，谁才有可能获得消费者的青睐，成为市场中的胜利者。

3. 消费者需求的多样化和多变性特征明显

在市场营销观念下，企业的一切经营活动均是以满足消费者的需求为中心的，企业成功的关键也是要抓住消费者的需求。只有消费者的需求得到了满足，才能顺利实现产品的价值和企业的目标。然而，消费者的需求是多样性的，不同的消费者具有不同的偏好，而且同一个消费者在不同条件下也会具有不同的偏好。另外，消费者的需求也是多变的。时间，地点，消费者的收入、职业、情绪变化，都有可能改变消费者的需求。因此，要满足消费者的多样化、多变性需求，企业就必须借助先进的市场调查手段来实现。

（二）发展过程

1. 萌芽阶段（20世纪前）

18世纪60年代开始的工业革命，使西方资本主义不断发展，市场调查也在这一时期正式进入历史舞台。有记载的最早的市场调查是1824年8月由《宾夕法尼亚哈里斯堡报》进行的关于选举投票的调查。而有记载的最早正式用于市场决策的市场调查是由艾耶父子广告公司于1879年进行的广告调查。

2. 建立阶段（20世纪初—20世纪30年代中期）

进入20世纪后，激增的消费需求和大规模生产的发展导致更大规模、更远距离的市场出现。了解消费者的购买习惯和对制造商产品的需求应运而生。为适应这种需求，1911年，柯蒂斯出版公司（Curtis Publishing Company）建立了第一家正式的市场调查部门：商业调查部。为了深入了解消费者的内心世界，20世纪20年代，AC 尼尔森（A.C.Nielsen）、丹尼尔·斯塔奇（Daniel Starch）和乔治·盖洛普（Gallup George Horace）先后建立了各自的市场调查公司。

3. 发展阶段（20世纪30年代末—20世纪50年代初）

20世纪30年代末到20世纪50年代初是市场调查的发展阶段。20世纪30年代末至20世纪40年代初，样本设计技术获得很大进展，抽样调查兴起。调查方法的革新使得市场调查方法的应用更加广泛。20世纪40年代以后，有关市场调查的书籍陆续出版。越来越多大学的商学院开设了市场调查课程，教材也不断更新。在此期间，配额抽样、随机抽样、消费者固定样本调查问卷访问统计推断、回归分析、简单相关分析、趋势分析等理论得到了广泛的应用和发展。

4. 成熟创新阶段（20世纪50年代中期至今）

自20世纪50年代中期开始，伴随着卖方市场向买方市场的快速转变，企业越来越深刻地认识到通过市场调查发现市场需求，并生产满足这些需求的产品的重要性。企业需要更加完善的市场调查和更加准确的市场信息，不仅要关注容易区分的顾客人口统计特征，而且要关注消费者行为分析。与此同时，计算机的问世及其在市场调查中的广泛应用，推动着市场调查进入一个能更好地满足企业信息需求的创新发展阶段。调查数据的分析、储存和提取能力大大提升，定量调查方法和定性调查方法在数量上和先进性方面得到长足发展。

四、市场调查的特征与趋势

（一）市场调查的特征

市场调查有很多特征，这里从调查过程和调查结果的应用两方面介绍其中的主要特征，以便在对市场调查进行评价时应用。

1. 目标性

市场调查总是为一定的企业决策或经营活动服务的，具有明确的目标性和问题导向性。市场调查必须紧密围绕调查目标，结合企业实际，明确调查方向和调查方法，制定合适的调查方案，提高市场调查的效率和质量，更好地实现企业市场调查目标。

2. 科学性

企业在进行市场调查时，必须遵循市场调查的科学原理、科学方法和科学程序，包括：要有正确的指导思想，要按客观规律办事；要有严格的工作流程，按照科学的程序开展市场调查；要根据调查实际情况，选择恰当的调查方法；要根据调查主题，选择分析问题和解决问题的工具和路径；在调查结果处理阶段，要排除研究人员的主观偏见，排除其他人员的干扰，以科学的态度向企业决策人员提供研究报告。

3. 广泛性

市场调查的应用涉及企业生产经营活动的各个方面和各种要素，具有广泛性、多样性和差异性。市场调查可以用于分析较为简单的调查项目，如消费者的性别、年龄、职业、文化程度等基本情况；也可用于分析较为复杂的问题，如消费者的收入、支出、态度、个人爱好、行为动机等；可以用于宏观环境因素的调查，如政策、社会、经济、科技等；也可以用于微观经营因素的调查，如供应者、竞争者、商圈等。

4. 经济性

市场调查是企业经营成功必不可少的一项经济活动，必须遵循企业经营的经济性原则。对于市场调查工作的经济支出，必须考虑投入和产出关系，力争以最少的调查费用取得最佳的调查结果；必须考虑市场不断变化的特征和调查结果的时效性，力争取得最佳的调查成效。

（二）市场调查的发展趋势

当前，企业面临更多的市场竞争挑战，需要获取更多的市场信息以帮助决策者制定各种决策，市场调查信息成为一种能够满足特殊需要的产品而出现在市场上。由于市场信息这类产品的出现，导致一个新兴市场的形成，这个市场和其他市场一样不断走向成熟。在中国，由于企业对市场信息的需求不断增强，一些相关组织转移其生产经营重点，成为以专门从事市场信息收集、分析、研究和向社会提供自己的特殊产品——市场信息的经营组织，即市场调查公司。随着供需双方的不断磨合，一个特殊的市场及其相应的市场运作规律由初具雏形走向成熟。最显著的表现是，根据企业对市场信息的不同需求，社会上就会有相应的市场调查组织产生以满足这种需求。随着供需各方的共同努力，一个市场信息服务市场逐渐形成并不断壮大。

市场调查的发展趋势与市场调查产品市场的发展趋势有着密切的关系，即市场调查产品市场的发展趋势决定市场调查的发展趋势，当前市场调查的发展呈现以下四种趋势：

1. 由轻视市场信息到重视市场信息

企业决策者越来越深刻体会到经验、知识、信息的有限性，深感掌握市场发展的趋势与特征的重要性，对于市场信息逐渐由淡漠转为"一刻都不能离开"手机、笔记本电脑、网络、信息资源平台（库）等，彰显了他们对市场信息的重视。

2. 由事前急用到长期持续收集市场信息

企业管理者已从过去的"急用时，的确可以解决问题"转为"市场信息是重要的管理资源"，要凭借日常的信息采集与分析，发现"蛛丝马迹"，形成对市场本质特征和发展变化趋势的准确认识。所谓"持之以恒，必见其效""防患于未然"，现在的企业越来越注重长期持续的市场信息收集。

3. 由"依靠别人"到"依靠别人＋企业自身"开展市场调查

过去的企业由于缺乏开展市场调查的专业人员与经验，多选择依靠专业市场调查机构来完成各项市场调查工作。随着时间的推移，现在的企业逐渐获得越来越多的市场调查经验，形成一支能够独立完成市场调查任务的队伍。这样日常的、普通的市场信息收集一般由企业内部的市场调查队伍完成，也可以防止企业机密的外泄。而事关重要战略设计和重大经营决策的信息收集和分析，则往往与专业的市场调查公司联手开展。

4. 由随意舍弃市场信息到系统分类保管和应用市场信息

由于受主客观条件的限制，过去企业无法长期、系统地收集、保管日常的市场信息，导致不同时期为获得同一种信息，往往需要重复进行相同的信息收集活动。随着企业现代化管理信息系统的不断完善，特别是信息化、网络化、智能化的转型，当今企业通过办公自动化系统、管理信息系统、企业资源计划系统、客户关系管理系统、人力资源管理系统等，使得各类信息的储存越来越系统化、长期化；经营管理人员制定未来的战略和经营决策时，依据的信息越来越全面、系统、准确，并通过建立相关的数量关系模型，进行数据分析和经营决策，促进企业经营和决策的科学化和智能化。

第二节　市场调查的内容与种类

一、市场调查的内容

市场调查的内容很广泛，需要根据企业的市场调查目标进行取舍。一般来说，市场调查包括市场环境、市场需求、营销策略、竞争者等内容。

（一）市场环境

企业的生产经营活动、消费者的需求和消费活动总是依托于一定的社会经济环境，不可能脱离环境而孤立存在。企业只有在充分调查研究市场环境的基础上，主动适应市场，从中发现机会、规避风险，才能取得经营的成功。因此，重视对市场环境及其变化的研究，是企业开展营销活动的前提。市场环境包括政治环境、经济环境、社会文化环境、气候地理环境等。

1. 政治环境

政治环境包括国家的政治体制、政治局势、政党体制、国家政策、国内政治环境、国际政治环境、法律环境等，对企业经营有决定性影响，是企业市场营销的方向和行为规则。

（1）政治体制。政治体制是指政权的组织形式，即国家采取什么样的方式来组织政权机关。政治体制是政治制度的体现，不同政治制度的国家，其经济、文化、外贸等政策也不同。

（2）政治局势。政治局势是指一国政局的稳定程度、与邻国的关系、边界安定性、社会安定性等。政权更替频繁、政府人事变动、暴力事件频出、经济危机爆发等，都意味着国家内外方针政策的调整和变化，这必然会对企业的市场营销产生重大影响。

（3）政党体制。不同的政党有不同的政治主张和政策纲领，一个国家的政党体制、各党派尤其是现行执政党的性质以及所持政治纲领，对于国家政策和政府行为起到决定性作用，影响政府对内、对外商业活动所持的态度和各项经济、贸易政策的具体实施。

（4）国家政策。国家政策是指一国政府为发展本国经济而制定的方针、政策，如人口政策、产业政策、物价政策、税收政策、财政金融与信贷政策、外贸政策等。这些方针、政策的实施会对企业的市场营销活动起到激励、促进或限制、取缔的作用，从而为有些企业提供新的市场营销机会，使有些企业面临市场风险。

（5）国内政治环境。国内政治路线、方针、政策的制定与调整，会影响企业的市场营销活动，对企业的营销活动既可能鼓励、促进，也可能限制和禁止。例如，《中华人民共和国环境保护法》的颁布和实施，对污染严重的小型造纸厂、小型化工厂的发展进行了限制，却为生产环保设备的企业带来了发展机遇。

（6）国际政治环境。随着国家之间贸易往来的日益频繁，企业的整体经营活动及运行机制逐渐与国际市场接轨。因此，企业必须研究国际政治环境，努力适应国际营销环境对企业的影响。

（7）法律环境。法律环境是指国家或地方政府颁布的各项法规、法令和条例等。它是企业营销活动的准则，企业只有依法进行各种营销活动才能受到国家法律的有效保护。随着我国经济进入高质量发展阶段，法律已开始渗透到社会经济生活的各个方面，有关确立市场规则、维护市场秩序的法律法规纷纷颁布并实施。企业需要了解并严格遵守这些法律，在法律许可范围内开展市场活动。此外，当企业开展国际市场经营活动时，还需要了解目标市场国家的法律对企业营销的影响，如果忽视这些法律、法规，不仅会增加营销困难，而且可能会产生巨大风险。

2. 经济环境

经济环境是指企业营销活动所产生的外部经济因素，其运行状况及发展趋势会直接或间接地对企业营销活动产生影响。经济环境调查需要了解的信息包括：

（1）消费者收入。购买力是市场形成并影响其规模大小的决定因素，它也是影响企业营销活动的直接经济因素。消费者的购买力来自消费者的收入，但消费者并不是把全部收入都用来购买商品的，购买力只是收入的一部分。因此，在研究消费者收入时，要注意了解以下指标：

① 个人可支配收入是指在个人收入中扣除税款和非税性负担后所得余额，它是个人收入中可以用于消费支出或储蓄的部分，属于实际购买力。

② 个人可任意支配收入是指在个人可支配收入中减去用于维持个人与家庭生活所必需的支出和其他固定支出（如房租、水电、食物、衣着等项目开支）后剩余的部分。这部分收入是消费需求变化中最活跃的因素，也是企业开展营销活动时所要考虑的主要对象。因为这部分收入主要用于满足人们基本生活需要以外的开支，如购买高档耐用消费品、旅游、储蓄等，是影响非生活必需品和服务销售的主要因素。

③ 家庭收入的高低会影响产品的市场需求。一般来讲，家庭收入越高，对消费品的需求越大，购买力也越强；反之，对消费品的需求越小，购买力也越弱。

（2）消费者支出。随着消费者收入的变化，消费者支出模式会发生相应变化，进而影响消费结构。消费结构是指消费过程中人们所消耗的各种消费品及服务的构成，即各种消费支出占总支出的比例。随着我国经济发展水平的不断提高，消费者的日常生活性消费即必要消费所占比例越来越低，而改善性、发展性、体验性的精神层面的消费需求所占的比例越来越高。需要通过市场调查了解消费者的支出总额、支出的商品类别与结构、支出的变化趋势等。

（3）消费者储蓄和信贷。消费者的购买力受储蓄和信贷的直接影响。当收入固定时，储蓄越多，现实消费量越小，潜在消费量越大；反之，储蓄越少，现实消费量越大，潜在消费量越小。另外，储蓄目的不同，潜在需求量、消费模式、消费内容、消费发展方向就不同。这就要求企业营销人员在调查、了解储蓄动机与目的的基础上，制定不同的营销策略，为消费者提供有效的产品和服务。

消费者信贷，是指消费者凭信用先获得商品使用权，然后按期归还贷款，以购买商品。消费者信贷对购买力的影响也很大。信贷消费允许人们购买超过自己现实购买力的商品，创造更多需求。我国现阶段的信贷消费基本局限于住房、汽车等，但相较于以前已有了较大发展。

（4）社会经济发展水平。企业的市场营销活动还要受到整个国家或地区经济发展水平的制约。经济发展阶段不同，居民的收入不同，顾客对产品的需求也不同，从而在一定程度上会影响企业的营销活动。

经济发展水平主要影响市场容量和市场需求结构，经济发展水平越高，就业人口就会相应增加。而失业率低、企业开工率高，以及经济形势向好，又必然引起消费需求的增加和消费结构的改变。

此外，还需要了解经济发展的特征，包括某一地区或国家的人口、收入、自然资源及经济结构等，这些因素都在不同程度上影响市场需求，例如，某一地区或国家由于资源条件有限，总是对匮乏的资源或产品产生需求；此外，重工业区和农业区等某种行业比较集中的地区，其市场需求均有自己的特点。因此，某种产品的适用程度也会有所不同。

3. 社会文化环境

社会文化环境是指在一种社会形态下已经形成价值、观念、道德规范、审美观念，以及风俗习惯等要素的总和。企业经营处在一定的社会文化环境中，它的经营活动必然受到这种社会文化环境的影响和制约。企业应通过调查研究，准确把握社会文化环境，制定不同的营销策略。社会文化环境调查需要了解的信息包括：

（1）教育状况。受教育程度的高低直接影响消费者对商品的需求，科技先进、性能高级的产品在知识水平较高的国家或地区会有很好的销路；而性能简单、易于操作、价格低廉的产品在知识水平较低的国家或地区更能找到合适的销路。

（2）价值观念。价值观念是指人们对社会生活中各种事物的态度和看法，不同文化背景下人们的价值观念往往存在很大差异，消费者对商品的需求和购买行为深受其价值观念的影响。企业的产品或服务要满足消费者的价值观。

（3）消费习俗。消费习俗是指人们在长期经济活动与社会活动中所形成的一种消费方式与习惯。不同的消费习俗具有不同的商品需求，研究消费习俗不仅有利于组织好消费用品的生产与销售，而且有利于正确、主动地引导健康消费。了解目标市场消费者的禁忌、习俗、信仰、伦理等是企业开展市场营销的重要前提。

在研究社会文化环境时，要重视亚文化群对消费需求的影响。每一种社会文化除了核心文化外都包含若干亚文化群。因此，企业市场营销人员在进行市场营销环境分析时，应充分考虑各种亚文化群，可将其视为细分市场，满足不同消费者的需求。

4. 气候地理环境

气候会影响消费者的饮食习惯、衣着、住房及住房设施。在某种气候条件下，消费者的商品选择具有一定的针对性，这种情况并不是人为因素造成的。所以，同样的产品在不同的气候条件下，会有截然不同的需求状况，销售情况当然也会有很大差别。

地理因素就是地区的地理环境，如山区、平原、高原、江河湖海流经地区或远离水源的地区等。地理环境决定了地区之间资源分布状态，消费习惯、消费结构及消费方式，因此产品在不同的地理环境下，其适用程度和需求程度会有很大差别，由此引起销售量、销售结构及消费方式的不同。

以上所述市场环境的各个因素均不以企业的意志为转移，市场调查首先要对企业所处的环境进行调查，以便充分了解这些不可控制因素的特征，从而避免在经营中出现与周围环境相冲突的情况，并尽量利用市场环境中有利于企业发展的因素，保证经营活动的顺利进行。

（二）市场需求

市场需求主要包括市场规模、需求结构、消费者行为等。

1. 市场规模

市场规模调查是企业对市场的总体了解，市场营销学认为：市场=人口+购买力+购买欲望，即市场实际上是买得起（有购买力）又想买（有购买欲望）的人。因此，市场规模调查主要是调查目标市场的人口规模、收入情况和人们的购买意向。

2. 需求结构

需求结构是指对作为市场主体的消费者的人口构成、家庭规模、需求构成等方面的调查。

（1）人口构成。人口构成调查一般包括性别、年龄、职业、文化程度、民族等要素。根据企业产品不同的需求特点，不同要素指标的消费者在需求强度、频度、量度方面往往会存在显著差异。

（2）家庭规模。家庭规模也就是家庭人口数。家庭人口数多，对生活必需品的需求量就大。在我国，家庭规模呈逐渐缩小的趋势，而家庭数量则在增加，这表现在市场需求上，未成年子女的开销呈较快增长趋势，以家庭为单位的耐用消费品、家电、装饰用品等产品的需求也逐年稳步上升，改善生活品质的新商品，高品质、高价位商品的需求也在不断增长。

（3）需求构成。根据调查目的，需求构成的调查可以是总体上消费者购买商品的品类结构、价格结构、发展趋势等，也可以是具体的消费者购买商品的品牌、购买偏好、考虑购买的因素、消费特征等。

3. 消费者行为

消费者行为在市场调查中较难把握，而又存在诸多不确定性因素。它受多方面因素的影响，包括消费者心理、性格、消费习惯、个人偏好和周围环境等。消费者行为的调查具体包括消费者心理和消费者购买行为类型。

（1）消费者心理。消费者心理需要是促成消费者购买行为的关键因素。由于心理需要具有多变性、多样性和复杂性，所以，非常有必要调查消费者出于何种心理需要来购买某种商品，怎样去迎合这种心理需要进行产品的宣传。

消费者心理表现为以下几个方面：

① 习俗心理。由于消费者所处地理环境、风俗习惯、宗教信仰、传统观念以及种族的不同而存在的不同心理需要。

② 同步心理。在社会风气、时尚热潮的影响下，赶时髦、随潮流的心理需要。

③ 偏爱心理。由于心理素质、文化程度、业余爱好、职业习惯和生活的影响，从而产生对某种商品的特殊爱好。

④ 经济心理。即注重经济实惠、物美价廉、货价相等的心理需要。

⑤ 好奇心理。即对新事物、新构想的求知心理及追求新颖、奇特的心理需要。

⑥ 便利心理。即要求购买便捷，服务周到、热情、商品易携带、维修和使用的心理需要。

⑦ 求名心理。为保证商品的质量以及体现一定的社会地位和经济地位而产生的挑选商品名牌、以商品品牌来决定购买的心理需要。在促成消费者发生购买行为的过程中，可能是一种心理需要，也可能是多种心理需要发挥了作用，如果能把握关键作用的几种心理因素，在产品设计、外观包装、广告宣传等方面强化某种效果，就会达到促进购买、吸引顾客的目的。

（2）消费者购买行为类型。根据不同的行为态度，消费者购买行为类型包括：

① 习惯型购买。即根据以往形成的习惯或效仿他人的经验而决定购买，表现为长期集中于一种型号的商品或某种市场购买渠道而不易受外界的干扰。

② 理智型购买。即根据自己的经验和学识判别商品，对商品进行认真的分析，经过比较和衡量后才做出决定，而且不愿意外人介入。

③ 感情型购买。即在购买商品时因感情因素的支配，容易受到某种宣传和广告的吸引，经常以商品是否符合感情的需要进行购买。

④ 冲动型购买。即消费者为商品的某一方面（商标、样式、价格等）所强烈吸引，迅速做出购买决策，而不愿对商品做反复比较。

⑤ 经济型购买。即消费者多从经济方面着眼考虑购买，特别是对价格非常敏感，购买高级商品以求好而购买低级商品以求廉的购买行为。

⑥ 随意型购买。即消费者缺乏购买经验，或随大流，或奉命购买，并乐于听取别人的指教。

尽管企业的营销经营管理人员无法直接塑造或操纵消费者心理、性格或购买决策行为，但可以通过调查来了解这些因素，并以积极主动的方法影响消费者的决策过程。在经营过程中，完全有必要也有可能以某种消费者购买行为方面的知识为基础，组织对消费者实施的信息传递和输送，说服消费者对某一特定产品或服务采取实际行动。

（三）营销策略

营销策略调查是企业市场调查的侧重点，既包括现有营销策略的执行情况、效果评估、市场研判、优化方向等，也包括未来营销策略的调整，及其可行性、有效性等。具体包括产品调查、价格调查、分销渠道调查、促销活动调查等内容。

1. 产品调查

有高质量的产品才可能有理想的销售量，名牌产品一定是深受消费者欢迎的产品，要拥有适合消费者需求的产品，就需要对产品的各方面进行准确调查。

（1）产品的性能与效用。产品的性能与效用是产品的核心，也是消费者购买商品的目的和驱动力。产品性能与效用的调查包括：目标消费者需要的商品具体性能与效用如何？企业现有商品的性能与效用如何？消费者有哪些优化的建议？消费者认可新产品的性能与效用吗？

（2）产品实体。产品实体调查包括：

① 产品外观，即外包装设计风格、特色、审美以及使用价值等。

② 产品规格。产品规格大小会在不同的消费者中产生不同的反馈，对于特定的市场，产品规格必须与当地人的习惯或爱好相适应。

③ 式样和类型。对很多服装和一些日用品而言，式样和类型的要求在不同地区也存在差异，如城市与农村之间、不同国家之间等。

（3）产品包装。产品包装应该既美观、结实，又便于运输和装卸，还需要具有促销功能。根据包装的功能与作用，产品包装调查包括目标市场顾客的审美偏好与禁忌、对产品包装的满意度、包装对顾客的吸引力、促销情况、竞争对手的包装式样和特色等。

（4）品牌。品牌是"商品的脸"，是消费者区别、选购同类商品的称呼，企业需要了解其品牌的认知度、记忆度、美誉度，了解消费者对企业品牌的理解和认可，以及促进销售的情况，了解消费者对同类产品其他品牌的了解、认知和认可情况。

（5）产品生命周期。任何进入市场的产品都有其生命周期。产品生命周期包括引入期、增长期、成熟期和衰退期四个阶段。企业随时了解生产经营的产品处于生命周期的哪一阶段，需要掌握产品的销量变化、利润率、中间商和消费者对产品的兴趣等，以做出产品所处生命周期的判断，供企业优化调整营销策略使用。

2. 价格调查

产品进入市场，必然要考虑成本和利润，制定产品价格的意义不仅在于弥补成本或费用支出、获得利润，也与市场竞争密切相关。价格竞争仍然是占据市场的有效手段，因此，产品定价除了需要考虑产品的生产成本及费用支出外，还要视市场及竞争情况决定。价格调查的内容包括：

（1）目标市场不同阶层顾客对产品的需求程度。

（2）竞争产品的定价水平及销售量。

（3）采用浮动价格是否合理？提价和降价带来什么反映？

（4）目标市场不同消费者对产品价格的要求。

（5）现有定价能否使企业盈利，盈利水平在不同企业中居于什么地位。

3. 分销渠道调查

分销渠道是指商品从生产领域进入消费领域所经过的通道。当前企业的分销渠道是丰富多样的，既有企业建设销售网络的直接渠道，也有企业依托各种中间商来销售的间接渠道；既有传统的线下销售渠道，也有新兴的线上销售渠道，还有走向融合的全渠道（线上线下融合）。分销渠道调查内容包括：

（1）本类商品最常用的流通渠道或分销情况。

（2）现行分销渠道中的成功类型。

（3）市场上是否存在分销此种商品的权威性机构？如果存在，他们经销的商品在市场中所占有的份额大小。

（4）市场上经营此类商品的经销商，尤其是主要经销商，是否愿意或有无能力再接受新的货源。

（5）市场上经营此类商品的经销商，尤其是主要经销商，经销此类商品的要求和条件。

（6）经销商除了经销商品以外，是否还承担其他促销业务，如广告宣传、售后服务等。经销商还需要什么样的帮助，如技术培训、资金扶持等。

（7）经销此类商品的竞争情况和竞争者的优势是什么？

（8）商品在每一环节的加价或折扣是多少？

4. 促销活动调查

促销活动包括广告宣传、公关活动、现场演示、优惠或有奖销售等一系列活动。在产品处于不同生命周期或不同季节的情况下，采用哪种或哪几种方式更有利于促销，需要依据调查资料进行决策。促销活动调查内容包括：

（1）消费者喜欢的促销方式是什么？

（2）消费者关注的商品要素有哪些？

（3）消费者喜爱的媒体形式与平台有哪些？

（4）促销活动后，销售额的涨幅，以及消费者的反应。

（5）有多少使用其他品牌的消费者在促销活动结束后，改用本公司的产品？

（6）改用本公司产品的顾客反应如何？

（7）促销活动开展后，市场占有率及企业在竞争中的地位是否发生变化？

（四）竞争者

任何产品在市场上都会遇到竞争对手，越是销量大的产品，其市场竞争对手就越多。企业需要了解竞争对手的基本情况、产品、价格，以及竞争策略等，以做到知己知彼，帮助企业制定具有针对性的竞争策略。

1. 竞争对手的基本情况

竞争对手的基本情况包括：登记情况、业务背景、股东情况、内部组织结构；人力资源（数量、结构、规模和组成）、员工工资；子公司或关联公司；固定资产和总投资；设备状况；产品名称；是否拥有自己的专利产品；质量控制体系；竞争对手企业各个阶段的发展目标；目前的问题及解决方案。

2. 竞争对手的生产经营状况

竞争对手的生产经营状况包括：主营产品范围、产品结构；主要用途、辅助用途；产品的优缺点，产品认证质量，产品价格，主要产品的产量（月/年），产品近三年的改善情况；竞争对手企业的生产线和生产能力，技术引进，新产品研发，企业产品的主要原材料供应商，主要原材料价格波动趋势，产品包装，产品运输。

3. 竞争对手的财务状况

竞争对手的财务状况包括：竞争对手企业的基本财务制度，公司财务部门的基本情况，财务部门在公司的地位，财务部门人力资源的引进，公司支付制度，财务状况，资产负债表（损益表，竞争对手财务状况分析，比率分析，趋势分析，行业比较）。

4. 竞争对手的营销策略

竞争对手的营销策略包括：市场策略、销售渠道、价格策略与价格分析；主要经销商（代理商）、主要销售地区和本地区市场表现；售后服务状况。

只有掌握以上情况，才能判断出企业所具备的与竞争对手相抗衡的条件或可能性，才能清楚地意识到自己在市场竞争中所处的地位，并以此为依据制定企业竞争策略。

二、市场调查的种类

（一）根据市场调查的目的分类

市场调查的种类一般按照其目的不同，可分为探索性市场调查、描述性市场调查、因果性市场调查和预测性市场调查四种类型。

视频：市场
调查的种类

1. 探索性市场调查

探索性市场调查是指当研究的问题或范围不明确时所采用的一种调查方法，主要是用来发现问题，收集相关资料，以确定企业经营管理需要研究的问题。例如，某企业近几个月来销售量持续下降，但企业无法确定是什么原因所致。是经济衰退的影响，广告支出不足，销售代理的低效，还是消费者偏好改变，要找出问题出现的原因就应该采用探索性市场调查，如从中间商或者用户那里收集资料，找出主要原因，为解决问题打下基础。

2. 描述性市场调查

描述性市场调查是指通过事实资料的收集和整理，把市场的客观情况如实进行全面描述和反映。描述性市场调查用来解决诸如"是什么"的问题，比探索性市场调查更加深入、细致。它假定调查者事先已对相关问题有所了解，是为了进一步研究问题症结的事实而收集必要的资料，以说明其"是什么""何时""如何"等问题。例如，在商品销售研究中，收集不同时段销售量、广告支出、广告效果的实际资料。经统计分析能说明广告支出或销售量在哪一时段增加了多少百分点。

3. 因果性市场调查

因果性市场调查是收集研究对象在发展过程中的变化与影响因素的广泛资料，分清原因和结果，并指明哪些为决定性的变量。例如，在商品销售研究中，企业先收集不同时期广告的商品销售量（额）、市场份额、利润等因变量资料，再收集影响销售企业不同时期的商品价格和广告支出、竞争者的商品价格和广告支出、消费者的收入与偏好等自变量资料，在这些资料的基础上分析这些自变量与某个因变量（如销售量）的关系及影响程度，并确定其中哪一个是决定性自变量。

4. 预测性市场调查

预测性市场调查是指收集研究对象过去和现在的各种市场情报资料，掌握其发展变化的规律，运用一定方法测算未来一段时期内市场对某种商品的供求趋势、影响因素及其变化规律。

由于市场情况复杂多变，经营管理问题多种多样，因而在决策过程中，决策主体对信息需求的目的也会不同，上述四类市场调查就是为了满足决策主体不同的信息需求而设计的。它们之间的关系是后者包含前者，后者总是在前者基础上提供更多的信息。

（二）根据市场调查时间分类

1. 经常性市场调查

经常性市场调查是指结合日常登记和资料核实，通过定期报表而进行的一种经常的、连续不断的调查，其目的是使企业随时了解生产经营状况。这种调查不必专门组织调查机构，而是利用原有的机构和力量，通过层层上报和汇总资料获取全面的资料。

2. 定期市场调查

定期市场调查是指企业根据市场情况和经营决策的要求，定期所做的市场调查，其形式包括月末调查，季末调查，年终调查等。

3. 临时性市场调查

临时性市场调查是指企业投资开发新产品、开拓新市场、建立新的经营机构或者根据市场特定情况而开展的临时性市场调查活动。

（三）根据市场调查范围分类

1. 全面市场调查

全面市场调查又称普查，是对市场调查对象的全部单位进行的总体调查，其目的是了解市场的一些至关重要的基本情况，对市场情况做出全面、准确的描述，为制定有关政策提供可靠依据。全面市场调查的优点是调查结果比较全面准确，缺点是不易进行，需要大量的人力和财力做保证。

2. 非全面市场调查

非全面市场调查是对总体的部分单位进行登记或观察，包括重点调查、典型调查、抽样调查等。其特点是调查的单位少，可以集中力量开展深入、细致的调查，能调查更多的指标，从而提高统计资料的准确性。非全面市场调查还可以节省人力、物力和财力，缩短调查周期，从而提高统计资料的时效性。

第三节　数据分析与市场调查

一、数据分析的概念

数据分析是指为最大化地发挥数据的价值，采用适当的统计方法对收集的大量一手资料和二手资料进行分析研究，以获取有效信息并形成结论的过程。

数据分析的实质是数据结合分析，也就是数据为先、分析为后，是通过有组织、有目的地收集数据、分析数据，形成有价值的信息的过程。市场调查及企业经营过程的信息积累是数据分析的基础。数据分析的目的是把隐藏在大量看似杂乱无章的数据中的有效信息集中萃取和提炼，以找出所研究对象的内在规律，提高数据的有效性。

数据分析的数学基础在20世纪早期就已奠定，但直到计算机出现才使得实际操作成为可能，并使得数据分析得以推广。数据分析是数学与计算机科学相结合的产物。在企业中，通过数据分析可以掌握企业的运营状况、商品的出售情况、用户的特征、产品的黏性等。

二、数据分析的作用

企业数据分析是为了解决在某些业务中遇到的问题，驱动业务实现增长，促进企业发展。根据解决问题的类型，一般将数据分析的作用分为三类：现状分析，原因分析，预测分析。

（一）现状分析——研究发生了什么

动画：数据
分析的作用

现状分析是指通过研究已经发生的事情和正在发生的事情，对企业当前的运营状态形成深入、准确的认识。具体包括：明确企业的整体运营情况，通过了解各项经营指标的完成情况和发展动态，衡量企业的整体运营状态；分析企业各项业务的构成，了解企业各项业务的发展及变动情况，对企业经营状况有更加深入的了解。现状分析一般通过日常报告来完成，如日报、周报、月报等形式。

（二）原因分析——研究为什么会发生

原因分析是指在掌握企业经营现状的基础上，研究当前经营现状产生的原因，确定各项业务变动发生的具体缘由，并给出解决办法。原因分析一般通过专题分析来完成，根据企业的运营情况针对某一现状进行原因分析。

（三）预测分析——研究将会发生什么

预测分析是指企业在掌握现状、了解原因的基础上，对企业和市场的未来发展趋势做出预测，为企业制定经营目标提供有效的策略参考与决策依据，以确保企业可持续、健康的发展。预测分析一般通过专题分析来完成，通常在制订企业季度计划、年度计划时进行，其开展的频率没有现状分析及原因分析高。

三、数据分析的流程

数据分析主要包括6个既相对独立又相互联系的阶段，其流程如图1-4所示。

定义问题 → 数据收集 → 数据处理 → 数据分析 → 数据展现 → 报告撰写

图1-4　数据分析流程图

（一）定义问题

定义问题是指明确数据分析的目标、需要研究的主要问题和预期达到的效果，这是数据分析的出发点。所谓"磨刀不误砍柴工"，做任何一件事之前都要有一个科学准确的规划。数据分析必须紧密围绕目标，精准研究问题，才能达到预期的效果。

（二）数据收集

数据收集是指按照确定的数据分析框架内容，有目的地收集、整合相关数据的过程，它是数据分析的基础。数据收集的途径包括：市场调查获取，包括一手资料和二手资料等；企业信息系统采集，是指企业经营管理信息的自动生成和有目的地导出；设备或软件采集，包括传感器采集、爬虫、录入等方式。

（三）数据处理

数据处理是指对收集到的数据进行加工、整理，以便开展数据分析。它是数据分析前必不可少的阶段。这个过程是数据分析整个流程中时间占比最大的，在一定程度上取决于数据仓库的搭建和数据质量的保证。数据处理的主要工作包括数据清洗、数据转化、数据抽取、数据合并、数据计算等，利用这些方法将各种原始数据加工成为数据分析所要求的样式。

（四）数据分析

数据分析是指利用适当的分析方法及工具，对处理完成的数据进行分析，提取有价值的信息，形成有效结论的过程。到了这个阶段，要能驾驭数据，开展数据分析，就要涉及数据分析工具和方法的使用。一般的数据分析可通过Excel完成，而高级数据分析就要借助专业的分析软件完成，如SPSS、Python等数据分析工具。

（五）数据展现

一般情况下，数据分析的结果都是通过图表的方式来呈现，借助数据展现手段，能更加有效、直观地表述想要呈现的信息、观点和建议。常用的数据图表包括饼图、柱形图、条形图、折线图、散点图、雷达图等，当然可以对这些图表进一步整理加工，使之成为所需要的图形，如金字塔图、矩阵图、漏斗图、帕累托图等。

（六）报告撰写

数据分析的最后阶段就是撰写数据分析报告，这是对整个数据分析过程的一个总结与呈现。通过报告，把数据分析的起因、过程、结果及建议完整地呈现出来，供决策者参考。一份高质量的数据分析报告需要满足三个要求：合理的分析框架、明确的结论、可行性建议或解决方案。

四、数据分析的方法

（一）对比分析法

对比分析法是指通过实际数与基数的对比来提示实际数与基数之间的差异，借以了解经济活动的成绩和问题的一种分析方法。例如，与历史同期比较、与前期比较、与本企业其他部门或业务类别比较、与其他竞争对手比较、与预算比较，通过给孤立的数据一个合理的参考系，体现数据意义和价值，一般用柱状图呈现，如图1-5所示。

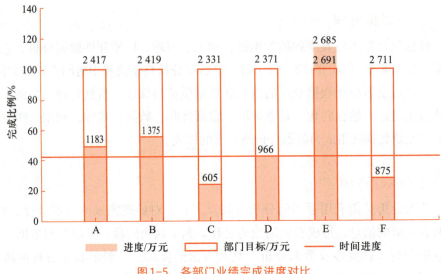

图1-5　各部门业绩完成进度对比

（二）结构分析法

结构分析法是指计算各组成部分所占比重，进而分析某一总体现象的内部结构特征、总体的性质、总体内部结构，以及随着时间推移而表现出来的变化规律性分析方法。一般用饼图呈现，如图1-6所示。

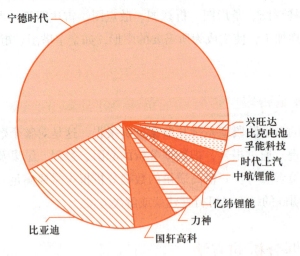

图1-6　2020年中国动力电池企业装车量

（三）比率分析法

比率分析法（Ratio Analysis Method）是指通过计算相关项目之间的比率，

借以分析和评价企业财务状况及生产经营管理中存在的问题的方法。例如，作为股票投资者，主要掌握上市公司的获利能力比率、偿债能力比率、成长能力比率、周转能力比率、市价比率五大指标。

（四）因素分析法

因素分析法是指利用统计指数体系分析现象总变动中各个因素影响程度的一种统计分析方法，包括连环替代法、差额分析法、指标分解法等。因素分析法能够使研究者把一组反映事物性质、状态、特点等的变量简化为少数几个能够反映事物内在联系的、固有的、决定事物本质特征的因素。例如，房价与物价、土地价格、地理位置、装修成本等因素之间的变动关系。

（五）矩阵分析法

矩阵分析法是指以事物（如产品、服务等）的两个重要属性（指标）作为分析的依据，进行分类关联分析，找出解决问题的方法，称为矩阵关联分析法，简称矩阵分析法。矩阵分析法在解决问题和分配资源时，可以为决策者提供重要参考依据。先解决主要矛盾，再解决次要矛盾，这样有利于提高工作效率，并将资源分配到最能产生绩效的部门。工作中常见的矩阵分析法有波士顿矩阵分析法、SWOT矩阵分析法、GE矩阵分析法、PEST分析法等。

五、常用的数据分析工具

"工欲善其事，必先利其器。"精准的数据分析能促进企业更好、更精准的发展，能够有效防范企业果断决策的风险。那么，如何从看似杂乱无章的数据背后提炼出有效信息，总结出研究对象的内在规律，以帮助管理者判断和决策。一款好的数据分析工具可以事半功倍、提高工作效率。以下列举几种利用率较高的数据分析工具。

（一）Excel

Excel作为入门级工具，是最基础、最主要的数据分析工具。Excel具有多种强大功能，比如创建表单、数据透视表、VBA等，Excel的功能强大，可以根据用户需求分析数据（见图1-7），它能够满足绝大部分数据分析工作的需求，同时也提供有利于操作的界面，对于绝大多数用户来说是十分简便的，但Excel处理数据的量较小。

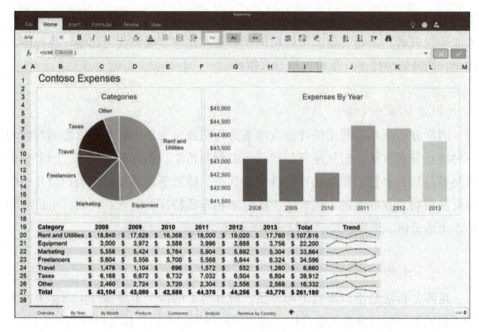

图1-7　Excel操作界面

（二）SPSS

SPSS是最早采用图形菜单驱动界面的统计软件，它的突出特点是提供有利于操作的界面，输出结果美观。用户只要掌握一定的Windows操作技能，精通统计分析原理，就可以使用该软件为特定的科研工作服务。SPSS采用类似Excel表格的方式输入与管理数据，数据接口较为通用，能方便地从其他数据库中录入数据（见图1-8）。其统计过程包括常用的、较为成熟的统计过程，完全可以满足非统计专业人士的工作需要。

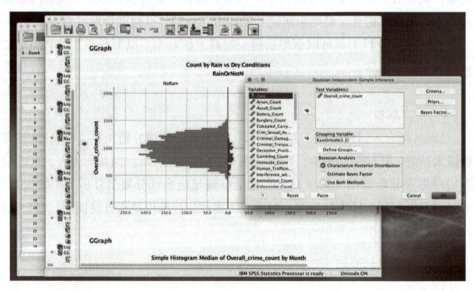

图1-8　SPSS操作界面

（三）Python

Python是一种面向对象、解释型计算机程序设计语言。Python语法简洁而清晰，在数据分析和交互、探索性计算以及数据可视化等方面都比较灵活实用。Python也具有强大的语言编程能力，这种编程语言不同于R或者Matlab，Python具备非常强大的数据分析能力，还可以进行爬虫，写游戏，以及自动化运维，这些优点充分体现出Python有利于各个业务之间融合的优势。

（四）BI工具

BI（Business Intelligence），即商业智能，又称商业智慧或商务智能，是指利用现代数据仓库技术、线上分析处理技术、数据挖掘和数据展现技术进行数据分析，以实现商业价值。BI是为数据分析而生的，它诞生的起点很高。其目的是缩短从商业数据到商业决策的时间，并利用数据来影响决策。BI工具都是按照数据分析流程设计的。首先是数据处理、数据清洗，然后是数据建模，最后是数据可视化，用图表来识别问题并影响决策（见图1-9）。

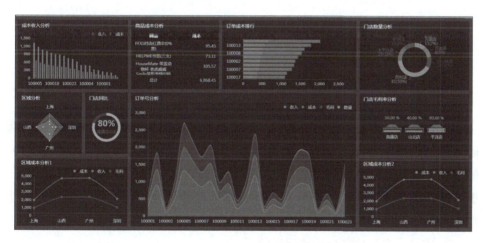

图1-9　奥威Power BI界面

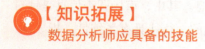

【知识拓展】
数据分析师应具备的技能

数据分析师必须具备以下五项技能。
一是懂业务
熟悉行业知识、公司业务及流程，有独到见解。

二是懂管理

懂管理一方面是明确搭建数据分析框架的要求，比如确定数据分析思路就需要利用营销、管理等知识指导；另一方面是针对数据分析结论提出具有指导意义的分析建议。

三是懂分析

能够掌握数据分析基本原理与一些有效的数据分析方法，并能灵活运用到实践工作中。

四是懂工具

数据分析师需掌握多种数据分析工具。数据分析方法是理论，数据分析工具是运用数据分析方法的工具，越来越庞大的数据，不能依靠计算器分析，必须依靠强大的数据分析工具完成。

五是懂设计

能够运用图表有效表达数据分析师的分析观点，使分析结果一目了然。图表的设计是一门大学问，数据分析师需熟练掌握。

六、市场调查与数据分析的关系

（一）市场调查是数据分析的基础

1. 市场调查与数据分析联系紧密

视频：市场调查与数据分析的前世今生

市场调查与数据分析联系紧密，市场调查可以看作是数据分析的前提与基础。通过市场调查，可以有针对性地规划、收集、研究与企业经营决策相关的市场信息，了解事物的发展动态。市场调查有利于数据分析工作有的放矢，更好地开展数据分析，更有针对性地提出通过数据分析得到的结论和可行性建议。

2. 市场调查是数据分析的信息源

市场调查是数据分析的重要信息源，数据分析的来源包括企业内部经营管理信息、企业外部的相关信息和市场调查信息。其中，市场调查信息是针对特定主题和目标收集、统计、分析和报告形成的，往往具有系统性、指导性、有效性。

3. 市场调查与数据分析的目标一致

市场调查和数据分析都是为企业经营决策和经营活动优化服务的，目标都是促进企业更好地适应市场、更准确地经营决策、更好地服务顾客，以促进企业可持续发展和做大、做强、做优。

（二）数据分析是市场调查的延伸工作

1. 数据分析是市场调查的常态化

数据分析已成为当今企业越来越常态化的工作，企业经营的全过程都伴随着数据分析。企业经营管理的每个工作环节、每项工作内容、每个工作时点，都涉及数据的采集、处理和分析，并以此为基础判断经营状态，提出优化改进建议，以及越来越多的自动化、智能化决策选项。市场调查一般针对特定工作内容或主题、特定时段，借助信息化系统和数据分析工具开展。企业的数据分析往往是全方位、全流程、全时段的。

2. 数据分析是信息处理的升级应用

传统的数据分析更多借助于数学、统计学的应用，形成数据分析结论。现在的数据分析越来越强调数学与计算机的科学结合，借助计算机强大的运算、推导、分析能力，通过各种数据处理和分析软件、商务智能数据分析工具，大大提高了数据采集、处理、分析、挖掘的能力水平和应用范围，成为企业提高经营管理水平的强大助手。

（三）市场调查与数据分析的区别

1. 特征不同

市场调查具有明确的目标性、针对性、时段性，市场调查一般围绕特定的主题和目标展开，了解特定时间内企业经营、市场环境、消费需求的状态和变化情况，离开这个特定的主题和时间，市场调查往往并不会真实存在。而数据分析作为企业的常态化工作，是始终存在和进行的，既可以针对特定主题和目标，也可以面向企业经营的全过程、全场景、全时段。

2. 方法不同

市场调查通过实地观察、实验、询问等方法取得第一手资料；通过线下或线上方式，采用查阅、交换、购买等方法取得第二手资料；并通过审核、分类、编号、统计等方法对资料进行整理、储存和分析，得出调查结论。数据分析更多依靠企业的内部数据，结合外部数据和专题数据，运用数学、统计学、计算机软件、特定工具来分析。

3. 侧重点不同

市场调查以专题性的数据采集为重要依据和工作基础，所以数据采集的系统规划，客观准确地采集与市场调查主题相关的数据是侧重点。而数据分析更多的是借助已知数据，侧重于在掌握日常运营数据基础上的过程分析和精准推导，及时发现问题、分析原因，提出对策，并对数据进行分析。

同步练习

一、单选题

1. 下列描述中，对市场调查工作理解正确的是（　　）。
   A. 市场调查服务于企业经营管理工作的全过程，是企业决策的重要环节和前提，是监控和优化企业经营管理过程、评估企业经营管理绩效的重要手段
   B. 市场调查针对某项企业决策或具体目标而开展，具有鲜明的指向性和目的性
   C. 市场调查是一个科学系统，包括对有关资料进行系统的计划、收集、记录、分析、解释和报告等
   D. 市场调查（Market Research）是指为了科学决策，针对市场环境、市场主体、市场活动等进行的调查与研究活动

2. 市场调查进入成熟创新阶段的是（　　）。
   A. 企业成立专门的调查机构　　　B. 出现专业的市场调查公司
   C. 大学开设市场调查课程　　　　D. 计算机的广泛应用

3. 构成消费者实际购买力的收入指标是（　　）。
   A. 消费者个人收入　　　　　　　B. 个人可支配收入
   C. 个人可任意支配收入　　　　　D. 人均国民收入

4. 下列各项中，不属于数据分析作用的是（　　）。
   A. 原因分析　　　　　　　　　　B. 现状分析
   C. 数据收集　　　　　　　　　　D. 预测分析

5. 数据分析的第一项工作是（　　）。
   A. 定义问题　　　　　　　　　　B. 数据收集
   C. 数据处理　　　　　　　　　　D. 数据展现

二、多选题

1. 市场调查的作用是（　　　　）。
   A. 制定一切营销策略的基础　　　B. 执行策略过程中的"纠偏"
   C. 把握市场变化的"风向"　　　　D. 提高企业市场竞争力的"助手"

2. 市场调查产生的原因有（　　　　）。
   A. 计算机网络技术的发展　　　　B. 买方市场的形成
   C. 市场竞争的日益加剧　　　　　D. 消费者需求多样化和多变性特征明显

3. 市场调查的特征有（　　　　）。
   A. 经济性　　　　　　　　　　　B. 广泛性
   C. 科学性　　　　　　　　　　　D. 目标性

4. 市场调查的内容主要包括（   ）。

    A. 市场环境   B. 市场需求

    C. 营销策略   D. 竞争者

5. 从市场营销的角度看，构成市场的三要素是（   ）。

    A. 经济发展水平   B. 购买力

    C. 购买欲望   D. 人口

三、判断题

1. 市场调查是指用科学的方法，有目的、系统地收集、记录、整理和分析市场情况，了解市场的现状及其发展趋势，为企业的决策者制定政策、进行市场预测、制订计划、做出经营决策、评估绩效和发现问题等提供客观依据的活动。（　　）

2. 市场调查的目标性是指市场调查总是为一定的企业决策或经营活动服务的，具有明确的目标性和问题导向性。（　　）

3. 当前企业的市场调查已由事前急用向注重长期持续收集市场信息转变。（　　）

4. 2020年，全国居民恩格尔系数为30.2%，说明我国已经步入小康阶段。（　　）

5. 探索性市场调查是指进行事实资料的收集、整理，把市场的客观情况如实地加以全面描述和反映。（　　）

实训项目

一、实训名称

新能源汽车销售量占全国汽车销售总量的比例的计算与分析

二、实训背景

根据本项目"导入案例"的内容和数据，2013年以来，我国汽车市场逐渐进入饱和期。同一时期，新能源汽车成功进入市场，并实现了销售量连续多年的高速增长，市场份额不断提升。

三、实训要求

（1）根据导入案例的数据，计算2013—2021年各年度新能源汽车销售量占全国汽车销售总量的比例。

（2）分析说明新能源汽车销售量占比的变化规律和原因。

（3）对传统汽车企业的未来发展提出合理化建议。

四、实训成果

（1）每位同学均需提交一份数据分析报告。

（2）选取优秀的分析报告在全班进行汇报交流。

（3）引导学生形成对"市场调查与数据分析"的理解与兴趣，树立从数据出发思考与分析问题的理念。

第二章

制定调查方案和设计调查问卷

学习目标

知识目标

- 掌握调查方案的内容构成和要求
- 掌握调查问卷的一般构成和注意点
- 掌握调查问卷的类型、特点和适用范围
- 熟悉调查方案可行性评价方法
- 熟悉常用调查问卷的设计方法
- 了解调查方案的重要性
- 了解调查问卷设计的一般程序

技能目标

- 能根据调查需要，撰写简单的市场调查方案
- 能根据调查内容和对象，设计不同类型的调查问卷
- 能根据调查目的，设计一份完整的调查问卷
- 能熟练掌握几种常用的调查问卷设计方案

素养目标

- 通过调查方案设计的学习训练，培养学生围绕工作目标系统思考、循序渐进、有效组织的能力
- 通过调查问卷题型设计的学习训练，培养学生问题设计、沟通技巧、书面沟通与语言沟通能力

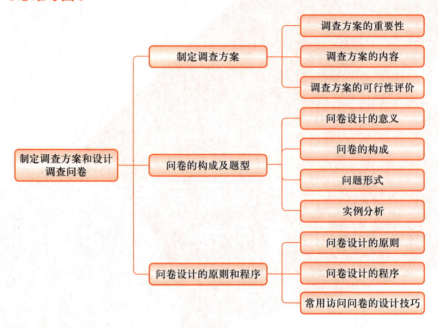

【导入案例】

新能源汽车消费行为影响因素问卷调查

您好！我是来自北京理工大学管理学院的研究人员，本调查问卷的目的是了解新能源汽车消费行为及其影响因素。希望您能在百忙之中抽出时间参加这个问卷调查。对于您提供的资料，我们将严格保密，并且只做学术研究之用。感谢您的参与！

背景简介：

新能源汽车是指采用非常规的车用燃料作为动力来源（或采用常规的车用燃料、新型车载动力装置），综合车辆的动力控制和驱动方面的先进技术，形成的技术原理先进，具有新技术、新结构的汽车。我国新能源汽车的类型包括：混合动力电动汽车、纯电动汽车、燃料电池电动汽车等消费者基本情况如表2-1所示。

第一部分

表2-1　消费者基本情况

1	您的性别：（　　）	A.男　　B.女
2	您的年龄：（　　）	A. 18—25岁　　B. 26—30岁　　C. 31—37岁 D. 38—44岁　　E. 45—50岁　　F. 51—57岁
3	学历：（　　）	A. 高中或以下　　B. 中专　　C. 大专 D. 大学本科　　E. 硕士　　F. 博士

4	家庭结构：（　　）	A. 独居　　B. 夫妻两人（尚无子女或子女已成年） C. 3—5人（夫妻两人及未成年子女）　　D. 三代同堂 E. 其他
5	家庭月收入：（　　）	A. 2000元以下　　B. 2001～3500元　　C. 3501～5000元 D. 5001～6500元　　E. 6501～8000元　　F. 8000元以上
6	您的职业：（　　）	A. CEO、单位领导、私营业主、政府机关领导、教授专家 B. 工程师、教师、部门领导、一般公务员等 C. 技术人员、一般办公室员工等 D. 普通工人、商业服务人员、个体工商户等 E. 其他
7	您是否已购置新能源汽车：（　　）	A. 是　　B. 否
8	未来两三年内是否有购车打算：（　　）	A. 是　　B. 否
9	下次购车是否会选择新能源汽车（　　）	A. 是　　B. 否

第二部分

在下面每个题目的右侧，请根据您对相应陈述的同意程度，选择一个相应的数字，填在括号内，如表2-2所示。

表2-2　消费者同意程度

1	2	3	4	5	6	7
非常不同意	不同意	有点不同意	中立	有点同意	同意	非常同意

编号	问题	非常不同意　　→　　非常同意
1	我具有保护环境的意识	（　　）1　2　3　4　5　6　7
2	我喜欢尝试新的产品	（　　）1　2　3　4　5　6　7
3	我希望自己与众不同	（　　）1　2　3　4　5　6　7
4	相比较传统汽车，我倾向于购买新能源汽车	（　　）1　2　3　4　5　6　7
5	我通过各种渠道对新能源汽车相关政策有所了解	（　　）1　2　3　4　5　6　7
6	我对新能源汽车相关政策有深入详细的了解	（　　）1　2　3　4　5　6　7

第三部分

在下面每个题目的左侧，请根据您认为这些因素在您选购（或以后选购）新能源汽车时的重要程度，选择一个数字，填在括号内，如表2-3所示。

表2-3　新能源汽车重要程度

	1	2	3	4	5	6	7
	非常不重要	不重要	有点不重要	中立	有点重要	重要	非常重要

编号	因素	非常不重要　　—>　　非常重要
1	续航里程长	（　　）1　2　3　4　5　6　7
2	充电时间短	（　　）1　2　3　4　5　6　7
3	配套设施建设情况（充电站、充电桩、加氢站等）	（　　）1　2　3　4　5　6　7
4	优质的售后服务	（　　）1　2　3　4　5　6　7
5	品牌	（　　）1　2　3　4　5　6　7
6	国家及地方购车补贴政策	（　　）1　2　3　4　5　6　7
7	税费优惠政策	（　　）1　2　3　4　5　6　7
8	汽车保险及贷款优惠	（　　）1　2　3　4　5　6　7

　　如果您需要本次问卷调查的结果，请留下联系方式，电子邮箱：＿＿＿＿＿＿。同时，欢迎留下您对这份问卷的宝贵意见：＿＿＿＿＿＿＿＿＿＿。再次感谢您的参与和帮助！

- -

　　案例思考：本问卷是关于新能源汽车消费行为影响因素的调查。请分析：该问卷由哪些基本内容模块构成？问卷的三部分分别针对哪些主题？你有优化建议吗？

第一节　制定调查方案

一、调查方案的重要性

　　在正式开展市场调查前，需要制定体现需求、切实可行、成本适当的调查方案。市场调查方案是根据调查的目的和调查对象的特征，对整个调查过程进行的全面规划，并制定相应的调查实施方案，确定合理的工作流程。市场调查方案的重要性体现在以下三个方面：

（一）市场调查工作的基石

　　市场调查方案是对市场调查各个方面和全部流程的通盘考虑与全面策划。

它具有明确的目标和主题，以及具体的内容与要求，在科学的调查方案指导下，市场调查工作可取得事半功倍的效果，它是市场调查工作的基石。

（二）市场调查活动的指南

作为一项复杂、严谨、技术性强的工作，为了在调查过程中统一认识、统一内容、统一方法、统一步骤，必须制定科学、周密、可行的市场调查方案，所有参与市场调查工作的人员都依此执行。市场调查方案是整个市场调查活动的纲领性文件，是市场调查活动的指南。

（三）市场调查的考评依据

由于市场调查活动内容丰富，涉及面广，参与人员多，并有一定的技术要求，因此，在内容、人员、时间、数量、质量上必须制定一个明确和统一的标准。市场调查方案中提出的各项标准和要求是工作标准，也是市场调查考评的依据。

二、调查方案的内容

针对不同的调查目标和调查主题，调查方案的设计会有所不同，但基本内容一般包括以下几个方面：

视频：如何
编制调查
方案

（一）梳理调查背景

调查背景是对调查活动开展的必要性、原因的介绍，对调查背景的理解和掌握会在很大程度上决定对调查目的、调查内容的确定，因此，在开展调查前必须要对调查的背景知识有所了解。

需要重点了解的背景内容包括：行业大背景、行业竞争态势；企业、品牌及产品的现状；客户面临的营销决策难题；开展市场调查的必要性和重要性等。

（二）明确调查目标

调查目标是调查所要达到的具体目的，即通过调查要"解决什么问题"和"解决到什么程度"。明确调查目标是调查方案设计的首要问题。目标清楚、任务明确，才能有的放矢地进行市场调查，才能事半功倍。

在确定市场调查目标时，必须先针对企业目前所面临的内、外部环境进行科学、系统、细致、准确的诊断，客观分析企业存在的主要问题。确定调查目标必须紧扣营销决策问题，以免把调查引入歧途，事倍功半，甚至导致调查失败。

（三）确定调查内容

确定调查内容主要是回答"调查什么"，包括调查要研究的问题及进一步要调查的项目。调查研究的问题是需要收集数据加以研究解决的，涉及需要收集什么信息以及如何有效地获取这些信息。

在这一阶段，既要尽可能列全有关的研究问题，防止遗漏，同时又须根据其对决策的用途、成本和技术上的可行性等因素进行取舍。在调查方案设计中，需要把已经确定的市场调查问题转化为具体的调查项目。

（四）确定调查对象、调查单位和调查区域

调查对象是根据调查目的、调查任务确定的调查总体，由某些性质上相同的许多调查个体组成的。

调查单位是调查对象中，确定对之进行调查的每一个个体。它是调查项目和指标的承担者或载体，可以是调查对象中的全部单位（全面调查），也可以是调查对象中的一部分单位（非全面调查）。

调查对象和调查单位所解决的是"选择怎样的一群人作为研究对象""向谁调查""由谁来提供所需依据"的问题。

调查区域一般是指本次市场调查所涉及的调查对象的地理范围。同一个调查项目中，不同的调查对象，其调查区域往往不同。

（五）确定调查方法

在这一部分，主要是规定调查的类型以及采用什么组织方式和方法获取调查资料。在调查时，采用何种方式和方法不是固定和统一的，而是取决于调查目标、调查对象、调查任务以及调查人员的素质等因素。

收集调查资料的方式一般有普通调查、重点调查、典型调查、抽样调查等，具体调查方法有案头调查法、询问法、观察法、实验法等。一般来说，调查的方式、方法应该适应调查项目的需要，在确定调查方法时一定要根据实际情况，充分考虑各种方法在回答率、真实性及调查费用上的不同特点，采取既适用于调查问题和调查目标，又具有经济可行性的方法。

如何选择最适当、最有效的调查方法，是设计调查方案的一个重要内容。在市场经济条件下，为了准确、及时、全面地获取市场信息，尤其应注意多和调查方式结合运用。

（六）制定抽样方案与问卷投放方式

市场调查多采用抽样调查方式，因此，在调查方案中，必须对调查所采取的抽样方案进行明确规定。要确定调查活动中抽样总体、样本数、抽样方法、样本结构，以确定问卷的数量与投放方式。

抽样方案需要明确三个问题：

一是调查谁（样本单位）。调查人员必须确定需要什么信息，谁能提供这些信息。

二是调查多少人（样本规模）。大样本的结论一般比小样本的结论可靠，但只要抽样恰当，有时小样本也可以取得很可靠的结论。

三是如何确定样本中的人选（抽样过程）。采用概率抽样（简单随机抽样、分层随机抽样、分群随机抽样）或非概率抽样（任意抽样、判断抽样、配额抽样），样本的规模和抽样方案直接影响调查结果的可靠性和精确度。必须正确选择抽样的方式，设计抽样的程序，使样本能真正代表总体，并恰当地确定样本的数目，以便在符合调查要求的前提下降低费用。

问卷投放方式取决于样本抽取方式，样本规模和抽样方式不同，所需时间和成本也不同。一般根据调查项目的需要和信息的精确度要求，决定问卷的数量和投放方式。要注意的是，投放方式会直接影响调查经费预算。

（七）确定资料分析方案和调查结果提交形式

确定资料分析方案，包括对资料的审核、订正、编码、分类、汇总、图表展示等整理工作的安排，以及资料的编辑、编码、横列表分析和其他各种现代统计分析，如回归分析、相关分析、聚类分析等工作计划。在资料分析方案的这一部分，应该对如何进行信息资料的分析以及分析后会向客户提供哪些调查结果进行具体说明。

确定市场调查结果的提交形式，是指对客户在调查活动后取得的具体效益进行详细的列举。应该对市场调查活动结束后撰写的调查报告和调查成果进行比较详细的说明。除了调查报告之外，调查机构一般还需要把数据统计报告、演示报告等调查成果提供给客户。因此，在本部分应该对市场调查结束后客户将获得的各种调查成果从内容、形式、数量、质量、提交期限等方面都进行具体规定。

（八）预算调查经费

预算调查经费是调查设计的重要内容。经费的多少与调查范围、调查规模（样本量大小）、调查方法有关。一个市场调查项目的经费预算，通常包括以下内容：

（1）问卷设计费。

（2）问卷印刷费、装订费、复印费。

（3）抽样费用。

（4）调查实施费。

（5）复核费，数据审核费、编码费、录入费，数据统计分析费。

（6）调查报告撰写制作费。

（7）折旧费、耗材费、器材设备使用费、计算软件使用费等。

（8）项目办公费。

（9）人员费用、专家费用。

市场调查是一项兼具经验性、技术性与创新性的工作，其实施效果与调查人员、调查的组织者、调查专家素质与水平紧密相关。因此，作为无形资源的人员费用和专家费用往往是两个重要预算项目。

（九）安排调查时间

安排调查时间包括三项内容：一是确定调查期限，即整个调查过程需要的时间周期；二是确定最佳的调查时间，即根据市场调查机构（或企业市场调查部门）和企业运营状况，确定市场调查工作的最佳启动时间；三是拟定市场调查活动进度表，即全面梳理调查项目的每一项工作，并确定每一项工作的开始时间与结束时间，这也是整个市场调查工作遵循的工作进度表。

（十）制订调查的组织计划

调查的组织计划是调查实施过程中的具体工作计划，是指为了确保调查工作的实施而制订的具体的人力资源配置计划与工作目标。

调查组织主要包括调查的项目负责人、调查机构的设置、调查人员的选择与培训、调查的质量控制措施、项目研究小组的组织分工，以及各主要成员的知识背景、工作经历、特长等。另外，还要规定客户企业与调查机构双方的责任人、联系人及联系方式等。

（十一）其他内容

完整的调查设计包括更多的内容，如问卷设计、质量控制、公司介绍、过往相关研究经验介绍、结果输出、附录等，这些也都在调查方案内容范畴之内。

市场调查方案是客户看到的第一份正式的书面材料，在很大程度上决定着项目成功与否。市场调查方案的起草与撰写一般要由项目主管完成，提交的方案在结构上一般包括：封面、前言、目录、正文、附录等。

三、调查方案的可行性评价

在调查复杂的社会经济现象时，调查方案的设计通常不是唯一的，需要从多个调查方案中选取最优方案。此外，所设计的调查方案也不是一次性完成的，而是需要经过必要的可行性评价，针对调查方案进行试点和修改。决策失误是最大的失误，可行性评价是科学决策的必经阶段，是进行科学设计调查方案的重要步骤。

（一）调查方案的评价标准

市场调查方案的评价标准一般包括以下四个方面：

（1）是否体现了调查目的和要求。包括为什么要开展这项调查，通过调查想了解哪些问题，调查结果的用途是什么。

（2）是否科学、完整、适用。应该通盘考虑、科学筹划，充分注意到方案中各环节内容的关联性，才能保证调查活动的顺利有效开展。

（3）是否具有较强的可操作性。除了考虑调查性质的时间和成本的控制外，一定要符合调查项目的实际情况。应避免刻意追求调查方案的框架形式而本末倒置，使其指导意义大大降低。

（4）是否能够保证调查质量。通过调查实施的成效体现调查方案中哪些符合实际，哪些不符合实际，产生的原因，正确的做法，找出不足之处，寻求改进方法，使今后的调查方案设计更加接近客观实际。

（二）调查方案可行性评价的方法

针对市场调查方案进行可行性评价的方法有很多，比较常见的有经验判断法、逻辑分析法、试点调查法等。

1. 经验判断法

经验判断法是指通过组织有丰富市场调查经验的人士和行业专家等，对设计市场调查方案进行初步研究和判断，以证明调查方案的合理性和可行性，一般会在专家建议的基础上，进一步改进优化。经验判断法可以节约资源，并在较短的时间内做出快速预测。当然，这种方法也有其局限性，因为人的认识总是有局限性的，并且事物的发展也不是恒定不变的。

2. 逻辑分析法

逻辑分析法是指从逻辑层面对调查方案进行把关，考查其是否符合逻辑和情理。例如，对学龄前儿童进行问卷调查，对内蒙古自治区草原上的牧民调查电视广告的偏好等，这些都有悖于常理和逻辑，也是缺乏实际意义的。但是，如果是某企业调查一项新的福利改革制度在职工中的支持度，假设该企业有1 000人，其中销售人员300人，生产人员200人，科研人员500人，选取的样本数为100人。调查方案计划按各工种人员在总人口中所占的比例进行样本分配，即：

销售人员取样数=300/1 000×100=30（人）

生产人员取样数=200/1 000×100=20（人）

科研人员取样数=500/1 000×100=50（人）

这样的方案设计就是合理的，符合逻辑，能达到调查目的，客观了解职工的民意和支持度。

3. 试点调查法

试点调查法是指通过小范围内选择部分单位进行试点调查，对调查方案进行实地检验，以证明调查方案的可行性。具体来说，试点调查的用意在于以下两点：

（1）调查方案的实地检验。通过试点调查可以检验调查方案是否切实可行，检验调查目标的制定是否恰当，调查指标的设置是否正确，哪些调查项目应该增加，哪些调查项目应该减少，哪些调查项目应该修改和补充。试点调查工作完成后，要及时提出具体建议，对原方案进行修订和补充，以便使制定的调查方案科学合理，切合实际情况。

（2）正式调查前的试点。通过试点调查，在大规模正式调查前及时了解哪些调查方案是合理的，哪些是薄弱环节。运用试点调查时，应注意以下几个常见问题：

其一，应选择适当的调查对象。应尽量选择规模小，具有代表性的试点单位。必要时还可以采用在少数单位先行试点，然后再扩大试点的范围和区域，循序渐进。

其二，建立一支精干的调查队伍。这是做好调查研究工作的先决条件。团队成员包括有关调查负责人、调查方案设计者和调查骨干，这将为做好试点调查工作提供组织保证。

其三，调查方法和调查方式应保持适当的灵活性。事先确定的调查方式可以多准备几种，以便经过对比后，从中选择合适的方式。

其四，试点调查工作结束后，应及时做好总结工作。要认真分析试点调查的结果，找出影响调查的各种主客观因素并进行分析。试点工作也可理解为，在时间要求并不紧迫的前提下，或者在对调查方案把握性不大时所采用的一种小范围测试。

第二节　问卷的构成及题型

问卷是市场调查工作中获取一手资料的重要信息载体，直接影响调查人员对市场信息的分析结果。问卷设计得当，可以保证调查的客观公正、准确高效，减少误差，避免信息遗漏或信息过多。反之，如果问卷设计失当，则可能导致调查工作失误乃至调查失败。

一、问卷设计的意义

问卷，又称调查问卷，是市场调查中使用的以问题形式系统地记录需要调查的具体内容，并通过问题向受访者提问，由受访者提供答案，以书面形式为主的一种文件。

问卷是市场调查的一种通用工具，在获取一手资料时，除了较少使用实验法设计问卷外，观察法和各种访问法都离不开问卷。问卷中需要从被调查对象那里获得的信息，可以通过口头语言的方式提问受访者，也可以通过书面语言的方式传递给受访者；可以面对面地传递给受访者，也可以采用非面对面的方式传输。随着现代科技手段的运用，问卷的表现形式也越发多样。例如，网页调查问卷就可以将需要被调查对象获取的信息通过文字、图片、音频、视频等多种形式展现，还可以通过各类技术与被调查对象互动，甚至可以依托物联网技术向被调查对象开展更加丰富和深入的信息交流。

问卷设计，是指根据调查目的，将所需调查的问题具体化，使调查者能顺利获取必要的、便于统计分析的信息资料的活动。问卷作为调查人员与被调查者之间的桥梁，其设计质量在很大程度上决定问卷的回收率和有效性，甚至影响整个市场调查活动的成败。因此，必须清楚地认识到问卷设计的重要意义。

（一）决定信息收集的数量和质量

设计合理的问卷，对于抽样总体内的每一个被调查者均可以询问同一系统的问题，范围全面广泛，对问题的认识又容易深入、准确；尤其是当被调查者自填问卷时，就更有利于全面准确地反映被调查者对所询问问题的基本倾向，提供真实有效的资料。若问卷设计不合理，则难以保证信息收集的数量和质量。

（二）影响调查活动的准确性和效率

高质量的问卷设计，内容言简意赅，调查人员对被调查者只需稍做解释，说明意图，他们即可答卷。在答卷中，除非有特殊情况，一般不需要被调查者再对各种问题进行文字方面的解答，这样就节省了调查时间，从而可以提高调查工作效率。若问卷设计不合理，造成被调查者无法理解或理解偏差，则既耽误了调查时间，又难以保证获取资料的真实性，从而影响调查活动的准确性和效率。

（三）影响调查目标的达成

调查问卷都是紧扣调查目标进行设计的，被调查者对问题的理解与否以及对问卷调查工作的配合程度，与问卷设计质量密切相关，也直接影响调查目标的达成。

二、问卷的构成

一份完整的调查问卷通常由问卷标题、问卷说明、调查项目、被调查者项目、调查者项目等内容构成，在设计时又可根据实际需要有针对性地增减或组合。

（一）问卷标题

问卷标题旨在概括说明调查主题，使被调查者对所要回答的问题有一个大致的了解。确定问卷标题要简明扼要，点明调查对象或调查项目，如"南京市新能源汽车销售状况调查""××新能源汽车顾客满意度调查"，而不要简单采用"调查问卷"这样的标题，它容易引起被调查者不必要的疑虑而拒绝参加调查。还可以根据调查对象的特点，设计一些表述特殊、吸引受访者的标题，例如，"来看看您对环境的贡献——谈谈新能源汽车"。

（二）问卷说明

在问卷的卷首一般有一个简短的说明，问卷说明瞄准被调查者对调查项目的关注和兴趣，以促使其很好地合作。问卷说明一般包括如下内容：

1. 调查者自我介绍

调查者应当在问卷的卷首做自我介绍，交代自己就职于哪家调查咨询公司，项目委托单位（资助单位）是谁，包括单位名称、地址、电话号码、邮政编码、联系人或项目负责人等。这样可以使被调查者感受到这一调查项目的正规性和可信性，尽可能打消他们拒绝合作或敷衍了事的念头。

2. 调查目的和中心内容

对调查目的和中心内容不宜泛泛而论，一带而过。应尽可能让被调查者意识到本次调查的具体意义，有的还可以让他们感受到自己就是调查结果的间接受益者乃至直接受益者。

3. 选样方法和保密承诺

为了打消被调查者的戒心，可在此处说明并做保密承诺。例如，"本次调查使用科学的抽样方法，而您有幸被选中成为其中的一位。本次调查形式为匿名调查，所有个案材料只作为统计分析的基础，我们将对您的回答严格保密。"

4. 感谢词

感谢词一般在引言的最后，要向被调查者表示衷心感谢。如果是附送纪念品的调查，可在此处说明。有的调查还可以征询被调查者的意见。例如，"如果您对本调查感兴趣的话，请明确提出，并写清姓名、通信地址和联系电话，我们将向您提供一般性的调查资料整理结果。"

（三）调查项目

调查项目是指按照调查目的，逐步逐项列举调查的问题，这是调查问卷的主要部分，这部分内容的质量直接影响整个调查的价值。调查项目主要包括以下三方面：① 受访者态度、意见、感觉、偏好等；② 受访者行为；③ 受访者行为的后果。

（四）被调查者项目

被调查者项目是指被调查者的一些主要特征，如个人的性别、年龄、民族、家庭人口、婚姻状况、文化程度、职业、单位、收入、所在地区等；或者企业的名称、地址、规模、主管部门、职工人数、商品销售额、产品销售量等，这些是分类分析的基本控制变量。在实际调查中，要根据具体情况选定询问的内容，并非多多益善。这类问题属于敏感性问题，一般放在问卷的末尾。

（五）调查者项目

在调查问卷的最后，要求附上调查人员的姓名、调查日期、调查的起止时间等，以利于对问卷的质量进行监查控制。如有必要，还应注明被调查者的姓名、单位或家庭地址、电话等，以供复核或进一步追踪调查之用。

三、问题形式

问卷主体是由一系列形式不一的问题构成的，每一种形式的问题各有其独特的作用。因此，在问卷设计中要特别重视问题设计技术。按照受访者的回答形式，把各种形式的问题归纳为开放式问题、封闭式问题和量表式问题三种题型。

（一）开放式问题

开放式问题是指在所提出问题的后面并不列出可能的答案供受访者选用，而是让受访者自由作答的问题。这种方法有利于被调查者充分自由地表述自己的意见和看法；对于调查者来说，能收集到一些为其所忽略或尚未了解的信息，特别适用于答案复杂、数量较多或者各种可能答案尚属未知的问题。开放式问题的缺点是被调查者的答案可能各不相同，标准化程度较低，调查资料的整理加工比较困难。此外，回答开放式问题，对被调查者要求较高，要求被调查者有较高的文化素养和较强的文字表达能力，能较好地描述自己的观点和看法。开放式问题主要有以下几种形式：

1. 自由回答式

自由回答式问题不设任何备选答案，完全让被调查对象自由回答，不受任

视频：如何
选择恰当的
问题类型

何限制，是一种典型的开放式问题。

例如："您认为理想的自用汽车应该是使用什么能源的？""您为什么选用××类型的汽车"或"请谈谈您使用××类型汽车的主要原因"。

自由回答式问题的优点是调查对象可以按自己的意见进行回答，不受任何限制，有利于开拓调查者的思路，调查人员可以获得足够全面的答案。缺点是答案过于分散，且多为定性信息，不利于统计分析。若是由调查员记录答案的话，还容易产生调查员的理解误差，使答案与调查对象的本意出现偏差。

为了弥补自由回答式问题难以量化处理的不足，需要时可以采用在问题中附加关键性词语分类记录的方法来解决。如："请问有哪些原因使您没有意愿购买新能源汽车呢"。

2. 词语联想式

词语联想式是指将某个词语提供给受访者，要求他们说出他们在看或听到这个词语后所联想到的事物。词语联想式问题又分为三种更加具体的形式：

（1）自由联想式。自由联想式对受访者的联想不做任何性质或范围的限制，让受访者享有充分发挥其联想的自由，随意回答。例如：

请说出（写出）您在听到或看到下列词语时最先想到的词语：

新能源汽车……

受访者说出的词必定是与新能源汽车相关的各种各样的信息，例如"能耗低""环保""新潮""比亚迪""价格高"等。这些词语从不同的角度反映了受访者心目中新能源汽车的需求或特点，为企业的新产品开发、市场定位、市场促销等活动提供了有价值的信息。

（2）限制联想式。这是一种要求受访者把联想活动限制在某一特定范围内的询问方式。例如：

请说出您在听到下列词语后最先联想到的汽车品牌名称：

新能源汽车……

问题的限制十分明确，受访者只要说出他们心目中第一联想到的新能源汽车的品牌，再配合后续提问，就可以得知受访者第一联想到这一品牌的原因。

（3）引导联想式。引导联想是一种在提出刺激联想的词语时，又列出一组反应词语的例证，引导受访者遵循例证的思路进行类似的联想。例如：

在听到"汽车"这一词语后，请按照提示的词语说出您联想到的词语，例如汽油动力、柴油动力、油电混合动力……

这里的联想指示例证，引导受访者向着汽车的驱动力的能源方式展开联想，从受访者联想的结果中，可以了解他们对汽车驱动能源的认知、愿望、未满足的需求等，可以为企业的产品改良、广告定位、市场宣传等活动提供充分的依据。

3. 句子完成式

句子完成式是指调查者根据调查目的选择一些未完成的句子让受访者根据

前半句所设定的语言环境，续写后半句，以完成整句，而调查者从中获取研究资料的一种问题。

句子完成式是词语联想式问题的发展和改良，由于利用词语联想式提问所得到只是一些单个词语，意思还不太明确，给分析研究带来一定的困难，句子完成式弥补了这方面的不足，可以更加直观地使受访者在回答中反映出来对事物的评价、动机、态度、感觉等。

调查者选择的待完成的句子主要是判断句，前半句是主要部分，由受访者续写出判断句最重要的部分。例如，"我选择新能源汽车考虑的是……"。续写这样一类的句子，大部分受访者的后半句都不会完全相同，正是这些不同的回答，表明了他们对事物的不同追求评价、爱好和心态，为调查者分析研究提供了丰富的素材，为企业决策提供了有价值的依据。

4. 故事完成式

故事完成式是指调查者在问卷中先讲述一个未完成的故事，要求受访者根据前半部分的内容，自由地讲完这个故事的一种询问方式。例如：

请您接着把下面刚开头叙述的故事讲完：

"我到汽车展去看汽车，看到有一款我以前关注的新能源汽车，该企业在展销会上推出了三项优惠方案，我想……"

本例中的受访者是最近有购买新能源汽车意愿的消费者，主要测验该新能源汽车新的促销方法在目标消费群体中的重视度和有效性，以便调整促销方法。

5. 漫画完成式

漫画完成式的提问，就是将一幅漫画展示给受访者，让受访者和画中的某个人物取得认同，以发现受访者对漫画所描述事物的态度和意见。

漫画中的人物通常有两个，人物的表情是中立的，不带有明显的感情色彩，也不带有某种特殊的个性特征，这样才有可能获得每个受访者的认同。因此图画多采用漫画笔法，所画的内容尤其是画中人物的脸部，需要简单的线条略加勾勒，否则无法反映人物情感。

漫画完成式主要应用在入户访问、小组访问等询问调查中，可以访问较多的样本。

6. 主题视觉测验式

主题视觉测验式与漫画完成式近似，也是先让受访者查看一张（有时是同一系列的几张）含义不太明确的图画，该受访者按照他的个人经验和理解，解释画面的意义，或构想出画面所展示的正在发生的故事，或对画中人物做出某种描述。总之，希望受访者从他们的述说中自然流露出内心深处的态度、动机、意见和欲望。

（二）封闭式问题

封闭式问题是指调查者事先设计好问题内容及其各种可能的答案，供被调查者在备选答案中选择的问题形式。封闭式问题有利于被调查者正确理解问题，迅速做出回答。同时，由于各种答案都是事先设计好的标准答案，有利于最终调查结果的整理和分析。缺点是这种类型的问题与开放式问题相反，它的答案已事先由调查人员设计好，被调查对象只需要在备选答案中选择自己认同的答案，容易限制被调查对象的思路。对于封闭问题来说，首先，它的答案都是事先拟定的，因此便于统计分析；其次，也便于被调查对象选择，节省调查的时间。但是，它也有自己的缺陷，那就是在回答问题时限制了被调查者的自由发挥，他们的答案可能不在所拟定的答案之中。因此，就随意选择一种并非真正代表自己意见的答案。在决定是否采用封闭式问题时，必须考虑到问题答案的分散性程度。如果可能性的答案较多，用封闭式问题会使答案的范围过于狭窄。另外，在设计封闭式问题时，要认真研究可能的答案是哪些，尽可能完整地设计出问题答案。其中特别要注意的是：

• 答案应符合客观实际。例如，关于我国城市家庭存款的答案设计如果是 ① 1 000元（含）以下，② 1 000~2 000（含）元，③ 2 000~5 000（含）元，④ 5 000元以上，那么回答就可能都集中在④上，这种调查结果就没有多少分析价值了。

• 答案的设计要尽可能包含所有可能出现的情况。而事实上，我们通常结合开放式问题与封闭式问题的特点，采用一种末尾开放式问题来解决这一问题。如在选项中列出"其他"一项，也可加注"请加以说明"字样。

• 单选答案之间不能相互包含或重叠。即对于每个受访者来说，最多只能有一个答案符合他的情况。需要多选的答案则另当别论。

• 同一组答案只能按照同一个标准分类。例如，按产品使用时间分类，就不可以混入按产品使用地点的答案。

• 程度式答案要按顺序依次排列，前后须对称。如："很好、较好、一般、较差、很差"，不可以设计成"很好、好、很不好"或"很差、较差、一般"等，否则就会因答案不周全或顺序零乱而使被调查者难以回答或产生回答偏差。

封闭式问题的具体形式比较多，以下就一些最常见的做出说明。

1. 是非判断式

是非判断式通常针对性质相反的答案，即所提供的备选答案只能有"是"与"否"，或者"有"与"没有"两种。例如：

您是否准备在最近半年内购买一辆私家车？

a. 是   b. 否

2. 单项选择式

单项选择式是指问题后面提供多个答案，要求受访者从中选择一项作为回答的问题形式。例如：

您认为顾客选购新能源汽车时最注重的因素是什么？（单选）

a. 电池容量　　　　b. 电池安全性　　　　c. 价格

d. 品牌　　　　　　e. 操控系统　　　　　f. 其他（请说明）

单项选择式的答案提供的不只是一种判断态度，而是带有频率、程度等多项因素，扩充了答案的内涵。但设计时要注意答案不宜过多，原则上不能超过10个，而且要求选中可能性最高的10个，其余被选程度较低的答案则统统归入"其他"。备选答案太多，会使受访者无所适从或记忆不清。

3. 多项选择式

多项选择式是指要求受访者从问句后列出的多项答案中选择两项或两项以上答案的问题形式。例如：

您购买××汽车的主要原因是：（选最主要的两种）

a. 操控效果好　　　b. 价格便宜　　　　c. 动力好

d. 款式新颖　　　　e. 朋友介绍　　　　f. 其他

4. 配对比较式

配对比较式是指事先将同类商品搭配成对，让被调查者在做出比较后，从中选出他认为合适的答案，以测量这些商品在消费者心目中的地位的一种问题形式。例如：

下面的汽车动力来源方式，您更喜欢哪一种，在您认为喜欢的一边打上"√"。

（　　）汽油与柴油（　　　）　　　　（　　）纯电力与汽油（　　　）

（　　）混合动力与纯电力（　　　）　　（　　）柴油与混合动力（　　　）

（　　）汽油与混合动力（　　　）　　　（　　）柴油与纯电力（　　　）

运用组合知识的搭配方式共有六种，这里打乱了次序是为了排除人为的影响。

5. 顺位比较式

顺位比较式是指在设计问题时列出若干个答案，由被调查者依照自己的喜爱程度定出先后顺序。例如：

下面是对新能源汽车的一些描述，请根据您的重视程度，按优先劣后的顺序给予编号（1~5）

（　　）电池容量　　（　　）电池安全性　　（　　）操控系统

（　　）价格　　　　（　　）品牌

（三）量表式问题

量表式问题是一种特殊的封闭式问题，它是指通过一系列实现设计的文字、标记、图片和数字等，测定被调查者心理活动的度量工具，可以将调查的定性资料定量化。量表通常被用来测量消费者对企业及其活动的态度、意见和评价等调查项目，是一种消费者心理分析手段和度量工具。

1. 程度评比式测量表

对有些问题的评价，不只是"好"与"坏"、"是"与"非"之间的选择，事实上这种态度有强弱之分，这就构成了程度评比式测量表。例如：

您认为目前纯电动汽车的续航能力如何？

（　）很好　　　（　）较好　　　（　）一般　　　（　）较差　　　（　）很差

需要注意的是，程度选项是否需要设立中立项，需要根据调查者的需要确定，如果调查者需要被调查者给予明确的方向性选择，就不需要设立中立项。例如：

你认为"比亚迪"牌纯电动汽车的续航能力如何？

（　）很好　　　（　）较好　　　（　）较差　　　（　）很差

2. 语意差别式测量表

语意差别式测量表是运用成对的语意对立的形容词来测量受访者态度的一种量表。例如：

请您按××品牌新能源汽车的广告给您的印象，在下列最能反映您看法的数字上划圈：

强劲的　1　2　3　4　5　6　7　柔和的

现实的　1　2　3　4　5　6　7　幻想的

乏味的　1　2　3　4　5　6　7　幽默的

对测量的结果进行统计分析，就可以得知该广告在消费者心目中的形象。

3. 数值分配式测量表

数值分配式测量表是指要求受访者对调查项目做出评价时给予百分制或十分制数值的一种测量表。在设计该类测量表时，可以采用两种方式，一种方式是提问的各项分数之和固定为100分。例如：

请您依据自己的判断，对新能源汽车下列属性的相对重要性打分，总分为100分：

续航时间：　　分　配置：　　分

功能：　　分　外观：　　分

售后服务：　　分　价格：　　分

统计时，比较各项分值，就可知受访者对某项属性的重视度。如"售后服务"是30分，而"价格"是10分，就可以得知"售后服务"的重视度是"价格"的3倍。

另一种方式是对每个调查项目在100分（或10分）内打分最高为100分（或10分）。这种方式下，受访者的选择更加便利，因为他们不需要因为"凑"那个满分而伤神。

4. 李克特量表

李克特量表（Likert Scale）是评分加总式量表最常用的一种，该量表由一组陈述构成，每组陈述一般有"非常同意""同意""不一定""不同意""非常不同意"五种回答，分别记为5、4、3、2、1，每个被调查者的态度总分就是他对每道题的回答所得分数的加总，这一总分可以说明他的态度强弱或在这一量表上的不同状态。不过也有一些研究认为可以使用7或9个等级，这样分类会更细。例如：

下面是对某新能源汽车销售店的一些叙述，请用数字1~5表明您对每种观点同意或反对的强烈程度。1=强烈反对；2=反对；3=既不同意也不反对；4=同意；5=十分赞成。

服务态度很好　　1 2 3 4 5

办理速度不快　　1 2 3 4 5

取车时间太长　　1 2 3 4 5

整体环境舒适　　1 2 3 4 5

车型可选范围大　1 2 3 4 5

根据受测者选择的各个项目的分数计算求和，得到个人态度的总得分。

5. 连续评分量表

连续评分量表，也称图示评分量表，是指请受访者在一条直线上的适当位置做出标记，以此对被调查对象的某一状况做出判断，通常在直线的两端是相反的极端性描述。例如：

请您对××新能源汽车广告的印象进行评价，并在下列直线上您认为合适的位置画圈：

好　　　　　中　　　　　差
——————————————————
100　　　　50　　　　　0

6. 斯坦普尔量表

斯坦普尔量表（Stapel Scale）是指将对被调查对象的某个描述（通常是一个具有限定性的形容词或副词）放在量表的中间，在该词的纵向垂直设置–5到+5十个级别，没有中立点（0点），要求受访者选择一个适当的数字，以此指出对被描述对象的精确程度与不精确程度。例如：

请评价每个词或短语对某新能源汽车销售店描述的精确程度。对您认为精确描述了这家店的短语选择一个正数，描述越精确，选择的正数数字越大；对您认为没有精确描述这家店的短语选择一个负数，描述越不精确，选择的负数数字越大。您可以选择–5到+5之间任何一个数，+5表示您认为非常精确，–5表示您认为非常不精确。

+5	+5
+4	+4
+3	+3
+2	+2
+1	+1
服务优秀	环境杂乱
−1	−1
−2	−2
−3	−3
−4	−4
−5	−5

以上介绍的几种问题类型是问卷设计中问题的基本类型，有时这些基本类型可以结合起来，构造出比较复杂的类型，但一定要注意受访者回答问题的便利度。

四、实例分析

有关新能源汽车的调查问卷

1. 您的年龄范围：（　　　）

   A. 25岁以下　　B. 25–40岁　　C. 40–60岁　　D. 60岁以上

2. 您的教育背景：（　　　）

   A. 初中教育　　　B. 高中教育　　　C. 大学专科教育

   D. 大学本科教育　E. 硕士研究生　　F. 博士研究生　　G. 其他

3. 您从事的职业类型：（　　　）

   A. 公务员　　　B. 工程师　　　C. 媒体记者　　　D. 教师

   E. 办公室职员　F. 学生　　　　G. 产业工人　　　H. 农民

   I. 企业管理者　J. 其他

4. 您的年收入（人民币）范围（　　　）

   A. 少于5万元　　　　B. 5万–12万元　　　　C. 12万–25万元

   D. 25万–50万元　　　E. 50万元以上

5. 您认为哪种电动汽车更具主场前景？（　　　）

   混合动力电动汽车是指那些采用传统燃料的，同时配以电动机/发动机来改善低速动力输出和燃油消耗的车型。燃料电池电动汽车是指以氢气、甲醇等为燃料，通过化学反应产生电流，依靠电机驱动的汽车。氢能源电动汽车以氢为能源的燃料电池，氢与氧气在燃料电池中发生化学反应产生电。

   A. 充电电池驱动电动汽车　　　B. 混合动力电动汽车

C. 燃料电池电动汽车　　　　D. 氢能源电动汽车

6. 您会选择买清洁能源汽车吗？（　　　　）

    A. 会　　　　　　　　　　B. 不会　　　　　　　C. 不好说

7. 如果同排量的新能源汽车比内燃机汽车贵多少可以接受？（　　　　）

    A. 10%~20%　　　　　　　B. 50%~100%　　　　C. 其他

8. 购买新能源汽车时，除了价格因素，您还主要关心什么？（　　　　）

    A. 保养　　　　B. 维修　　　　C. 品牌　　　　D. 使用方便　　　E. 其他

9. 您喜欢以什么为动力的新能源汽车？（　　　　）

    A. 充电式　　　　B. 燃料电池　　　C. 混合动力　　　D. 太阳能

10. 您认为汽车最好是什么能源形式？（　　　　）

    A. 混合动力　　B. 内燃机　　　C. 电能　　　　　D. 太阳能

11. 您喜欢什么造型的汽车？（　　　　）

    A. 时尚靓丽型　　　　　　B. 卡通可爱型　　　　C. 复古型

    D. 一般　　　　　　　　　E. 其他

12. 您喜欢什么颜色的汽车？（　　　　）

    A. 红色　　　　B. 黑色　　　　C. 白色　　　　D. 银色

    E. 橙色　　　　F. 其他

13. 您希望汽车是怎样的颜色搭配？（　　　　）

    A. 通用一个颜色　　　　　B. 大体一个颜色

    C. 有其他颜色装饰　　　　D. 五颜六色混搭　　　E. 其他

14. 您认为现在的汽车的A柱和B柱是否对视线有影响？（　　　　）

    A. 不影响　　　　　　　　B. 有一点影响　　　　C. 有很大影响

15. 您希望车上所有乘客都有开阔的视野吗？（　　　　）

    A. 希望　　　　　　　　　B. 不希望　　　　　　C. 一般

16. 您在选车时考虑的哪些因素是重点因素？（　　　　）

    A. 操控性　　　B. 大空间　　　C. 精内饰　　　D. 性价比

    E. 知名度　　　F. 节能性　　　G. 其他

17. 您对现有汽车哪些部分不满意？（　　　　）

    A. 内饰　　　　　　　　　B. 耗能形式　　　　　C. 噪声

    D. 外形　　　　　　　　　E. 功能　　　　　　　F. 其他

18. 在您看来，现有汽车存在哪些问题？（　　　　）

请分析：

（1）这份问卷的结构是否完整？有没有需要调整之处？

（2）这份问卷中的问题题型设计是否恰当？有没有需要改进之处？

（3）这份问卷的措辞和问题的排序是否恰当？有没有需要改进之处？

（4）这份问卷中能发现其他哪些可取之处和需要完善之处？

第三节 问卷设计的原则和程序

一、问卷设计的原则

动画：问卷设计的原则

问卷设计是一项技术性比较强的工作，需要经过专业训练并具有一定经验的专业人员来完成，设计者还应遵守一些在长期实践中形成的基本原则。

（一）完整性原则

设计问卷时，首先必须遵守的原则就是围绕调查目标来设计一份完整的问卷。凡是为了实现调查目标必须通过问卷获取的信息，都应以问题的形式设计到问卷中。同时，问题的备选答案要完整互斥，避免遗漏或相互包含。要遵循分类的两条最基本的原则，即类别完整性原则和类别相斥性原则。问卷的备选答案一定要做到使每个被调查者都能找到符合自己情况的类别，而且只能有一个类别是适合的。

（二）必要性原则

设计问卷的初期，只能围绕调查目标大致地列举一定数量的问题。最后进入问卷的问题数量应该足够多，但又不提倡多多益善。因为与调查目的不同的问题再多，也不能反映真实的情况，而且占用的篇幅大；被访者回答的问题多，信用度与效率都低，调查周期也由此延长，得不偿失。因此，调查人员应对每个问题仔细斟酌筛选，直到每个问题都是必要的、可行的。在进行问题筛选时除了使用二手资料调查法外，还应该考虑以下两个方面：

1. 问题本身的必要性

调查问卷最终所使用的问题都应该是必要的、有利用价值的，不必要的问题应该舍弃。考虑某个提问是否必要，主要应参照所研究的问题和调查目标，参照其他提问的内容。例如，有一项新能源汽车潜在消费者的调查问卷，其中有这样一个问题："您认为汽车的A柱和B柱是否对视线有影响？"这样的设计就不妥。因为现在研究的是新能源汽车及其潜在消费者的特征、需求等问题，所以关于汽车的结构，特别是A、B柱这样的专业性问题，并不是本次调查关心的重点。

2. 问题细分的必要性

筛选过程包括增加问题和减少问题两个方面。有时，将一个问题分割成两个问题或几个问题可能更有利于获取确切的信息。例如："您认为轿车和越野车哪个用途广泛？"此题是调查人员计划对轿车和越野车进行比较，但是这两种产品一般是满足不同类型消费者的需求，他们对"用途广泛"的认识会有差异，所以应该分别针对不同的消费者进行信息收集，这样就可以较为全面地获取不同的信息。在这种情况下，一般需要对两种类型的汽车分别询问。

（三）可行性原则

在设计问卷时，应考虑所提的问题在实际用于对被调查者的询问时，是否切实可行，应注意：所提问题应该是被调查者经验和记忆范围内有能力回答的，尽量避免提及那些他们不了解或难以回答的问题。要使被调查者乐于回答、易于回答，避免使调查对象对问题感到尴尬。问卷中不得有蓄意难为被调查者的问题。避免提问私密性或可能令人难堪的问题。如果有些问题非问不可，也不能只顾自己的需要，穷追不舍。问题要考虑时效性。发生时间过久的问题容易使人遗忘，迫使被调查者做过长时间的回忆，往往会使其产生抵制调查的心态。除非遇见极细心的被调查者，否则很少有人能回答上来。避免提断定性问题。例如，"您的汽车平均每月的油耗是多少？"这个问题的潜在意思就是"您开的是燃油型汽车"。而对于一个不开燃油型汽车或者无车的人，这个问题就难以作答。因此，在这一问题提出之前，可增加一道判断性问题，即"您开的是燃油汽车吗？"如果回答是"是"，可继续提问，否则即可终止提问。

（四）便于整理的原则

在问卷的设计中，还要考虑受访者对问题的回答是否便于进行量化统计和分析。如果使用问卷的调查结果是一些难以统计的定性资料，那么要从中得到规律性的结论就十分困难，最终不能获得理想的效果。

对于一些能够量化的问题，尽可能采用分类分级的方法标出明确的数量界限，使得所获取的资料便于分析。例如：

您如果购买纯电动汽车作为日常通勤使用，充电一次能累计行驶多长时间比较符合自己的实际需求？

① 1小时以下（含）　　② 1~2小时（含）　　③ 2~3小时（含）
④ 3~4小时（含）　　⑤ 4小时以上

对于不易把握的、受访者的态度性问题，则可以采取态度测量表，将答案用数量或等级的差异表示出来，以利于统计和分析。

（五）非诱导性原则

如果提出的问题不是"折中"的，而是暗示出调查者本人的基本观点倾向和见解，力求使回答者围绕这种倾向回答，那么这种提问就是"诱导性提问"。

例如："消费者普遍认为××品牌的新能源汽车好，您的印象如何？"这种诱导性提问会导致两个不良后果：一是被调查者不假思索就同意问题中暗示的结论，直接敷衍了事；二是由于诱导性提问大多是引用权威或多数人的态度，被调查者会产生从众心理。另外，对于一些敏感性问题，在诱导性提问下，被调查者不愿意表达他本人的想法等。因此，这种提问是调查的大忌，通常会引出和事实相反的结论。

（六）准确性原则

准确性原则，是指所提的问题要具体、明确，概念要清晰，设计的问题要与目的相符。

1. 所提的问题要具体，避免提一般性问题

一般性问题对实际调查工作并无指导意义。例如，"您认为××牌的新能源汽车怎么样？"这样的问题就很不具体，很难达到了解被调查者对该品牌新能源汽车总体印象的预期调查效果。应把这类问题细化为具体询问关于产品价格、性能、外观、噪声等方面的印象。

2. 一个问题只能有一个问题点，也就是一题一问

一个问题如果有若干问题点，会使被调查者难以作答。例如："您为何不用燃油动力汽车，而用新能源汽车"这个问题包含了"您为何不用燃油动力汽车？""您为何要用新能源汽车？"和"什么原因使您改用新能源汽车？"等。防止出现这类问题的最好办法就是分离语句，使得一个语句只问一个要点。在问卷设计中要特别注意"和""与…"等连接性词语或符号的使用。

3. 问卷中使用的概念要清晰，要避免使用有多种解释而没有明确界定的概念

例如，人们对年龄、家庭人口、收入等问题的理解是不同的。如果问卷中缺乏对这些概念的界定，那么调查结果将有多重含义，只会增加调查的误差。

4. 设计的问题与调查目的不相符

这种错误主要是一些初学者总是希望通过一个问题收集尽可能多的资料，欲速则不达所致。

例如，为了解目标消费者对新能源汽车广告投放的电视节目的偏好，设计如表2-4所示的问题。

表2-4　您平时收看电视节目的情况是：

类型	频率		
	经常看	一般	很少看
电视剧	1	2	3
文艺节目	1	2	3
经济节目	1	2	3
新闻节目	1	2	3
教育节目	1	2	3
其他	1	2	3

该设计者认为这种设计不仅了解了人们对电视节目的偏好，而且了解了人们看电视的频率。但是应该看到，这种设计不能了解人们对电视节目的偏好，因为"看"和"喜欢"是两个不同的概念。可以采用的设计方式是：

① 电视剧；② 文艺节目；③ 经济节目；④ 新闻节目；⑤ 教育节目；⑥ 其他。

以上电视节目您最喜欢的是：（　　　　　　）；其次喜欢的是：（　　　　　）

二、问卷设计的程序

设计调查问卷是为了更好地收集调查者所需要的信息，因此，在设计调查问卷的过程中首先要把握调查的目的和要求，同时要争取被调查者的充分配合，以保证提供准确有效的信息资料。调查问卷需要认真仔细地设计、测试和调整，然后才能大规模地使用。通常，问卷的设计可以分为以下几个步骤：

（一）根据调查目的，确定所需要的信息资料

在设计问卷之前，市场调查人员必须明确了解哪些信息，这些信息中哪些是必须通过问卷调查才能得到的，这样才能较好地说明所要调查的问题，实现调查目标。在这一步中，调查人员应该列出所要调查的项目清单。例如，某新能源汽车企业，如果要了解消费者对本企业产品的反映程度，那么在确定所要了解的信息资料时，应从以下几个方面考虑：① 被调查者对本企业产品的购买情况，如购买地点、购买时间、购买量等；② 被调查者对本企业产品的印象，如产品的性能、外观、服务如何，产品的价格、广告印象，以及对本企业的改进意见等。这些在问卷设计时都应体现出来。根据这样一份项目清单，问卷设计人员就可以进行设计了。

（二）确定问卷类型及调查方式

这一步骤也是市场调查策划阶段的延续，针对所需了解信息的不同，在问卷类型和调查方式上，会有相应的调整。

（三）确定所提问题

这个阶段的工作是要落实所有的问题和对应的备选答案。它是问卷编制工作的开始，也是问卷编制工作中最重要、最关键的环节。因为这个阶段工作的质量决定问卷的内容是否完备，进而影响调查访问的质量和资料目标的实现程度。

（四）确定提问方式

每个问题采取何种提问方式最合适，应该事先确定。考虑这个问题时有几种思路：① 可借鉴问卷编制者过去曾使用提问方式的经验；② 可参考有关文献中他人的经验；③ 可以事先进行有关提问方式的实验。此外，有的问题在提问时需要对回答者补充说明、图示或实物。

（五）决定问题措辞

措辞的好坏直接或间接影响调查的结果。因此，对问题的用词必须十分谨慎，要力求通俗、准确、无偏见。关于问题措辞应注意以下方面：

1. 避免使用不精确的用语

调查设计人员对于概念与受访者的理解可能存在差异，如果在问卷中使用不精确的用语，就可能出现某种误解。

例如，在调查中出现的"经常"一词，可能会引起一些困惑。在问题"您是否经常使用自有家用轿车"中，不同的受访者可能会有不同的理解，有的受访者认为每天使用才是"经常"，有的受访者可能认为一周使用一次就属于"经常"，这样调查上来的数据就缺乏统一口径。

2. 避免生僻或者过于专业的用语

很多被调查者，特别是个人消费者，对市场调查中的专业内容并不熟悉，所以要尽量避免使用他们不熟悉的专业用语。如果确实需要使用，也需要通过填写说明等形式给他们必要的辅助回答。

3. 使用简单词汇

调查中的语句应当越短越好，简单明了的语句不会引起受访者的厌烦，或各种不必要的误解。

4. 避免模棱两可的措辞

调查中要求受访者提供的是明确的回答，所以在措辞中也必须避免模棱两可的措辞。例如，用户对一项产品的态度可以说喜欢或不喜欢，但如果问其对此产品是否"有一些想法"，则属于模棱两可的措辞。

5. 避免隐含的选择项

要避免问题中设定的选择项不完全覆盖的情况，例如"您喜欢什么类型的新能源汽车？"，在选择项中列举了不同类型的新能源汽车，但受访者的回答可能是"不喜欢新能源汽车"，对于这种隐含的选择项，一定要事先考虑周全。

6. 避免隐含的假设

不要事先假定受访者一定满足某个条件。例如，在上一例中，设计者假定受访者是喜欢新能源汽车的，从而提出关于喜欢什么新能源汽车的问题，但实际上这一假设可能不成立。

7. 避免汇总和估计

尽可能不要让受访者回答一些需要思考较长时间的题目，例如"您的家用轿车一个月要行驶多少千米？"可以转化成"您的家用轿车平均每天要行驶多少千米？"，后一问题对于受访者来说相对更容易回答一些。

8. 避免双重回答问题

在有些问题中，可能同时涉及两项内容，受访者对于其中一项的回答为"是"，而对于另一项的回答为"否"，这样的问题就属于双重回答问题。例如，询问受访者"您是否打算卖掉目前的自用汽车，去买新车？"，这个问题对于一名准备卖掉旧车去投资的受访者来说就难以回答了。

有些时候为了缩短问卷篇幅，也会有意将一些内容合并在一起询问，但在选项中一定要保留有效的回答。例如，您是否用过A品牌和B品牌的汽车？受访者可能只用过其中一个品牌，此时就会无法回答。

（六）安排问题的顺序

在设计好各项单独的问题以后，应按照问题的类型、难易程度安排问题的顺序：消费者使用状况的问题放在前面，使用原因的问题放在后面。关于被访者消费的问题放在前面，收入或拥有财务状况的问题放在后面。关于认知、记忆的问题、开放式问题放在前面，封闭式问题放在后面。能引起被访者兴趣、比较活泼的问题放在问卷的中间；简单的问题放在前面；难度较大的问题放在后面。先问行为，再问态度、意见、看法等。

（七）确定问卷版面格式

问卷的外在质量对于动员吸引被调查者参与合作具有重要的作用，既然希望对方认真合作，那么问卷本身就应该显示对被调查者的尊重。如果是重大调查课题，或者是有实力的执行者或委托者参与的课题，更应该使问卷做到印刷精良，以引起被调查者对调查的重视。

就问卷的尺寸规格而言，应该尽可能采用小型纸张。如果页数不多，则可以采用折叠式纸张；如果页数较多，则应装订成册。问卷的每一页都应当印有一个供识别用的顺序号，以免在整理时各页分散。

文字的大小要适当，在行距不使人感到过密的情况下，要尽可能把内容排印得紧凑些，尽量减少页数。如果是电子问卷，例如网页问卷，可以在提高受访者便利性的前提下，适当增加内容；或者通过增加高清图片、音频、视频等非文字调查内容，提高受访者的兴趣。这样可以给受访者带来问题不多的印象，以免一开始就产生厌烦情绪。

问题尽量只印在一面，而且必须为答案留出足够的空白，特别是自由回答的问题。

编排应该层次分明，字体的选择要求醒目。例如，① 问句靠左排，用粗体字；答案靠右排，用细体字。② 问题用黑体字，答案用宋体字。对于关键的词语或句子还可添加下划线或加大字号。例如：

您们是否使用<u>新能源汽车</u>？（粗体字、下划线）

a. 是　　　　　　　　　　　　　　　　b. 否

总之，问卷的版面格式，要给人以清爽轻松和美观的感觉，避免有零乱、拥挤、沉重的压迫感，这点对于调查能否顺利进行，被调查对象是否愿意回答有很大关系。

（八）检测、修改并定稿

编写完问卷后，便呈现一个初稿。如果将初稿直接用于现场调查，有可能会暴露某些缺点。因此，调查人员在使用问卷之前应反复推敲，设想各种可能的情况，如是否包含了整个研究主题，是否容易造成误解，是否语意不清楚，是否抓住重点等，有时可以把问卷交给有关专家或有经验的管理者，请其对问卷初稿提出意见，发现不妥之处应及时修改。在条件许可的情况下，最好经过试用，以便对问卷进行实际的检验和评价，这样的效果会更好。

1. 问卷检验的主要项目是问卷的"信度"和"效度"

信度（Reliability）即可靠性，它是指采用同样的方法对同一对象重复测量时所得结果的一致性程度。信度指标多以相关系数表示，大致可分为三类：稳定系数（跨时间的一致性），等值系数（跨形式的一致性）和内在一致性系数（跨项目的一致性）。效度（Validity）即有效性、可用性，是指测量工具能够准确测量出所需测量事物的程度。测量结果与需要调查的内容越吻合，效度越高；反之效度越低。信度分析问卷的可靠性，效度分析问卷的可用性，最终构成一份可信且有效的问卷。

（1）信度分析的方法主要有以下三种：

① 重测信度法

用同样的问卷对同一组被调查者间隔一定时间重复施测，计算两次施测结果的相关系数。这属于稳定系数，适用于事实式问卷，如性别、出生年月等的检测。

② 复本信度法

让同一组被调查者一次性填写两份问卷，计算两个复本的相关系数。这属于等值系数，在实际调查中，很难使调查问卷达到这种要求，因此采用这种方法者较少。

③ 折半信度法

将调查项目分为两部分，计算两部分得分的相关系数，进而估计整个量表的信度。这属于内在一致性系数，常用于态度、意见式问卷的信度分析。

（2）效度分析的方法主要有内容效度、准则效度和结构效度，这三者之间是递进关系。

① 内容效度（Content Validity）是指所设计的题项能否代表所要测量的内容或主题，通常采用逻辑分析与统计分析相结合的方法进行评价。逻辑分析一般由专家评判所选题项是否符合测量的目的和要求；统计分析主要采用单项与总和相关分析法获得评价结果，即计算每个题项得分与题项总分的相关系数，根据相关系数是否显著，判断内容是否有效。

② 准则效度（Criterion Validity）是指量表所得到的数据和其他被选择的变量（准则变量）的值相比是否有意义。准则效度分析是根据已经确定的某种理论，选择一种指标或测量工具作为准则（效标），分析问卷题项与准则的关系，若两者相关性显著，或者问卷题项对准则的不同取值、特性表现出显著差异，则为有效题项。评价准则效度的方法是相关分析或差异显著性检验。

③ 结构效度（Construct Validity）是指测量结果体现出来的某种结构与测量值之间的对应程度。结构效度分析所采用的方法是因子分析，通过因子分析可以考查问卷是否能够测量出研究者设计问卷时假设的某种结构。结构效度包括同质效度、异质效度和语意逻辑效度。

2. 问卷的检测还包括问卷试用、回收率和有效率检测

（1）问卷试用就是在被调查者总体中抽取一个小样本，其样本数通常是整体抽样样本数的5%~10%，让他们试答。这个小样本不必是随机样本，但要具有代表性。试用的问卷回收上来后，要进行逐卷逐题查阅和统计分析。统计分析的目的在于总结试用过程中出现了什么问题，并计算回收率和有效率。

（2）回收率是指问卷回收的数量占问卷发放总量的比率；有效率是指扣除废卷后的有效卷占问卷发放总量的比率。回收率低说明问卷设计失败；回收率高而有效率低则说明问卷中有需要调整之处。

出现废卷有多种可能，对于不同废卷应具体问题具体分析并加以修订。

首先是弃而不答，弃而不答的问卷又分为两种情况：第一，在已答出的问题中出现一两个未答问题。对此应检讨那些未答题是否不为被调查者所理解，或者他们无法掌握这方面的信息，或者答案设计方式有问题等。第二，出现连续成片的未答问题。对此应检讨大量未答问题的第一个问题是否属于敏感性问题，或者属于较难回答的问题，以至于使其放弃合作。

其次是填答错误，属于填答错误的问卷也有两种情况：第一，所答非所问，这说明被调查者对问题不理解或有些词语容易引起误解；第二，填答方式错误，这主要是由于问卷的填表说明没有交代清楚，或者填答方式太复杂。

总之，应通过行之有效的方法或途径，分析问卷初稿中的缺陷，并在正式使用之前进行调整和纠正。经修改后的问卷就可以定稿并交付使用了。

【知识拓展】
便捷的网络问卷设计工具

问卷，作为市场调查收集信息的重要载体，因为互联网技术的快速发展在实践中高效使用。以下是一些可以提供互联网在线问卷调查的平台。

1. 麦客CRM

麦客CRM的用户可以自己设计表单，收集结构化数据，进行客户管理；能够将表单收集到的信息与客户的"联系人信息"打通，自动生成数据报表。最适用于麦客CRM的企业是提供面向终端消费者的产品或服务的商家。

2. 金数据

金数据的用户可以在金数据完成在线表单设计、数据收集、统计和分析工作，应用场景覆盖全行业；可以自动创建数据后台和数据报表使数据管理和查看更加方便直观，且能与微信、微博结合，在手机、IPad上也能随时随地查看和填写表单。

3. 问卷网

问卷网的用户可在线设计调查问卷，并自定义主题；提供多种调查问卷模板，简单修改即能制作一份调查问卷；支持十余种常见题型，专业逻辑跳转功能保证用户快速完成调查流程；多渠道、多方式推送发布，快速到达样本，便捷获取调查数据；提供图形分析界面，并支持导出为Excel文件。

4. 问卷星

问卷星为用户提供在线问卷设计、采集数据、自定义报表、调查结果分析等一系列服务；用户可以使用问卷星开展用户满意度调查、市场调查、员工满意度调查、企业内训、需求登记、人才测评，或者学术调查、社会调查、在线报名、在线投票、信息采集、在线考试等工作。

5. 调查派

调查派提供在线设计调查表，分析调查数据，在线查看调查结果等功能，可以帮助用户设计调查表在互联网上发布，所得的调查结果以多种方式直观展示。适用于公司员工调查、企业市场调查、客户调查、意向调查。

6. 腾讯问卷

腾讯问卷提供标准的问卷题型和题库，支持文本导入、模板和自建的问卷创建方式，以及问卷逻辑、答题规则、多成员协同等设置管理；支持一键生成PC、微信、小程序、QQ、微博等多种渠道的投放方式。

7. 网易定位

网易定位可以通过大小数据组合的方式帮助企业做好用户体验管理。在大数方面，主要是在亿级用户行为足迹中描绘出用户各个维度的画像；在小数据方面，主要是捕捉用户的深层感知与动机，更好地还原用户的心理决策过程。

三、常用访问问卷的设计技巧

调查问卷的具体方式有多种，每种方式各具特点、各有侧重，因而对问卷的设计有不同要求。在所有的调查方法中，访问法是调查问卷使用最广泛的一种。以下是常用的几个访问调查问卷：

（一）小组访问问卷

小组访问是调查人员直接访问的一种调查方法，它是分组邀请事先经过挑选的合格的调查对象，围绕调查主题进行讨论，由访问人员或调查组织者作为主持人引导讨论，以得到有用资料。从内容上看，讨论的内容也都事先做过基本的预调查获取。小组访问是为了横向和纵向地拓展资料，获得大量被调查者的观念、态度、看法和意见等类型的信息。因此，它的问卷与其他形式的问卷有显著的不同。

第一，小组访问的问卷其实是主持人用来引导讨论的提纲。它不可能像标准的问卷那样结构完整，内容详尽。

例如，在一次邀请有关专家就新能源汽车市场的有关情况进行小组访问的问卷如下：

××专家：

您好！我们想就国内新能源汽车市场的有关情况请教您几个问题，谢谢！

请您谈谈您对我国新能源汽车市场的基本判断。

I. 从市场潜力方面看：

II. 从产品开发方面看：

III. 从同行业竞争方面看：

您的姓名：　　　　　　　　　职称：

您的单位：　　　　　　　　　职务：

访谈时间：××××年×月×日

第二，小组访问的问卷侧重于追询，而不仅是一句简单的问句。例如：

- 问：您有自己的私家车吗？
- 追询：是使用什么能源的？
- 燃油的：好处？会更换为新能源汽车吗？
- 会的：为什么？会买什么品牌？
- ……

第三，小组访问一般不在问卷上做记录，而另派人做专门的记录，有时也用录音记录。这份记录要整理成报告，报告比较注重于质的概念。

第四，小组访问有比较充分的时间，又是面谈式的访问，因此，说明词可以长一些，详细一些，多介绍一些讨论的目的和价值，满足参加讨论者积极发表意见，还可以介绍一些讨论的方法等。

第五，小组访问的样本特性资料在过滤样本、选择参加者时已经有了初步的记录，分小组时，可以依据特性资料进行编配。对于小组讨论来说，要收集的特性资料不是个体的，而是总体的，即某类特性资料有多少，并将这些总体的特性资料附在报告里。

第六，小组访问的问卷统计表中一般包括讨论会名称、组别、讨论时间、讨论地点、出席人、主持人、记录人等。

（二）个人面谈问卷

个人面谈访问是指调查者与被调查者进行一对一的、面对面交流的信息收集方式，因此有充分的时间与受访者沟通。个人面谈访问可以包括多种形式，例如个人深度访谈、上门访谈、拦截访谈等，通常将个人深度访谈作为个人面谈的主要形式。

个人面谈的主要目的是对受访者进行深入的信息挖掘，要求调查者只需要围绕调查的主题和主要目标，对受访者开展引导和信息挖掘的工作，所以，这种方法的调查问卷实际就是一份供调查者作为提问、引导和挖掘的提纲，问题的类型基本是开放式题型中的自由回答式问题。但是，简单的结构和题型并不代表设计简单，在设计这种问卷时，需要注意以下事项：

第一，访谈人员在访问前准备的问卷，也就是问题的大纲，列举所要询问的事项，但并不一定按照大纲上所列的顺序逐项询问，问题的先后顺序完全按照访问的实际状况来灵活决定。

第二，问卷中问题组合的设计一般有阶梯前进、隐蔽问题挖掘和象征性分析三种思路。阶梯前进是指所有问题的设计是沿着一定的线索展开的，帮助访谈人员了解受访者思想的脉络。隐蔽问题是将问题的重点放在受访者个人的关注点上，帮助访谈人员掌握受访者的特征。象征性分析是多角度地探寻同一问题，通过比较来分析受访者信息的内涵。

第三，访谈人员提出的前几个问题应该是一般性的问题，这些问题应能引起受访者的兴趣，并鼓励他充分而自由地谈论他的感受和意见。访谈人员提出的主要问题必须是开放式的，不可以有任何提示或暗示受访者。

第四，虽然个人面谈适用于隐私性信息的收集，但是，必须遵循法律和道德规范，在问题设计中必须充分考虑到可能导致的负面后果，设计的问题尽可能减少潜在的危害，保护受访者的信息。

（三）电话访问问卷

电话访问是指调查者通过电话与被调查者开展不见面的、口头语言的信息收集方式。电话访问问卷最重要的特点是简洁明了，因为电话访问的时间不能太长，一般是3~5分钟，所以，电话访问常用于过滤样本或做简短的调查。其他收集内容简单，问题数量少的调查方式的问卷设计思路，可以参考电话访问问卷，例如拦截式访问。

在设计电话访问问卷时应注意以下几方面：

第一，说明要开门见山。电话访问的说明词最简单，内容也不如其他方法一样繁多，要简明扼要。例如：先生（女士），您好！我们是××市场研究公司，正在研究××新能源汽车广告的效果问题，我姓×，想占用您几分钟时间向您请教几个问题，可以吗？谢谢您，那么现在开始。

第二，问句要简明。提问要清晰、客气，问句要简单，最好是让对方能够简单明确地回答，以便记录。而且，问句太长会使被调查者不易理解或误解。另外，多项选择问句，列举问题，尤其图表、照片、卡片等的问题在电话调查中一般不能使用。

第三，样本特性资料要间接询问。电话访问中有关样本特性的资料，如年龄、收入、受教育程度等，因为不能呆板地分层列出，而单刀直入询问又过于唐突，所以，最好采用间接式、探询式问法。例如，询问受教育程度可以问："您最后就读于哪一所大学？"或"您是××大学毕业的吧？"对方或者答"是"，或者会答"不是的，我是××学院毕业的"。

第四，电话访问记录要做事前准备。电话访问中记录答案的时间很仓促，而且所用的多是自由式问句，更加需要做出迅速记录。一般采用速记或录音整理的方式，这些都需要做好记录前的准备工作，或借助人工智能系统辅助访问和收集信息。

（四）邮寄与电子邮件访问问卷

邮寄与电子邮件访问问卷都是以书面语言沟通和受访者自填式为主的问卷；电子邮件访问问卷是随着互联网的普及而出现的信息问卷方式，其突出特点就是往返传送快捷，缺点是样本选择范围受到限制，它与邮寄问卷设计要求基本相同。其他以书面语言为信息收集工具的调查问卷的设计思路，可以参考这两类访问问卷，例如网页问卷、留置问卷等。

在设计邮寄访问问卷和电子邮件访问问卷时应注意以下几个方面：

指导语要尽可能写清楚，尤其是要写清使用什么样的符号表示选定答案。对于过滤性的问题，要在版面上处理好，使被访问者一目了然，并便于填写。

引言要尽可能详尽，语气要亲切。邮寄和电子邮件访问问卷的设计者因为不能当面向被访问者交代调查的目的、意义和背景等，因此，在设计过程中，应特别注意问卷中文字的清晰、准确和完美的表达。邮寄访问问卷的引言部分要提出回寄时间和回寄地址、邮编、收件单位或收件人姓名等；邮件访问问卷的回收提示也要醒目并易于操作。

邮寄访问问卷的外形要亲切稳重；邮件要封口，字体要稳重大方；信函要用私人信函以示尊重，公函或印刷品邮件容易被忽视或不予理睬；最好注明收件人姓名。

问句的数量要精简，思路要连贯。因为邮寄和电子邮件访问问卷完全依托收件人的意愿和理解来回答，如果问卷篇幅过长，思路缺乏连贯性，就容易使被访问者产生厌烦，从而影响问卷回收率。

做好促进回收的设计。邮寄和电子邮件访问问卷回收率低是最大的缺陷，改进这一缺陷就可大大提高调查的效果。必须注意的是，回收信件或电子邮件的地址不能是委托调查的企业，而必须是调查机构或者通过信箱、邮箱传送。邮寄问卷回收时间的规定，要考虑邮件的路程远近。还可以在寄出问卷的同时寄一张贴好的回寄邮票、注明回邮地址、邮政编码的信封。承诺为提交问卷的被调查者提供一定的福利，例如进行抽奖或赠送免费上网时间等，这样可大大提高回收率。

【素养之窗】
问卷设计中的"5W2H"

问卷设计要求设计人员具备系统思维的能力，因为设计问卷需要与调查的目的、内容、对象和方法等紧密联系，通过问卷将市场调查的这些工作及其内容紧密联系起来。"5W2H"，就是问卷设计人员可以采用的一种问卷设计思维方式，它们分别是七个英文单词的第一个字母，代表在问卷设计时需要考虑的相互关联的影响因素。

第一个 W 是 Why。问卷设计人员首先要思考为什么设计这份问卷；在设计问卷时要思考为什么使用这种题型、这种结构、这种语言等；设计完成后要思考为什么这份问卷是可信且有效的。总之，多思考几个为什么是问卷设计的基础。

第二个 W 是 What。确定一系列"为什么"以后，问卷设计人员就要思考这份问卷设计什么内容；问卷整体、问卷中的每个问题、问卷中的措辞、问题的排列，乃至排版的目的是什么；有效完成这些设计需要具体做什么。

第三个 W 是 Who。确定了 Why 和 What 以后，问卷设计人员还要思考这份问卷针对谁收集信息；在问卷发放、回收等调查实施工作中，由谁来完成最合适。

第四个 W 是 When。确定了前三个 W 以后，调查组织者或者项目负责人就要思考在什么时段、什么时点，或者什么时机开展实际的问卷调查工作最恰当。

第五个W是Where。同时，调查组织者或者项目负责人还要思考在什么地区、什么地点开展哪些问卷设计与调查工作。

第一个H是How。How就是要与所有的W和H联系起来综合思考，怎样做好每一项工作；怎样提高工作效率；怎样具体实施问卷设计与调查工作；怎样协调与管理问卷设计、发放、回收人员，以及问卷工作相关人员与其他伙伴的协作等。

第二个H是How much。市场调查需要有人力、物力、财力和时间的支持，所以还要思考需要多少资源完成问卷设计及相关工作；各项工作应该达到什么程度等。

同步练习

一、单选题

1. 下列各项中，不属于市场调查方案重要性的是（　　）。

    A. 市场调查工作的基石　　　　B. 市场调查活动的指南

    C. 市场调查的背景　　　　　　D. 市场调查的考评依据

2. 通过调查要"解决什么问题？"和"解决到什么程度"，这是（　　）。

    A. 市场调查目标　　　　　　　B. 市场调查内容

    C. 市场调查对象　　　　　　　D. 市场调查方法

3. 电话访问的问卷最重要的特点是（　　）。

    A. 丰富多样　　B. 引人思考　　　C. 详细充实　　　　　D. 简洁明了

4. 邮寄和电子邮件访问问卷的最大缺陷是（　　）。

    A. 回收率低　　B. 内容简单　　　C. 形式单一　　　　　D. 成本高

5. 最有可能限制被调查者自由发挥的问题类型是（　　）。

    A. 开放式问题　　B. 封闭式问题　　C. 量表式问题　　　　D. 必答式问题

二、多选题

1. 市场调查方案可行性评价的方法有（　　）。

    A. 经验判断法　　　　　　　　B. 逻辑分析法

    C. 试点调查法　　　　　　　　D. 指标分析法

2. 一份完整的调查问卷通常由（　　）等内容构成。

    A. 标题　　　　　　　　　　　B. 问卷说明

    C. 调查项目　　　　　　　　　D. 被调查者和调查者项目

3. 按照受访者回答的形式，可以把问卷中各种形式的问题归纳为（　　　　　）等类型。

    A. 开放式问题　　　B. 封闭式问题　　C. 量表式问题　　D. 必答式问题

4. 问卷设计的原则包括（　　　　）。

    A. 完整性原则　　　B. 必要性原则　　C. 可行性原则　　D. 便于整理的原则

5. 决定问卷中的问题措辞时，要注意避免（　　　　　）。

    A. 使用不精确的用语　　　　　　　　B. 双重回答问题

    C. 使用复杂词汇　　　　　　　　　　D. 隐含的假设

三、判断题

1. 可行性研究是科学决策的必经阶段，是科学设计调查方案的重要步骤。

    （　　　）

2. 为了打消被调查者的戒心，调查者需要在问卷说明中附带保密承诺。（　　　）

3. 问卷中能激起被访者兴趣，比较活泼的问题应放在问卷的中间。　（　　　）

4. 问卷的页数应越多越好。　（　　　）

5. 问卷编写完成后，只需要做信度检测。　（　　　）

实训项目

一、实训名称

某校新能源汽车消费情况调查问卷设计。

二、实训背景

为了解您所在学校的新能源汽车购买情况，需要在本地开展一次新能源汽车的实地调查。请根据问卷设计的相关知识设计问卷。

三、实训要求

（1）调查方法为实地访谈调查，调查对象为本校教师。

（2）调查目标包括了解本校教师的新能源汽车拥有情况、购车人群；购买新能源汽车的原因、未购买新能源汽车的原因、影响新能源汽车购买的因素有哪些；对新能源汽车未来市场的认识等。

（3）根据调查目标确定问题类型，选择提问方式，设计适当问句，合理编排版面，问卷的结构必须完整。

四、实训成果

（1）每位同学提交一份问卷。

（2）选取优秀问卷进行全班汇报交流。

第三章

选用调查方法

学习目标

知识目标

- 掌握案头调查方法的信息获取方式
- 掌握实地调查方法中的各类方法及其应用领域
- 熟悉新兴调查方法
- 了解案头调查方法的概念和特点
- 了解实地调查方法的概念和特点

技能目标

- 能确定恰当的案头调查信息来源
- 能进行案头调查设计和组织
- 能运用访问法、观察法和实验法收集信息
- 能利用新兴调查方法收集信息
- 能综合运用所学的调查方法获得可靠的信息

素养目标

- 通过调查方法的学习，掌握有效的信息采集渠道，树立正确的价值观
- 通过实地调查的实训，培养实事求是、客观认知事物的心态

【思维导图】

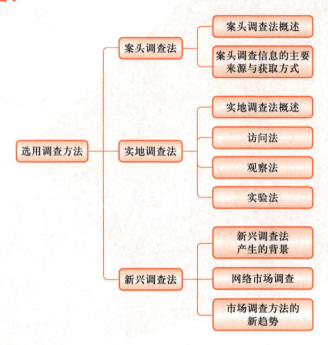

案头调查法 ─── 案头调查法概述
              └── 案头调查信息的主要来源与获取方式

选用调查方法 ─── 实地调查法 ─── 实地调查法概述
                              ├── 访问法
                              ├── 观察法
                              └── 实验法

              └── 新兴调查法 ─── 新兴调查法产生的背景
                              ├── 网络市场调查
                              └── 市场调查方法的新趋势

【导入案例】

这次调查使用了哪些信息收集的方法？

　　某新能源汽车公司发布声明，旗下两款热门型号的新能源汽车因故无法正常生产。为了解此次事件对该新能源汽车的销售是否产生影响，选取三家北京市的销售门店进行实地调查。在第一家店，看到了6月份汽车销售传统淡季应有的景象。经过向销售人员了解，现在该企业几个型号的新能源汽车的货源都比较充足。第二家店的情况和第一家相近，看车的人寥寥无几。通过与销售门店市场部的工作人员交谈，了解到此次事件并没有影响到该店，一切都是正常进行。第三家店也给出一致的回复："此次事件目前对终端市场的销售和维修都没有产生任何影响。"有销售人员向小编分析表示，外地情况应该与北京相近，各个地方的经销店都有库存，暂时不会受停产影响。经过对北京三家销售门店的实地调查，此次两种热门型号的新能源汽车因故无法正常进行生产的事件，暂时还未对经销商和消费者产生影响。

　　案例思考：案例中选用多种方法收集信息，具体选用了哪些调查方法？怎样运用这些调查方法收集信息？这些调查方法之间是否能够相互支撑？

　　收集市场信息对企业决策、企业发展具有重要意义，但需要通过哪些方法才能既准确及时、又经济地收集市场信息？当确定了目标并制定了方案后，能否将工作做好并实现目标，方法的选择是关键。选择正确，事半功倍；选择错误，事倍功半。

第一节　案头调查法

一、案头调查法概述

（一）案头调查法的概念

案头调查法又称文案调查法、间接调查法、资料调查法、二手资料调查法等，是指调查人员围绕一定的调查目的，通过各种非实地渠道收集已知资料，并进行整理、分析、研究、应用的方法。案头调查法主要是收集已形成并以某种形式存在的信息，并将这些信息为己所用，一般不直接与调查对象接触，甚至可以在办公室内完成，所以称为案头调查法。

视频：案头
调查法

案头调查法主要是收集有价值的二手资料，实地调查法是收集有价值的一手资料。市场调查人员在开展实地调查活动之前，首先要对企业内部和外部、公开和未公开的各种现有资料和信息进行系统收集、判断、分析，如果经过这些调查活动已经取得足够的信息资料，则无须进行实地调查活动，以节省人力、物力、财力和时间成本，达到事半功倍的效果；如果所需资料尚且不够，则再有的放矢地进行后续的实地调查。

案头调查法可以用来收集有关调查主题的"背景"资料，或者取得实地调查法无法获取的某些资料，或者为实地调查法的开展提供可靠的依据，并鉴定和证明实地调查资料的可信度。因此，总体而言，案头调查法也是实地调查法的基础，它能使实地调查法更加富有效率和效益。

（二）案头调查法的优势与劣势

1. 案头调查法的优势

（1）适用范围广，资料数量多。案头调查法可以超越时空限制，寻找古今中外有关的、广泛的信息。有人做过统计，企业决策所需的信息资料总量中，80%可以通过案头调查法获取，只有不足20%需通过实地调查获取。企业经营管理者要求市场调查部门提供的信息很多情况下已经有人研究过相同或近似的问题，调查部门只要通过案头调查就可获取，再加以分析、筛选就可以采用。

（2）经济快捷，降低调查成本。与实地调查法相比，案头调查法是一种经济快捷的收集信息的方法。首先，只要支付较少的成本，就能获得大量所需的信息资料。其次，与实地调查法相比，案头调查法直接而简捷，组织工作较少，因此时间周期较短。最后，对不熟悉的调查课题，需先采用案头调查法进行资料收集、分析等初步调查，为设计实地调查方案提供背景资料，为后续的调查活动提供必要的便利，为拟定实地调查计划提供依据，并提示调查人员在调查过程中可能存在的困难和障碍，避免时间、人力和资金的浪费，大大降低实地调查的成本。所以案头调查法也可以看作是整个市场调查工作的基础。

（3）受控因素少，获取方式灵活。与实地调查法相比，案头调查法实施更加方便、自由，调查过程具有更大的机动性和灵活性，受外界因素干扰少。在市场经济比较发达的地区，信息的收集、传播、利用已经成为一个产业，并纳入市场交换的范畴，具有比较规范的市场规则。因此，可以按照市场交换的各种方式获取信息资料，获取方式灵活、方便、快捷，尤其是互联网的普及，为信息资料的收集和利用提供了更加广阔的空间。

（4）相对可靠，比较实用。案头调查法获取的是二手资料，尤其是政府机构发布的资料更为可靠。绝大多数二手资料都经过科学整理，一些虚假、无用的资料已在首轮检验中被淘汰；很多信息资料是企业和机构为了自身的业务和利益正式对外发布的，机构的信誉和责任增加了信息的可靠性。因此，可以避免调查人员走弯路。而且，由于信息资料来源广泛，渠道不同，获取方式不同，可以相互比较、验证，提高了信息资料的可信度。此外，可以利用别人的研究成果，即使是片面的信息，也可以从中得到启示。

2. 案头调查法的劣势

（1）信息筛选工作量大。在信息时代，信息的数量呈指数级增长，已超出调查人员的处理能力，但是信息内容良莠不齐，企业不仅需要进行长期的信息收集工作，而且需要做大量高标准的信息筛选工作。因此采用案头调查法时，一定要做好信息真实性和可行性的鉴定工作，信息筛选中要保证信息资料的真、准、新、全。

（2）缺乏专业技术人员。案头调查法需要调查人员具有丰富的专业知识背景、一定的实践经验和技能、熟练的信息资料处理能力。大数据时代，更需要专业调查人员。例如，调查人员应清楚哪里有他们需要的信息？可以通过什么渠道和方式获得？获得的信息如何鉴别？怎样进行分类、分析、处理和利用？一般有经验的案头调查人员会通过多种渠道对市场信息做交叉检验，以判断资料的正确性。

（3）缺乏相关性和准确性。由于调查目的、信息的收集者、信息收集时间和方式不一样，许多信息不能直接为调查者所用，原调查主题、内容与现调查主题、内容之间缺乏密切的相关性，所以在资料的使用和取舍上要经过一定的加工处理。由于二手资料的市场信息来源广泛，渠道复杂，一些信息缺乏准确性，令人真假难辨；调查人员在收集、整理、分析和提交资料过程中，也可能会出现一些潜在的错误。例如，某地要建一个新能源汽车的充电站，可以利用已经建好的充电站调查资料，但要注意对现成的资料有所取舍，因为随着时间的推移，市场也不断发生变化。因此，在使用二手资料前，要评估资料的准确性，并有所取舍。

评估资料的准确性，主要包含以下几个项目：

① 资料来源。这是判断资料准确性的关键，一般来自政府机构、权威研究

机构的信息是可以信赖的。

②调查目的。了解二手资料的调查目的，可以提供一些评估资料质量的线索。

③资料收集的时间和途径。这两个方面不同，资料反映的问题和内涵会有所区别。

④资料内容。资料反映的问题是否准确，还要参考所获取信息的内容。

⑤资料与其他信息是否一致。资料之间相互矛盾，则说明某一资料信息有误，应做分析评价。

因此，对案头调查获得的信息，应做深入分析、准确鉴定，取其精华，结合需要，合理加工和利用。

（4）时效性和可得性较差。案头调查法获得的信息，最大的难度在于获得最新的信息资料。缺乏时效性的信息资料，其准确程度和可利用性也随之下降。另外，由于受各种客观条件限制，很难获得所需要的信息资料，会有信息资源可利用性较差的遗憾。例如，一家新能源汽车公司想了解消费者会对即将推出的两款全新车型做何反应，就没有现成的二手资料可以借鉴了，而必须通过消费者反馈的一手资料做出准确评判。

总之，案头调查法是市场调查的一项基础性工作，是先期获取初步市场信息的一种重要调查方法，持续的案头调查可以加强对企业经营管理活动的检查、分析和控制，是提高企业经营管理水平的有效工具。案头调查的内容可以十分广泛，包括与企业经营有关的经济、社会、政治和日常活动范围内的行为、需求、态度、动机等的调查，从各企业的具体情况出发，其调查活动的侧重点也会有所不同。

二、案头调查信息的主要来源与获取方式

（一）案头调查信息的主要来源

1. 企业内部资料

案头调查中首先要收集、利用的资料是企业的内部资料。企业内部资料的来源包括企业的所有机构和部门。其中主要有以下五类部门：

（1）业务经营部门。企业的各经营部门承担着企业的市场营销业务，其在业务经营活动中所积累的销售资料、发票、购销合同、送货单或退货单、订购单、客户名录、促销资料、修理单、往来函电等，都是重要的二手资料。通过对各种业务资料的收集和分析，可以了解本企业主要营销活动的内容、顾客或用户对企业商品的需求状况及变化动向等。

（2）财会部门。财会部门承担着对企业经营活动的数量关系进行记录和核算的职能，还承担着资金的筹集和使用，成本和利润的核算等职能。其在管理

活动中形成和保存的各种财会资料，有利于从经济上对营销活动进行考核。

（3）计划统计部门。计划统计部门承担着整个企业经济活动的规划，各种资料汇总、分析等职能。其在业务中形成和保存的各种计划、日报、月报、季报、年报等统计信息是十分重要的二手资料，甚至可以有选择性地直接用于研究。

（4）生产技术部门。生产技术部门承担着产品的开发、设计、生产、新技术开发等职能，其在活动过程中积累的各种台账、设计及开发方案、总结、报告等，是研究分析企业生产状况、产品状况、科技进步状况、库存情况、工艺设备情况的二手资料。

（5）档案部门。档案部门承担着保管企业各类重要资料的职能。其保管的规章制度、重要文件、计划、总结、合同文本等资料，通常全面地反映了企业的经营状况，是不可忽视的二手资料。

2. 法律法规

法律法规是企业经营管理必须依据的准则，是国家对企业经营管理的规范和要求，往往也体现企业行为的引导。企业必须及时获取、妥善保存、积极适应国家的相关法律法规。

例如，某公司的产品要进入美国市场，在查阅美国的有关法律法规和美国进出口贸易法律条款后获知，美国为了限制进口，保护本国工业，在进出口贸易条款中规定，美国政府只要收到外国公司的商品报价单，一律无条件地提高报价。而美国法律中对本国商品的定义是：一件商品，美国制造的零件所含的价值，必须在这件商品总价值中占50%以上。该公司针对这些规定，制定一条对策：生产一件具有20种零件的商品，可在国内生产19种零件，在美国市场购买1种零件，这一种零件价值最高，其价值在商品总价值中的比例为50%以上。在国内组装后再送到美国销售，这就成为美国的商品，不再是进口商品，无须提价，就可以直接和美国本土生产的商品竞争。该公司就是利用案头调查法，成功收集、适应和利用相关法律法规，及时调整经营策略，提高了出口产品的竞争力。

3. 政府资料

来自各级各类政府部门的信息，可以为企业提供政策的依据。每个国家都有统计部门，政府统计部门是专门收集和整理各种国民经济综合信息的部门，它们定期发布有关国家和地区国民经济的统计报告，内容涵盖人口总量、人口结构及人口增长率、国内生产总值及其增长率、就业水平、经济增长水平、地区消费者的收入、消费水平、消费结构、产业结构等。商务主管部门也设有专门的市场研究机构，由它们主办的各类全国性和区域性的信息网络遍布全国各地，市场调查人员可以通过其设立的各类经济信息中心、市场研究中心、网络中心查询各种市场信息。此外，各级政府的财政部门、金融部门、企业的主管部门、市场监管部门、物价局、税务部门、各大银行等部门，都是提供各种重要信息的重要来源。目前，我国各级各类政府部门都在充分利用互联网这一途径，为全国的组织和个人提供丰富的权威资料。

4. 行业资料

行业组织，特别是行业协会，代表某一特定行业，往往掌握关于特定行业比较权威的综合信息。相当一部分行业协会都会自办行业内部刊物或创建网站，定期公布业内信息以及业内统计数据报告，资料相对专业、全面、准确、细致，以满足行业内部成员的需要，这些信息成为这一领域的宝贵信息来源。在我国，一些行业主管部门下设的官方网站或出版物，提供了大量有用的行业信息。这些信息对市场调查人员了解业内基本概况及其结构，具有重要的参考价值。

5. 咨询公司的情报

目前，专业的调查机构、咨询公司越来越多，这些咨询公司有专业人员，可通过特定的渠道和方式获取相关的信息。他们的信息系统资料齐全、信息灵敏度高，可提供资料的代购、咨询、检索和定向服务，是获取资料的重要来源。对于一些企业内部调查人员无法获取的竞争对手的信息资料，可以委托咨询公司。它们所做的同类型调查活动将在多方面产生作用。

6. 学术研究成果

科研单位、大专院校、群众组织和学术团体能提供某一领域的最新研究成果。可以通过学术会议、成果鉴定会和学术专业信息网站等获得相关文件和资料，也可以直接与有关组织和个人联系，获取相关信息，常见的学术研究成果包括学术论文、市场报告、行业研究报告、调查报告等。

（二）案头调查信息的获取方式

1. 订阅

企业订阅涉及相关信息的杂志、报纸，主要针对公开出版刊物，这是一项日常工作，订阅的报纸、杂志要尽量避免雷同。国内公开发行的书刊、文献可向邮局或新华书店订购，也可直接向出版机构订购。

2. 索取

这是指向占有信息资料的机构或个人无偿直接索取，企业可以通过书信索取、询问、现场收集、接受赠阅等获得这些资料；参加一般交流会、洽谈会、展销会，参观访问等活动是无偿索取资料的有利时机，企业要善于把握。由于索取是无偿的，采用这种方法的效果取决于对方的态度，一般向已有一定联系的机构或个人索取，或由熟人介绍向尚未联系的机构或单位索取，这样效果较好。此外，应了解可以通过哪些途径获得免费的信息资料，如政府部门的大部分信息是免费提供的；专家学者、企业为促销或宣传自身的某些信息资料，产品展览会上提供的各种信息，如广告、宣传材料、产品说明书等都可以直接索取。

3. 交换

企业通过已建立友好关系的机构或个人，相互交换各自掌握的信息，这是一种平等的信息交流，是一种信息共享的协作关系。例如，股东之间的交流，以学术机构的名义进行的交流，各大高（院）校之间的交流，这些都属于"交换"的方法，一般收集限制发行或内部使用、内部整理的资料时采用交换形式，要善于把握时机。

4. 委托收集

企业对于自己无法获取或不知从哪些渠道获取的信息资料可采用委托收集的方法，可委托市场调查公司、广告公司、咨询公司等，进行有针对性的信息资料的收集。委托收集一般采用付费的方式，属于间接收集。

5. 企业内部报告

企业内部报告是来自企业内部的各种相关信息资料。企业的档案、内部报表、情况通报和文件都属于企业内部资料，这些信息资料对其他企业，尤其是竞争对手都属于机密资料。对于企业内部的信息资料，应加强内部管理，建立一整套报表管理制度，并作为日常工作来实施。只要信息基础工作做得好，从企业内部就可以获得大量反映企业本身状况的信息，也可以获得有关客户、市场等方面的资料。这种信息获取方式最为高效便捷。它通常包括以前的相关调查、预测报告和企业档案，即企业内部的各种相关的记录、报表、账册、总结、用户来函、订货单、合同、客户名录、商品介绍、宣传材料等。企业内部资料是开展调查首先需要考虑的，内部资料具有可控制、收集方便、成本低和可靠性强的优点。

6. 网络搜索

网络搜索是通过互联网、在线数据库、商业数据服务系统获取国内外市场有价值信息的方式，也是目前主要的二手资料获取方式。互联网是一个全球性的信息网络，它使得计算机及其使用者无须考虑其实际位置或所属的计算机类型，都能获得全球的数据、图像、声音和文件。通过国际互联网，能进入数以亿计已入网的地址或用户群组进行网络搜索。

对市场调查人员来说，互联网有三个重要信息源：一是各级各类政府机构、专业研究机构的网站，二是公司组织机构、个人创设的推销或宣传他们的产品、服务或观点的网站，三是由对某特殊主题感兴趣的人群组成的用户群组。

搜索在线数据库是获得有针对性信息的重要途径。网络信息搜索有两种基本方法：一是知道所需二手资料的特定网站的地址，直接输入网址进入相关网站；二是在情况不太清楚时，通过搜索引擎查找载有所需信息的网站。每一个搜索引擎都包含世界范围内的文档链接集合，以各自的索引系统为市场调查人员查询所需的信息。每一个搜索引擎都允许市场调查人员输入一个或几个关键词，并在网站数据库中找出所有关键词出现的地方，然后逐一列出清单，市场调查人员可以通过点击直接进入所列的网址。通过网络查询信息很简单，但对于不经常使用在线数据库的调查人员，花费时间较多，请专业人员负责数据库搜索更合算。一般来说，大型图书馆或信息中心都有可能提供搜索数据的服务。

互联网提供了大量数据库和其他信息资源，其中很多是免费的。商业网站会收取一定的信息费，而几乎所有的政府机构、出版社、新闻媒体、行业协会都提供免费的信息。值得一提的是，随着移动电话等移动终端的普及，连接进入互联网获取信息已经越来越便利。

第二节　实地调查法

"实践是检验真理的唯一标准"，这句话可以说明实地调查法的重要性和必要性。实地调查法是直接与调查对象接触，获得的是一手资料，往往更加客观，而且有意想不到的收获。对"实践"要全面理解，不是说唯有实地调查法的信息才可信，也不是说只要是实地调查法得到的信息就一定准确。绝大多数案头调查法所收集的资料都是在各种各样、大量的实地调查法基础上总结出来的，具有充分的客观基础；而由于设计、抽样、实施的原因，实地调查法也可能存在片面和主观的状况。事实上，由于实地调查法的资源消耗大，以及案头调查法的经济性，实地调查法更多作为案头调查法的后续环节。

一、实地调查法概述

（一）实地调查法的概念

实地调查法又称直接调查法，是指在周密的设计和组织下，由调查人员依照调查方案直接向被调查者收集原始资料的调查方法。例如，直接向产品的最终消费者进行消费体验感的询问；新能源汽车制造商向消费者展示广告，并测量他们的眼睛转动、脉搏跳动和其他机能反应等。由于实地调查是从调查对象那里获得的第一手资料，故又称原始资料收集法。实地调查法主要包括访问法、观察法和实验法。

（二）实地调查法的优缺点

1. 实地调查法的优点

实地调查法是调查者根据需要直接收集原始信息，其针对性、实用性、真实性较强，且由于信息来源可知、收集方法可控、调查方法可选，故信息资料也更具可靠性、准确性和适应性。

2. 实地调查法的缺点

实地调查法的实施需要较多的人力、时间和经费；对调查机构的能力要求也较高，许多实地调查项目往往难以凭借企业自身的力量来完成，而必须借助专业的调查机构；实地调查中被调查者的心理因素变化会产生一些反应性误差；一些项目受时间、场地、设备等条件的限制，往往也难以实施实地调查法。

因此，实地调查法一般被看作案头调查法的补充或后续，往往是在案头调查法不能获取足够信息时，进一步确定实地调查法的主题、内容和目标，通过实地调查法获得所需的一手资料，并以此对案头调查法获取的二手资料加以验证，在分析的基础上进行综合利用，为企业经营管理决策提供准确的信息资料和研究报告。

二、访问法

（一）访问法概述

1. 访问法的概念

访问法也称访谈法，是调查人员通过直接或间接的问答方式向被调查者收集市场信息的一种实地调查方法。访问法一般利用问卷收集事实、意见、态度、偏好、购买动机等描述性的原始数据。访问法是实地调查法中最常用、最基本的一种方法。

2. 访问法的优缺点

访问法的主要优点是比较灵活，可以得到在不同情况下的各种信息，由于采用事先设计的问卷，访谈人员可以灵活提出各种问题，使资料的收集过程富有弹性；通过倾听且观察被调查对象的表情，有利于及时辨别问题回答的真伪；还可能发现意想不到的有用信息；与观察法和实验法相比，访问法获得信息的速度快，成本也较低。

访问法也会带来一些问题：被调查者不配合，不愿意、不能或回避某些问题的回答，有时被调查者又提供一些自己并不了解的情况；花费的时间长、费用高、人力投入大，难以管理和控制，等等。因此，访问法要求访谈人员有较高的素质、熟练的访谈技巧，有设计合理的问卷，使用适当的询问方式，这样才能降低拒访率，保证调查结果的准确性。

访问法根据访问过程中调查员与被调查者（访问对象）接触方式的不同，分为：面谈访问法、电话访问法、邮寄访问法、留置问卷法等。

（二）访问法的类型

1. 面谈访问法

面谈访问法是由调查人员直接与被调查者接触，通过当面交谈获取信息的一种方法，是访问法中最通用、最灵活的一种调查方法。

通常，调查人员根据事先拟好的问卷或调查提纲上问题的顺序，依次进行提问并记录回答，亦可按照预定的调查范围或简单的提纲，采用自由交谈的方式进行。

面谈访问法的具体形式多种多样，既可个别交谈，又可小组访谈（座谈会议）；既可在居住地、办公室正式调查，也可在购物场所、街头随机调查；既有事先约定，也有临时展开。在调查中，采用何种方式，要视具体调查项目的特点和需要来决定。

（1）小组访谈法。小组访谈法是市场调查人员一次性召集若干名调查对象组成一个小组，由调查人员面对面地直接向被访者提出问题，收集信息资料的一种方法。根据调查的要求，小组访谈法分为一般调查法和焦点调查法（或小组深度访谈法）。小组深度访谈法一般选在一个环境较好的地方，由主持人鼓励自由讨论，通过群体的力量，使参与者融入群体，开展对某个问题的讨论，表达被访者的真实情感和想法。主持人要使讨论紧扣主题，谈话内容记录在纸上或将访谈过程录像，以随时准确了解座谈会情况，便于日后调查。小组深度访谈已成为了解消费者想法和感受的主要市场调查手段。

（2）个人面谈法。个人面谈法，又称个人深度访谈法，是指调查人员分别与事先确定的个人访谈对象，进行个别的面对面的询问调查。这种一对一的访谈方式，能排除外界和集体的干扰，保密性强、回收率高、灵活性强，使被访对象受到重视，回答内容真实性较高，也便于调查者观察被访者的反应和行为，并根据实际情况调整问话方式，解释一些较难理解的问题。但这种方法成本高、对访谈者的要求高，效率和成本较难控制。个人面谈法主要用于获取对问题的理解和深层次探索性的研究，因此是一种无结构的访问；在访问过程中，调查者必须善于及时发掘受访者的各类信息，引导并与之深入探讨受访者针对问题的动机、信念、态度和情感等。

这种方法适用于易受道德规范影响的问题，或者隐私性、敏感性的问题，或者复杂行为的剖析，或者对专业人士、高端人士的访谈。

在实际调查工作中采用较多的面谈方式有：上门（居住地、办公室）访谈、拦截访谈（在展销现场等地）等。

2. 电话访问法

电话访问法是由调查人员依据调查提纲或问卷，通过电话向被访者询问了解有关问题的一种调查方法，这是为解决带有普遍性的急需问题而采用的一种调查方法。

电话访问法的优点包括：取得市场信息资料的速度更快；节省调查时间和调查经费；降低被调查者心理压力，能畅所欲言；覆盖面广，凡是有电话的地区、单位和个人都可调查，有可能获得高质量的样本；如果采用恰当的抽样方法和回访程序，比群体访谈形式更有可能获得高质量的样本。对不易见到面的被调查者，电话访问法可能取得成功。

电话访问法的缺点包括：电话提问受时间限制，内容不宜复杂，项目要简单明确，故调查的内容与深度都有限；电话访谈中，被访者看不到任何提示，调查过程无法显示照片、图表等背景资料，限制了各种调查工具的使用，也限制了对较复杂问题的抽样调查；由于访问员不在现场，电话访谈辨别回答真伪以及记录的准确性受到限制；拒访率较高，而对于挂断电话的拒访者，很难做进一步的规劝工作；在电话普及率较低的区域，调查范围受到限制，在一定程度上影响调查的完整性。

3. 邮寄访问法

邮寄访问法是指调查员将设计印刷好的问卷或调查表格，邮寄给选定的受访者，请他们根据要求填好后寄回，以获得信息的方法。这种方法在国内外市场调查中经常使用。

邮寄访问有两种方式：单程邮寄访问和固定样本邮寄访问。单程邮寄访问是指将问卷直接寄给消费者或用户，附填表说明，要求受访者自己填写问卷并寄回。固定样本邮寄访问是指事先与受访者联系，将调查事宜预先告知，受访者同意后将调查表格寄出。这种调查的参与者一般都有报酬，所以，回答率较高。

邮寄访问法的优点包括：调查区域广泛，能增加调查样本数目，适合全国性或较大区域的调查；调查成本较低，只需花费少量邮费和印刷费用；受访者可充分表达自己的意见，提供经过深思熟虑的答案；减少偏差，避免受访者受访谈者态度、形象、口音、情绪等因素的影响，采用匿名方式调查，并可对某些敏感或隐私情况进行调查；无须对调查人员进行专门的培训和管理。

邮寄访问法的缺点包括：回收率一般偏低，会影响样本的代表性；信息反馈时间长，影响资料的时效性；回收的问卷，有可能是他人代答的，也有可能出现答非所问的情况，因此，无法评价问卷回答的可靠程度，回收资料的质量难以保证；对受访者的文化程度有一定要求，不适合文化程度较低的人群。

根据邮寄访问的优缺点，必须注意三点以保证邮寄访问的成功。首先，注意调查表或问卷设计的科学性，内容要精简；其次，邮寄对象要确定；最后，采用有奖征询的方式，鼓励被调查者的积极性，同时附贴好邮票的回程信封，方便受访者回复。

4. 留置问卷法

留置问卷法是指调查员将调查表交给受访者，并详细说明填答方法，将调查表留置在受访者处，由其自行填写，然后在约好的时间内，由调查者取回问卷的调查方法。

留置问卷法的优点包括：回收率高；较好地结合了访谈和邮寄调查两方面的优势；受访者不受调查员的影响，在时间上有保证；可以提高问卷的质量；调查员在回收问卷时，可以初审，如有问题，可立即纠正。

留置问卷法的缺点包括：调查地域、范围受一定限制；调查费用相对较高；调查进度不易控制；如果采用集体的有组织的留置调查，会出现受访者之间互相影响，答案的真实性较难掌握。

四种访问法主要形式优缺点对比如表3-1所示。

表3-1　四种访问法主要形式优缺点对比表

项目	面谈访问法	电话访问法	邮寄访问法	留置问卷法
调查范围	较小	一般	大	较大
调查对象	可控制选择	可控制选择	难控制	较难控制和选择
灵活性	非常强	强	弱	较弱
样本控制	一般	非常好	一般	较好
数据收集速度	快	非常快	慢	一般
答卷质量	非常高	高	一般	较高
回收率	高	较高	低	较高
费用	高	低	较低	一般
时间	长	较短	较长	较长

三、观察法

（一）观察法概述

1. 观察法的概念

观察法是指由调查人员或仪器在调查现场，记录人、物体或事件的行为和变化过程，以获取所需信息的方法。使用观察法必须具备三个条件：所需信息必须是能够观察到的，或者是能够从观察到的行为信息中推断出来的；所要观察的行为必须是重复性的、频繁的或某些方面是可预测的；所要观察的行为必须是相对短期的。因此，消费者的感觉、态度、动机、情感、私下的行为、长期的行为是很难观察到的，应采用访问法或其他方法收集。

2. 观察法的优势与劣势

（1）观察法的主要优势。

① 客观真实，准确可靠。观察法最大的优点是信息的客观、真实、准确、可靠。因为，观察获取的信息资料是在被调查对象的自然状态下获得的，没有任何修饰的行为。和访问法相比，观察法可以消除语言交流和人际交往中可能

产生的误会与干扰，降低由于心理、意识层面等原因而产生的结果偏差。

② 时效性长，可作为其他调查方法的补充。无论是采用人工或仪器进行观测，这些信息资料都可以长期保存、使用和处理，具有较强的时间效应，可以对访谈法和实验法中产生的误差进行补充，帮助调查人员对实际情况进行判断，从而提高调查结果的可信度。

③ 简便、易行、灵活性强。只要有需求，可采用各种切实可行的方法，随时随地进行调查，及时获得各种信息。

（2）观察法的主要劣势。

① 调查成本较高，时间较长。使用观察法需要借助各种先进仪器设备，或者需要调查者在现场做长时间观察，调查费用较高；而且对调查人员的要求较高，必须经过专门培训，要求有敏锐的观察力、良好的记忆力，或者具备观测仪器设备的操作能力，否则无法胜任观察法调查工作；如果观察的行为不是经常发生的，观察法调查就会很耗时。这一切决定其调查成本的高低。

② 趋于表面化。只有公开的行为和自然的特征才能被观察到，但人们的态度、动机、情感、心理活动、已经完成的活动、被调查者的历史背景等信息却无法获悉，这就给企业的经营决策带来困难。一般仅用数量就可以说明问题的市场调查，例如：店铺调查、客流量调查、广告效果调查、服务质量调查、顾客行为调查等采用观察法。

③ 易受阻碍。观察法应具有一定的隐蔽性，尤其应避免被竞争对手察觉，有些观察一旦被竞争对手察觉，易受到阻碍。有些观察缺乏必要的设备和技术手段，也容易受阻。

（二）观察法的类型

观察法调查的方式很多，调查者可以从成本和数据质量的角度出发，选择一种最合适有效的观察方法。

1. 观察法的分类

（1）结构观察和无结构观察。按照观察人员观察方式的不同，可分为结构观察和无结构观察。结构观察是指事先根据调查的目的，对观察的内容、步骤做出规定，以此来实施观察。无结构观察通常只规定调查的目的和任务，调查人员可以按照调查目的和调查要求自主确定观察的内容。无结构观察一般用于调查人员对调查对象缺乏足够了解的情况，实施观察较为灵活，可作为进行进一步调查的基础。

（2）公开观察和非公开观察。按照调查人员在观察过程中是否公开身份划分为公开观察和非公开观察。公开观察是指在被调查者知道调查员身份的情况下，目标明确，有针对性地为调查人员提供所需要的资料。公开观察可能会使被观察者表现不自然，或有意识地改变自己惯常的态度和做法，导致观察结果失真。非公开观察是指调查人员在观察过程中不暴露自己的身份，使被观察者在不受干扰的情况下真实表现自己。这种观察结果更加真实可信。例如，调查汽车销售店的服务质量，调查者以客人的身份进入销售店，观察该店的总体服务水平，以及服务人员的工作态度。

（3）实验观察和非实验观察。按照调查人员是否对观察进行控制划分为实验观察和非实验观察。实验观察是指在人为设计的环境中进行的观察。例如：要调查汽车销售店员工对客户的服务态度和服务质量，调查员可以以客户身份去洽谈购车，观察员工的言谈举止，并有意识地百般挑剔、制造麻烦，同时观察员工的反应，以获得调查人员想要了解的情况。在新产品的模拟市场购买中，调查人员对购买者的观察也是一种典型的实验观察。非实验观察是指在自然状况下进行调查，所有参与的人和物都不受控制，与往常一样。例如，调查人员在自然状况下，观察汽车销售店员工接待顾客、提供服务的过程。

（4）直接观察和间接观察。按照调查人员对所调查情境的介入程度划分为直接观察和间接观察。直接观察是指调查人员直接加入到所调查的情境之中进行观察，观察结果准确性较高。市场调查中的大部分观察都是直接观察。间接观察是指调查人员不直接介入所调查的场景，而是通过观察与调查对象直接关联的事物推断调查对象的情况。如通过观察调查对象广告形式、内容、重复频率等了解调查对象的竞争策略和产品优势。

（5）人工观察和机器观察。按照观察中记录的主体划分为人工观察和机器观察。人工观察是指由调查人员直接观察现场，记录有关内容，并根据观察现象做合理推断。人工观察较易受调查人员自身人为因素的影响，如主观偏见、情绪反应、心理变化等，从而影响调查结果。机器观察是指借助一定的设备、技术，例如录音、摄像、监测器、智能读卡器等自动采集信息的一种调查方法，调查人员根据仪器观察所记录的内容进行分析。相对于人工观察，机器观察比较客观、准确，但成本较高，普及度较低。但是，在特定的环境下，机器观察比人工观察更便宜、更精确、更容易完成任务。例如，零售商店使用电子扫描仪记录人们的行为，它们比观察员所能做到的更加客观且更加详细。

2. 常用的观察方法

在市场调查实践中，观察法应用比较广泛，最常用的有直接观察法、机器观察法和实际痕迹观察法。

（1）直接观察法。直接观察法是指调查人员直接加入所调查的情境之中进行观察、记录的调查方法。

通过直接观察，调查者可直接到销售现场，例如商场、超市、展销会等，或者商品使用现场、供应厂家现场，进行实地观察，了解有关信息。在直接观察法中，应用较多的是顾客观察法和神秘购物法。

顾客观察法是指在各种实际场合中，调查人员与被观察的顾客非接触地、跟踪和记录顾客的行为，以获取顾客行为信息的方法。

神秘购物法是指调查者以客户的身份，与被调查的企业雇员进行一系列的接触和沟通，要求雇员实施一系列与其本职工作相关的行为，从而获取雇员能否符合岗位要求信息的方法。

直接观察法的具体应用形式很多，可以根据需要选择。采用直接观察法进行调查前要确定是定期观察还是不定期观察，以及观察的次数。

（2）机器观察法。机器观察法是指通过照相机、摄像机、监测器、扫描仪、智能读卡器、计数器等设备进行观察调查的一种新方法。如果是观察者借助机器直接观察被观察者，那么就属于直接观察；如果在机器观察获取被观察者的信息后，再观察机器记载的这些信息，那么就属于间接观察。

机器观察法避免了调查人员自身人为因素的影响，节省人力，同时借助机器设备进行现场观察，记录效率较高，信息更加真实、客观、细致、精确、全面，而且，能为其他调查方法提供线索。但机器观察需要较大的一笔投资，且需要专业技术水平较高和分析能力较强的调查人员对观察记录内容做深入分析。

例如：在销售店的入口处和其他部位，安装观察仪器，记录在一定时间内经过的人流量，消费者的线路、目光、行走、表情、购买等行为，用于调整销售店的营业时间、展品陈设、服务设施的安排等，并确定商品需求的动向。再如，交通流量计数器用来测定交通流量、汽车流量、行人数，可以为店铺选址、户外广告位置确定提供依据。

其他机器观察法还有很多，扫描仪进行行为扫描分析，测瞳仪、脑电图仪、阅读器等都可以用于观察法调查。

（3）实际痕迹观察法。实际痕迹观察法是指通过观察被调查对象使用后留下的实际痕迹进行统计，分析所得信息的一种方法。这是一种间接的事后调查法。实际痕迹观察法比较隐蔽，保密性较好，不易为竞争对手了解调查目的，且可以获取真实的数据。实际痕迹观察分为直接观察和间接观察两种。

例如：一家汽车经销商同时经营汽车修理业务。为了解在哪一个广播电台做广告效果最好，他们对尚待修理的汽车，会让检查的人看一看或听一听汽车收音机当时的波段。由此，他们获悉哪一个电台的听众最多，以后就选择这个电台做广告。这就是实际痕迹观察法。

一些耐用消费品购买者都会在开箱后看到产品的说明书或保修单，上面一般都有回执，凡是填写回执内容并寄回回执的顾客，可以获得某些优惠条件，或作为提供保修的必要手续。企业可以通过回执，了解顾客的人口类型，他们在购买、使用产品过程中的体会、期望、意见、抱怨和投诉等。

四、实验法

（一）实验法概述

1. 实验法的概念

实验法是指在对某个问题进行调查时，假设其他因素不变而分别研究其中某一个因素或几个因素对调查问题所产生影响的一种调查方法。

实验法是一种类似于实验室求证的调查方法，可以验证某一因素与另一因素是否存在因果关系，适用于收集因果信息，又称因果性调查法。它首先要选择合适的被实验者，然后在不同的条件下，控制不相关的因素，检验不同组内被实验组的反应。通过实验获取的数据比较客观，具有可信度，但实验中影响经济现象的因素很多，可能由于不可控制的实验因素，而在一定程度上影响实验效果。因此，实验法只适用于对当前市场现状的影响分析，对历史情况和未来变化影响较小。用实验法进行调查与用访问法和观察法进行调查有很大的区别：调查人员在访问法和观察法中，只是一个被动的信息收集者；而在实验法中，调查人员是调查过程中的积极参与者。

2. 实验法的优缺点

（1）实验法的优点。

① 方法科学，结果较准确。通过实验法进行调查获取的资料，比较客观、可靠，排除了人们主观估计的偏差。通过合理的实验设计，有效地控制实验环境，并反复研究，可以使调查获取的数据较为客观、准确，具有一定的可信度，并能提高调查的精确度。

② 增强主动性，开拓新市场。实验法中，调查人员可以主动引起市场因素的变化，并通过控制其变化来研究该因素对市场的影响，而不是被动、消极等待。因此，对一些新产品进行实验调查、试销调查，确定销售前景广阔的，可以增强开发新产品，拓展新市场的信心和决心。同时，这也是较为稳妥的新市场开拓法和预测法，它有利于提高工作的预见性，减少盲目性。

（2）实验法的缺点。

① 费用高、时间长。和其他调查方法相比，实验法需要的费用较高。例如，要预先制定精确的实验计划和方案，由专业人员负责实施，需要事先进行产品的试制，要提供相当数量的真实产品，投入较多时间和人力对调查过程进行控制和管理。由于涉及大量人力、物力、财力和时间，所以说是成本最高的调查方法。

② 自变量难以控制。影响市场变化的因素错综复杂，有些因素（即自变量）在实验操作中往往难以真正控制，从而影响实验结果的准确性，而且，实验的市场条件不可能与其他市场条件完全相同，所以实验结束后的市场效果，在其他市场不一定有相同的效果。

③ 保密性较差，易引起竞争对手的注意。实验法大多针对处于不成熟或实验阶段的产品进行市场调查。因此，调查内容大多属于企业的机密，而利用实验法进行调查时，很容易由于控制不当而泄密。竞争对手对这方面的信息相当敏感，所以保密是一项极其重要的又很难做好的工作，有时，甚至会被竞争对手抢占先机。

④ 难以实施。由于经费、人员、市场等原因，有些实验项目和调查活动难以实施。组织内部合作困难也使实验难以推进。此外，环境干扰，测试市场和总体市场的差异，缺少作为控制群体可利用的地理区域都使实验调查难以实施。

（二）实验法的类型

1. 实地实验法

实地实验法是指把实验项目放在真实市场环境下进行求证的调查方法，实地实验法能解决环境的现实问题。实地实验法的主要类型包括：

（1）实验单位前后对比实验。这是最简单的实地实验调查方法。它的实验对象只有一组，就是选定的实验单位，例如商店、消费者、商品等，通过对实验单位在引入某一实验因素前后发生的变化进行比较，了解实验因素作用的大小。

（2）实验单位与非实验单位对比实验。它是指在同一时间内将非实验单位（控制组）与实验单位（实验组）进行对比的一种实验调查法。在实验期间，努力使实验单位和非实验单位同时处于相似的实验环境中，对实验单位引入实验变量，而对非实验单位不予引入，观察对比两种实验结果。

（3）实验单位与非实验单位前后对比实验。这种方法要求对调查对象抽出两个样本组，在相同时间内进行使用比较，其中一组为实验单位，一组为非实验单位，对实验单位和非实验单位分别进行实验前测试和实验后测试，随后进行测试前、测试后对比。

实地实验法的具体应用包括展销会试销、目标市场试销、销售波动实验调查、有控制的零售市场实验、市场开拓方案实验等。

2. 模拟实验法

模拟实验法是指在实验室进行市场测试的实验调查方法，这是一种仿真式的市场调查方法。它是把调查对象请到一个经过人为布置的、尽量模仿真正市场的实验场地，按照调查人员设计的方案对调查对象进行测试的一种调查方法。模拟市场调查是在实验室进行的，实验室环境简单，可以排除各种干扰因素，可以在尽可能短的时间内，对产品的销售情况进行多方面的调查。模拟的程度越高，实验结果对企业的决策帮助越大。模拟实验法的保密性较强，对一些需要保密的调查项目，或实地调查成本较高的项目可采用模拟实验法。

模拟实验法的主要类型包括：

（1）新产品试用模拟实验。新产品是否受消费者喜爱，能否拥有足够的市场占有率，新产品的市场前景如何，这对企业的未来发展影响很大。因此，新产品正式上市前，可以在模拟市场让目标消费者试用、试吃、试玩或体验，然后，派调查人员对消费者的试用情况进行调查，征求消费者的意见和建议，以便做进一步的改进。一些生产资料产品、食品、日用品，不同配方、不同外观、不同品位的产品，不同使用方法的产品多可以采用此方法。

（2）模拟市场购买。模拟市场购买是指营造一个临时市场，作为实验场所进行购买行为调查的方法。实验时一般以产品展示等方式进行调查活动，调查组织者召集一些人员参与购买。为促使更多的人参与购买，可以进行没有任何针对性的促销活动，并对参与者给予一定奖励，让参与者来到已经摆放了新产品的模拟市场，任意购买他们喜欢的产品，在模拟市场要准备一定量的商品，包括竞争对手的商品。消费者结束购买后，了解他们购买的品种和数量，并且询问他们选购的原因。还可以对调查对象进行事后跟踪调查。由于模拟市场的范围较小，实验的产品数量有限，与真实市场相比较，存在一定的差异。

随着科技的进步，模拟市场测试的应用范围逐渐扩大。调查者可以采用物联网、虚拟现实等技术，用较低的成本模拟可控性更强的虚拟市场环境，并且用更加全面科学的手段，记录参加测试者的行为，获得更加准确的信息。这种模拟市场具有许多传统研究方法无法实现的优点：第一，可以将一个真实的市场完全复制；第二，调查人员能迅速实施并改善这些测试；第三，测试成本低；第四，模拟市场具有高度的灵活性。这种调查方法最大的优势是它赋予调查人员想象的机会。它将模拟市场测试从发生在实验计划后期的一个"做还是不做"的障碍物，转变为一种可以试验新思想的有效的营销实验室。

第三节　新兴调查法

一、新兴调查法产生的背景

当今市场环境错综复杂，消费者的需求日益呈现多样化与多变性的趋势，这既使得市场调查的重要性愈发突显，同时也给市场调查者带来了巨大的挑战。使用传统的市场调查方法需要遵循一定的流程，借助的手段比较单一，调查和分析的过程既费时又费力，最后调查结果的准确性和时效性也没有保证。调查中收集到的众多数据所蕴含的价值常常无法被有效地挖掘出来，宝贵的市场机遇也往往在这个过程中悄然消逝。

今天，随着互联网、大数据和新媒体的出现，企业对各种信息和资讯的捕捉能力大大增强。市场调查所获取的信息及数据的广度、深度、准确度、时效性、互动性和前瞻性都得到了前所未有的提升。企业能够越来越精准地把握消费者内心的真实需求，甚至预测和引领他们未来的消费需求。市场调查正在呈现出新的影响力和生命力，从而培育出一种新型市场资讯流通生态，这种生态的出现也正在催生出新型的产品和服务消费模式。在这样的生态中，在企业和消费者之间，信息和数据处于开放、动态、透明、即时甚至实时的流动之中，并成为企业和组织可执行的决策依据，能够用于不断地改进其产品和服务，为消费者创造最大的价值。借助端到端、即时甚至全天候的互动，企业前所未有地拉近了和消费者之间的距离，消费者得以参与到产品和服务的研发、制造和使用过程中，从而成为产品的共同创造者和品牌的共同拥有者。

二、网络市场调查

随着互联网用户数量的不断增加，以及互联网及相关技术水平的不断提高，网络市场调查这种新兴的调查方法迅速普及，并在很多领域成为首选的调查方法。

（一）网络市场调查的概念

网络市场调查又称为网络调查、在线调查等，是指调查者通过互联网收集、处理和分析市场信息的调查方法。网络市场调查既可以收集一手资料，也可以收集二手资料。特别是在移动终端普及，以及万物可联的背景下，网络成为信息的海洋，挖掘并利用网络中的大数据成为现代企业开展网络市场调查的趋势。

（二）网络市场调查的特点

与传统的市场调查方法相比，网络市场调查可以获得丰富、广泛的实时信息，节省时间、人力和费用，在组织实施、信息采集、信息处理、调查效果等方面具有明显的优势。网络市场调查具有以下几方面的特点：

1. 经济性

网络市场调查的信息采集和录入工作通过分布在网络的众多用户终端完成，不需要派出调查人员，不需要印制调查问卷，信息检验和处理也由计算机系统自动完成。因此，网络市场调查可以节省时间和费用，调查成本低。

2. 调查范围广

网络市场调查由于不受物理空间的限制，可以进行区域性调查，也可以进行全国性调查，亦可进行国际性调查，因此可以实施大范围、大样本调查。

3. 调查周期短，时效性强

网络市场调查的信息处理速度快，可以和数据收集同步进行。将调查问卷直接放在网站上，要求被调查者在线答题，提交的问卷可以立即传送到调查者的服务器中；被调查者在填写并提交问卷的同时，也就完成了问卷的录入工作。由于互联网的包容性，还可以同时进行多人答卷、多人提交，不会相互干扰。可见，网络市场调查能够通过网络迅速地获取信息、传递信息和自动处理信息，可以大大缩短调查周期，提高调查的时效性。此外，还可以进行24小时的全天候网络市场调查，不间断地接收调查表，直到满足样本量的要求为止。

4. 互动性强

网络市场调查能够直观地通过文字、图形、音频、视频和其他表现形式设计出多媒体问卷，网络调查人员可以通过视听技术，与受访者自由交谈，询问和解释各种调查问题，因此具有较强的互动性。通过相关技术充分发挥声音、图形、动画等表现形式的优势，可以使不同的受访者看到的问卷更具个性化，更有针对性，从而增加亲和力。

5. 客观性

网络市场调查的被调查者是匿名的、自愿主动参与的，如果对调查项目不感兴趣，便不会花费时间在线填写调查问卷。同时，被调查者在完全独立思考的环境下填写问卷，不会受到调查员和其他外在因素的误导与干扰，能最大限度地保证调查结果的客观性。

6. 可靠性强

网络市场调查的信息质量具有可靠性，人们在线回答时隐瞒较少，更加愿意表达自己的思想。网络市场调查可以借助一些技术来提高信息的质量。首先，在网络市场调查问卷上附加全面、规范的项目解释，有利于消除被调查者由于对项目理解不清或调查人员解释口径不一致而造成的误差。其次，调查问卷的复核检验由计算机依据设定的检验条件和控制措施自动实施。也就是说，所有被调查者都是在完成全部问题并符合逻辑的前提下提交问卷的，这就避免了实地调查后期查错、复核、补充样本等后续工作，可以有效地保证问卷检验的全面性、客观性和公正性。最后，通过被调查者身份验证技术，可以有效地避免信息采集过程中出现的虚假行为。

（三）网络市场调查的类型

网络市场调查方法可以分为网络直接调查法和网络间接调查法，网络直接调查法是指利用互联网收集一手资料的方法，网络间接调查法是指在互联网中收集二手资料的方法。关于网络间接调查法在前文已介绍，此处不再赘述，本段主要介绍网络直接调查法。

1. 按照网络调查采用的方法分类

（1）网络访问调查法。网络访问调查法就是利用互联网这一信息沟通途径，将调查者与受访者联系起来，典型的网络访问调查法包括网络问卷调查法和网络深度访谈法。

网络问卷调查法是指将问卷在网络发布，被调查者通过互联网完成问卷调查。网络问卷调查一般有两种途径：一种是将问卷放置在网站上，等待访问者访问时填写问卷。这种方式的优势是问卷填写者一般是自愿性的，劣势是无法核对问卷填写者的真实情况。为达到一定的问卷数量，网站还必须进行适当的宣传，以吸引大量的访问者。另一种是通过电子邮件方式将调查问卷发送给被调查者，由被调查者将填写好的问卷通过电子邮件返回。这种方式的优势是，可以有选择性地控制被调查者，劣势是容易遭到被调查者的拒绝，有侵犯个人隐私之嫌。因此，使用该方式时首先应争取被调查者的同意，或者估计被调查者不会产生反感，并向被调查者提供一定的补偿，如有奖回答或赠送小件礼物等，以降低被调查者的拒访率。

网络深度访谈法是指利用互联网，在数据库中抽出被访者，在网络聊天室中进行讨论，获得所需信息的一种方法。网络深度访谈的优势是：所得信息真实，尤其是当调查主题涉及隐私话题或敏感问题时；成本低，网络访谈节省了邮寄、电话、人工和印刷等费用，样本增加而成本不变；节省时间，对于在网站上提供产品和服务的公司，很适合采用这种方式，尤其是对消费对象为年轻、单身、高学历者的调查，应用前景更佳。一般产品或服务的目标与网络使用者关系较为密切的，也可以采用这种方式。

（2）网络观察法和网络实验法。网络观察法是指通过对被调查对象的网站访问情况、各种网上行为等进行观察，从而获取被观察对象的网络行为信息。

网络实验法主要有两种含义，一种是将互联网作为实验平台，收集被调查者实施的网络操作行为，例如邀请被调查者进入某购物网站，完成指定的实验项目；另一种是将互联网作为信息传输工具，让被调查者通过互联网传输信息的功能，远程实施调查实验，例如邀请被调查者通过互联网远程操作实验设备。

2. 按照网络调查采用的技术分类

（1）站点法。站点法，是指将调查问卷的文件附加在一个或几个网络站点的网页上，由浏览这些站点的网络用户在此网页上回答调查问题的方法。站点法属于被动调查法，这是目前出现的网络直接调查的基本方法。

（2）电子邮件法。电子邮件法，是指通过给被调查者发送电子邮件的形式将调查问卷发给一些特定的网络用户，由这些用户填写后以电子邮件的形式再反馈给调查者的一种调查方法。电子邮件法属于主动调查法，可以选择企业感兴趣的被调查者，同时也能在一定程度上控制样本的规模，提高调查的速度。

（3）随机IP法。随机IP法，是指以产生一批随机IP地址作为抽样样本的一种调查方法。随机IP法属于主动调查法，其理论基础是随机抽样。利用该方法可以进行纯随机抽样，也可以依据一定的标志排队进行分层抽样和分群抽样。这种方法可以排除主观选择被调查者所导致的偏差。

（4）视讯会议法。视讯会议法，是指基于网页的计算机辅助访问，将分散在不同地域的被调查者，通过互联网视听会议功能虚拟地组织起来，调查人员通过网络输入讨论的问题，从而获取调查资料的一种调查方法。视讯会议法属于主动调查法，其原理与传统调查法中的小组座谈法相似，不同之处是参与调查的访谈对象无须被召集在指定地点，而是分散在任何可以连通国际互联网的地方，如家中、办公室等。因此，视讯会议法比传统的小组座谈法简便很多。

视频：用互联网可以做哪些调查

（四）网络直接调查的途径

1. 利用企业自己的网站

网站本身就是一种宣传媒体，如果企业网站已经拥有固定的访问者，那么完全可以利用自己的网站开展网络调查。

2. 利用别人的网站

如果企业自己的网站尚未建好，或访问量不大，那么可以利用别人的网站进行调查。这与传统方式中在报纸上刊登调查表相似。同样，为了取得较好的调查结果，应选用针对性较强的网络媒体，特别是借助访问率较高的网络媒体供应商，或者是与调查课题相配合的专业性信息站点。

3. 网站链接

如果企业网站已经建设好但还没有固定的访问者，那么可以在自己的网站调查，但应与其他一些著名的网站建立广告链接，以吸引访问者参与调查，这种方式是目前较为常用的方式。调查研究表明，传统的优势品牌并不一定是网络的优势品牌，因此需要在网站上重新发布广告以吸引顾客访问网站。

4. 电子邮件

电子邮件调查是指借助电子邮件，将调查问卷发送给一些特定的网络用户，由网络用户填写后在规定的时间内又以电子邮件的形式反馈给调查机构。这是进行网络市场调查最常见的方式。这种方式以较为完整的电子邮件地址清单作为抽样框，使用随机抽样的方法发送问卷。被调查者在填写问卷时甚至无须借助网络，他们将电子邮件下载下来，回答后上线提交即可。与传统的邮寄调查法相似，只是邮件传递的时效性大大提高。

5. 讨论组

在相应的讨论组中发布问卷信息，或者发布调查题目，这种方式与电子邮件一样，成本比较低廉而且是主动型的。但是，在利用讨论组，例如新闻组（Usernet）或电子公告板（BBS）开展市场调查时，要注意网络行为规范，调查内容应与讨论组主题相关，否则可能会引起被调查者的反感、抗议，甚至产生违法行为。

最近总有人说：问卷调查作用有限，因为乔布斯也说过，消费者并不知道自己需要什么，直到我们拿出自己的产品，他们就发现，这是自己要的东西。其实，这句话缺乏了最根本的逻辑，就好比一个军官说：战场调查没有用，因为敌人根本不会告诉自己他的作战意图。实际上，并不是调查本身没有用，而是大部分人根本不知道怎样调查。

那么如何进行调查，才能最大限度接近"真相"呢？

第一，和调查主题紧密相关，问卷中的每一个问题要有梯度，都应该服务于研究结论，应该紧密围绕调查者的调查目的展开，除一些了解受访者基本信息和背景知识外，其他均要紧扣中心。此外，问题的设置要有梯度，前面2~3个问题要浅显易答，之后再慢慢深入，直到调查者想问的核心问题。

第二，化抽象为具象，尽量将概念操作化，尽量将抽象的研究问题化为具体的问卷问题，这样才能切实保证调查者的问题能够得到有效的、经得起推敲的结论。方法是要将核心的、关键的概念做具体化操作，转化成为可以观测的可量化的具体指标。

第三，站在受访者角度上思考建立受访者立场逻辑，培养人性化设计思维。在发问卷调查之前，了解受访者是非常重要的一步，了解他们的想法，愿意回答哪些方面的问题，才会避免出现问卷被受访群体大面积拒绝的情况。此外，问卷语言不能太过晦涩，也不能触及受访者的隐私。

三、市场调查方法的新趋势

（一）利用移动客户端收集信息

随着高速网络和智能手机的普及，市场调查可以通过移动终端寻找突破口。目前商家产品上提供的二维码等为消费者手机App下载提供路径，消费者通过App注册，企业可以及时跟进用户动态。对于诸如产品使用率、产品渗透率、重购率以及顾客的意见反馈等，企业可以在第一时间进行问卷调查，并且通过提供一定的奖励，鼓励消费者认真填写电子问卷，并推广企业的网站链接，提高产品知名度。利用移动客户端，企业可以预先向线上消费者进行促销活动的推广，了解消费者对促销活动的反馈，进行该活动的评估和预测，及时调整营销策略，进行线下推广。

（二）大数据技术的应用

大数据技术应用于市场调查的最大优势是可以提高市场调查普及度，可以为企业的决策提供更加全面、详细的参考依据。市场调查的核心是把握消费者的信息，在大数据技术的支持下，企业获取的市场信息的数据呈指数级增长，从而可以构建多样化的市场信息数据库。新型数据库系统不仅可以实现对数据的量化，而且可以对其海量数据进行全面存储和管理，从而提高企业对市场信息的利用率。基于大数据的分析，企业可以对市场信息进行灵活应用，强化对市场变化的敏感度，确保对市场变化、客户群体的精准细分，明确产品服务定位，提高销售战略的精准性和可视性。大数据技术通过帮助企业全面掌握市场信息，为企业抓住市场机遇，规避市场风险提供科学依据。大数据技术的深度应用可以帮助企业快速便捷地分析处理市场信息，从而强化企业竞争优势，使企业占据市场先机。大数据技术还可以实现市场数据的同步性，使企业把握市场变化，促进生产方案的优化调整。

（三）社会化媒体的崛起

对于21世纪出现的新生代消费群体而言，各类社交平台已经成为不可或缺的社交工具，企业应充分利用这一机遇和新的社交平台，进行第一手资料的收集和第二手资料的挖掘。

由于社会化媒体传播迅速、受众广、互动性强和表达形式灵活多样，越来越多的企业意识到社会化媒体能帮助他们获取用户对产品和服务的认知及反馈，发掘消费者的潜在需求，从而帮助公司研发或改善产品和服务，并塑造公司的品牌形象。借助对社会化媒体的跟踪和分析，市场调查者能够直接获取从传统市场调查中无法获取的大量真实信息。

同步练习

一、单选题

1. 案头调查法主要收集的是（　　）。
　　A. 一手资料　　　B. 二手资料　　　C. 实地资料　　　D. 观察资料

2. 利用案头调查法收集的资料，最可靠的来源是（　　）。
　　A. 政府　　　　　B. 自媒体　　　　C. 微博　　　　　D. 户外广告

3. 有利于调查者与被调查者进行较长时间深入交流的调查方法是（　　）。
　　A. 小组访谈法　　B. 个人面谈法　　C. 电话访问法　　D. 邮寄访问法

4. 灵活性相对较高的调查方法是（　　）。

A. 面谈法　　　　B. 观察法　　　　C. 实验法　　　　D. 网络调查法

5. 电子邮件调查的主要缺点是（　　　）。

A. 成本高　　　　B. 调查内容少　　　C. 回收率低　　　D. 表现形式单一

二、多选题

1. 案头调查法的主要优点包括（　　　　　）。

A. 适用范围广　　B. 调查成本低　　　C. 获取方式灵活　　D. 时效性强

2. 访问调查法通常收集（　　　　　）信息。

A. 态度　　　　　B. 意见　　　　　C. 动机　　　　　D. 数据

3. 以下属于间接观察法的是（　　　　　）。

A. 顾客观察法　　　　　　　　　　B. 神秘购物法

C. 顾客录像观察法　　　　　　　　D. 使用者抛弃物观察法

4. 实验调查法的主要优点是（　　　　　）。

A. 可信度高　　　B. 准确性高　　　C. 主动性强　　　D. 保密性高

5. 网络市场调查的主要优点是（　　　　　）。

A. 调查范围广　　B. 互动性强　　　C. 时效性强　　　D. 成本低

三、判断题

1. 案头调查人员应对收集到的二手资料的多种来源做交叉检验，以判断资料的
正确性。　　　　　　　　　　　　　　　　　　　　　　　　　　（　　　）

2. 留置问卷法较好地结合了访谈调查和邮寄调查两种方法的优势。　（　　　）

3. 观察法可以直接调查消费者的需求。　　　　　　　　　　　　　（　　　）

4. 模拟实验法的主要目的是提高环境的可控性。　　　　　　　　　（　　　）

5. 网络市场调查只能收集二手资料。　　　　　　　　　　　　　　（　　　）

实训项目

一、实训名称

某校新能源汽车消费情况调查方法选择。

二、实训背景

为了解受访者所在学校新能源汽车的购买情况，需要在本校开展一次新能
源汽车的实地调查。请根据问卷设计的知识，设计恰当的调查方法组合。

三、实训要求

（1）确定调查对象：学校所有教职员工，包括燃油汽车用户、新能源汽车
用户、潜在用户。

（2）根据调查对象，确定调查方法，并说明选择的理由。

四、实训成果

（1）每位同学提交一份调查方法的设计方案。

（2）选取优质的调查方法设计方案进行全班汇报交流。

第四章

确定调查抽样

学习目标

知识目标

- 掌握确定样本量的方法
- 掌握各种随机抽样技术和非随机抽样技术
- 熟悉抽样误差的分析方法
- 了解抽样调查的含义和特点

技能目标

- 能计算简单随机抽样需要的样本量
- 能根据各种情况，选择并设计恰当的抽样方法
- 能设计并有条理地实施抽样方案
- 能做基本的抽样误差分析

素养目标

- 通过抽样调查方法的学习，培养全局意识
- 通过抽样技术的学习训练，培养精准的计算能力、严谨的科学精神

【思维导图】

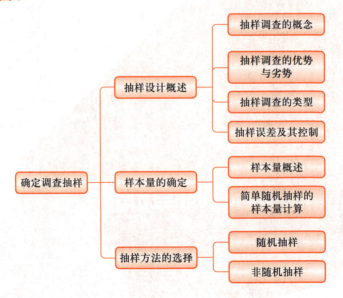

```
                                    ┌─ 抽样调查的概念
                                    │
                         ┌─ 抽样设计概述 ─┼─ 抽样调查的优势
                         │               │   与劣势
                         │               │
                         │               ├─ 抽样调查的类型
                         │               │
                         │               └─ 抽样误差及其控制
                         │
   确定调查抽样 ─────────┼─ 样本量的确定 ─┬─ 样本量概述
                         │               │
                         │               └─ 简单随机抽样的
                         │                   样本量计算
                         │
                         └─ 抽样方法的选择 ─┬─ 随机抽样
                                           │
                                           └─ 非随机抽样
```

【导入案例】
用部分人的观点推测大部分人的观点

新闻学专业的大学生小闵准备写一篇新能源汽车市场现状的文章，为了让文章更具说服力，她希望做一次全面的市场调查。但是，小闵发现自己遇到的第一个障碍就是，应该在什么范围内？调查多少人？怎样找到这些人，才能使自己的文章更可信？于是，她请学过市场调研专业知识的同学小熊来给她出谋划策。

小熊告诉小闵，第一，小闵想全面地调查几乎不可能，因为不要说凭她一己之力，就算是新能源汽车的专业厂商都没有能力调查想调查的所有人的信息，他们基本都是从所有希望调查的对象中科学地选择恰当的对象调查，然后用这部分人的调查结果去推测所有人的信息。第二，科学选择调查对象中的方法有好几种，其中的抽样调查是目前对小闵最为合适的方法。

小熊建议小闵，像她这样对新能源汽车和市场调查知识都不熟悉的人，最好先选择简单随机抽样做一次预调查，因为用这种方法能够较为简单地计算出需要调查对象的数量，抽选调查对象的操作也非常简便；等她对各种知识和信息都有了一定的了解后，小熊再帮助她设计更合适的抽样调查方案，例如。可以选择分层抽样来更加精准地抽选调查对象，可以通过科学的设计让调查可能产生的误差最小。

案例思考：本案例介绍了在市场调查中科学选择调查对象的一些信息。通过本项目的学习，请思考：抽样调查为什么能够通过对部分对象的调查，就可以推断总体的情况？抽样调查需要完成的三项主要工作是关于样本量、抽样方法和抽样误差，案例中涉及了哪几项？

第一节　抽样设计概述

市场调查是指从各类调查对象那里收集信息的活动，了解所有调查对象的信息是市场调查最主要的目的和最佳结果。而能够调查所有需要调查对象信息的方式，就是普遍调查，简称普查。但是，普遍调查的各项成本都很高，所以几乎不被企业采用。抽样调查是相对于普遍调查而言的一种调查类型，科学的抽样调查能够帮助企业用最小的成本获得需要的信息。

抽样设计，是指确定抽样调查工作中的目标总体，确定抽样方式，计算必要的样本容量，提高调查精确度的过程。

一、抽样调查的概念

抽样调查也称抽查，是指从调查总体中抽选出一部分个体作为样本，对样本进行调查，并根据样本调查所得结果推断总体的一种调查活动。

抽样调查虽然不是普遍调查，但是科学的抽样调查完全可以起到普遍调查同样的效果。因此，抽样调查是一种被广泛采用的调查方法。

二、抽样调查的优势与劣势

抽样调查最主要的特点在于其利用科学的方法，在总体中抽取有代表性的调查对象进行调查，消除了普遍调查的组织难、费用高和时间长的缺点，也消除了传统调查方法，如重点调查、典型调查的主观性和样本代表性不强的弱点，具有较强的代表性和科学性，是比较科学和客观的一种调查方法。

（一）抽样调查的优势

1. 时间短、收效快

抽样调查涉及面较小，能在较短的时间内获得与普遍调查大致相同的调查效果，还可以运用抽样调查技术来检验普遍调查及有关资料的正确性，并给予必要修正。

2. 质量和可信程度高

抽样调查是建立在数理统计基础之上的科学方法，只要有专门人才组织抽样调查，严格按照抽样调查的要求进行抽样，就可以确保获取的信息资料具有较高的可靠性和准确性。而对那些无法或没有必要进行普遍调查的项目，则具有较强的适用性。

3. 费用低、易推广

抽样调查把调查对象降低到一定程度，保证调查的有效性，从而大大减少工作量，降低费用开支，提高经济效益。同时，由于抽样调查需要较少的人力、物力，企业容易承担，也容易组织。

（二）抽样调查的劣势

由于抽样调查所调查的对象是调查对象总体中的一部分，调查的结果是从抽样中获取的信息资料里推断出来的，所以，抽样调查存在抽样误差。抽样误差是客观存在的，在一定范围内也是允许出现的。

三、抽样调查的类型

抽样调查的主要依据是反映随机事件的"概率论"，所以，抽样调查所获得的样本，理论上应该不受主观因素的影响。但是，在抽样设计中，需要根据具体情况决定是否严格遵守这一规则。所以，根据抽样设计中是否严格遵循概率法则，可以将抽样调查分为随机抽样与非随机抽样两大类。

（一）随机抽样

随机抽样又称概率抽样，是指依据随机原则，摒弃主观因素，按照科学的程序，从调查总体中抽取一定数目的个体作为研究样本进行调查，并根据对样本调查的结果来推断总体相应状况的一种抽样方法。

随机抽样的主要类型包括简单随机抽样、分层抽样和分群抽样。

随机抽样的调查范围和工作量比较小，排除了人为干扰，既能省时、省费用，又能较快地取得调查结果，同时，抽取的样本可以大致上代表总体；随机抽样能够计算调查结果的可靠程度；可通过概率计算推算值与实际值的差异，即抽样误差，并将误差控制在一定范围内。

不过，随机抽样也存在一些不足，这种抽样方式对所有调查样本都给予平等看待，难以体现重点；需要具有一定专业技术的专业人员进行抽样和资料分析，一般调查人员难以胜任。

（二）非随机抽样

非随机抽样又称非概率抽样，是指在抽样过程中，受到调查者主观因素的影响，从调查总体中抽取一定数目的个体作为研究的样本进行调查，并根据对样本调查的结果推断总体相应状况的一种抽样方法。非随机抽样一般包括任意抽样、判断抽样和配额抽样。

1. 非随机抽样的主要优点

非随机抽样的主要优点是：按照一定的主观标准抽选样本，充分利用已知资料，选择较为典型的样本；可以缩小抽样范围，节约调查时间，减少调查人员和调查费用。

2. 非随机抽样的主要不足

非随机抽样的主要不足是其可靠程度只能由调查人员主观评定，无法判断其误差和检验调查结果的准确性。这是因为在用非随机抽样技术进行调查的总体中，每一个样本被抽取的概率不一样，概率值的大小不确定，无法借助概率计算推算值与实际值的差异。由于主观标准不当或主观判断失误均会增大抽样误差，出现差错难以核实。

在进行实际市场调查时，调查人员要根据不同的调查要求和调查目的，选择最合适的随机抽样或非随机抽样，才能起到良好的效果。

视频：非随机抽样

四、抽样误差及其控制

（一）抽样误差的概念

抽样误差是在用样本指标推断总体指标时产生的代表性误差，这种代表性误差是不可避免的，因为抽样观测值对样本平均数或样本成数的离差，不完全等于其对全及总体平均数或成数的离差。例如，在母本中另取一组样本调查，其观测值与原来一组样本的观测值会有所不同，因此，纯粹用某一组样本的观测值计算的样本平均数和成数，不能简单地作为全及总体的平均数和成数。可见，所谓抽样误差，是指抽样成数和抽样平均数对全及成数和全及平均数的离差。运用抽样数据推及总体，不在于使抽样成数和抽样平均数完全等同于全及成数和全及平均数，而在于使前者尽可能接近于后者。抽样误差的数值越大，两者的距离也越大，反之则越小。

（二）抽样误差产生的原因

抽样误差无特定偏向，其误差大小主要受以下三个因素的影响：

1. 被研究总体各单位标志值的变异程度

总体的方差越大，抽样误差就越大；反之，抽样误差越小。如果被研究的总体各单位标志值之间没有差异，那么抽样误差就不存在了。

2. 抽取的样本量

抽样误差的规模可通过样本量的调整而得到控制，在其他条件不变的情况下，抽样单位越多，抽样误差就越小；反之，抽样误差就越大。

3. 抽样调查的组织方式

采用不同的抽样调查组织方式，也会产生不同的抽样误差。

（三）抽样误差的控制

抽样误差的客观存在和不可避免性并不意味着可以任其存在或对其无所作为，相反，对抽样误差的控制是十分必要的。减少抽样误差可以从以下几个方面着手：

（1）要准确选定抽样方法。选择正确的抽样方法有利于使抽取的样本能真正代表总体，减少误差。抽样方法分为随机抽样和非随机抽样两大类，每一类又分为很多具体方法。对抽样方法的选择要根据调查目的和调查要求，以及调查所面临的主客观因素和内外部条件进行权衡选择。一般条件下，随机抽样法因为不受人为因素的影响而具有更大的适应性。

（2）要明确样本数目。一般而言，样本数与抽样误差呈反比关系，即样本越大，抽样误差越小，反之亦然。但是，抽样误差又与调查总体中的特征差异有关。调查总体中差异越大，在样本数相同的条件下，误差越大，调查总体中的差异越小，在样本数相同的条件下，误差越小。换言之，在确保同样的抽样误差的前提下，如果总体中的误差越大，则需抽取的样本数应该越大，反之亦然。所以，确定样本数要综合考虑对抽样误差的允许程度、总体的差异性和经济效益的要求等因素。

（3）要加强对抽样调查的组织领导，提高抽样调查工作的质量。要以科学的态度对待抽样，特别是要由专门人才或经过严格培训的人员承担抽样调查工作。抽样方法要适当，抽样工作程序要规范，严格按照所选用的抽样方法的要求操作，确保整个抽样工作科学合理。

💡【知识拓展】
抽样调查之外的其他调查方式

企业除了可以选择抽样调查外，还有以下三种常用的调查对象选择的方法，也可以达到通过部分推测整体的目的。

1. 个案调查

个案调查（Case Study），是指对某一特定的个体、组织，或事物、现象，进行深入全面的调查，以形成对特定对象深入全面的认识并得出结论。例如，某新能源汽车企业的调查人员根据以往的经验，结合文献研究的成果发现，在以往的燃油型汽车的购买者中，有一类人群对新型汽车的兴趣很大，自由更换汽车的频率相对高。于是，该新能源汽车企业的调查人员认为，这类人群有助于企业了解新能源汽车这类新型商品的初期消费者的情况，需要对他们进行深入细致的调查，掌握企业未来潜在消费者的情况。

2. 典型调查

典型调查（Typical Survey），是指根据调查目的和调查要求，在对调查对象总体进行初步分析的基础上，有意识地选取其中少数具有代表性的典型对象，进行深入细致的调查研究，借以推测同类事物的发展变化规律及本质。例如，上述新能源汽车生产企业通过个案调查掌握了最有可能成为初期购买者的潜在消费者的信息后，进行了深入全面的研究，又发现除了这类潜在初期消费者群体外，未来大量购买新能源汽车的主体是另一个消费群体。于是他们再次将本次计划调查的对象分为三个典型的类型，分别是初期消费者、中期主体消费者和未来新能源汽车市场饱和后可以继续挖掘的潜在消费者。然后，调查人员根据以往的经验、文献研究成果，以及本次初步调查的成果，找到这三个典型对象群体，并从中抽选出各自的代表对象进行调查。最后，用这些典型代表对象的调查结果去推测得到未来本企业所要面对的新能源汽车消费者总体的特点。

3. 重点调查

重点调查（Key-point Investigation），是指在需要调查的全部对象中，选择一部分重点对象进行调查，通过研究重点对象，了解总体的基本情况。例如，上述新能源汽车生产企业通过典型调查，获得了该企业三类典型消费者的需求和购买行为的信息。研究人员发现，有一类人群是新能源汽车最具有购买潜力的潜在消费者，而且他们对该企业目标消费者的购买倾向具有较强的影响力。于是，该企业决定继续对这类潜在消费者开展深入、全面、细致的调查，构建这类消费者的"画像"，重点为这类消费者设计本企业即将推出的新能源汽车的各项指标，这样就能保证企业获得持续、稳定的收益。

第二节　样本量的确定

一、样本量概述

样本是指从被调查总体中抽选出来的能代表总体的部分单位。样本量就是样本容量，也称样本数或样本大小，是指从总体中所抽选的样本个体数量。样本容量不仅影响样本能否代表总体，而且影响调查的成本。样本容量的多少不主要取决于总体数量，而取决于总体的差异程度、调查所允许误差的大小和要求推断的置信程度。也就是说，需要调查的对象越复杂，差异越大，研究精度要求越高，可推断性要求越高时，样本容量就越大。因此，在抽样设计时，必须确定样本单位数目，因为适当的样本单位数目是保证样本指标具有充分代表性的基本前提。

确定样本容量的大小是比较复杂的问题，既要有定性考虑，也要有定量考虑。从定性角度考虑样本量的大小，其考虑因素包括：决策的重要性、调查的性质、变量个数、数据分析的性质、同类研究中所用的样本量、发生率、完成率、资源限制等。重要决策需要更多的、更准确的信息，这就需要较大的样本。探索性研究，样本量一般较小，而描述性的调查，就需要较大的样本。收集多个相关变量的数据，样本量就要大一些，以减少抽样误差的累积效应。如果需要采用多元统计方法对数据进行复杂的高级分析，样本量就应当较大。如果需要特别详细的分析，如做许多分类等，也需要大样本。

通常情况下，样本量大于30的样本可称为大样本，样本量小于30的样本则称为小样本。在实际应用中，应该根据调查目的认真考虑样本量的大小。

二、简单随机抽样的样本量计算

由于抽样目标、抽样方法等的不同，样本容量的计算应采用不同的确定方法。在各类抽样方法中，简单随机抽样是最基础的抽样方法，为简单随机抽样确定的样本量，常常可以作为样本量的基础信息。

在重复抽样的情况下，简单随机抽样的样本量计算公式如下：

$$n = \frac{t^2 \sigma^2}{\Delta x^2}$$

式中，t 为信度系数，反映的是样本对总体的代表性程度。

在统计中，样本对总体的代表性程度与信度系数之间有几个常用的关系：当代表性（也就是"置信区间"）为99%时，t 值为2.58；当代表性为95%时，t 值为1.96；当代表性为68%时，t 值为1.00。上述关系可以通过查阅"正态分布表"获取。企业通常为了计算的方便，选择代表性为95.4%，t 值为2。

σ 为标准差，在企业实际操作中，为了操作方便，此处的标准差可以是总体的标准差，也可以是预调查对象某类关键数据的标准差。所以，标准差计算公式中的 n 需要根据调查规划者的规划确定。

$$\sigma = \sqrt{\frac{1}{n} \sum_{i=1}^{n} (x_i - \bar{x})^2}$$

Δx 为允许误差，在企业实际操作中，允许误差与抽样误差有所不同。允许误差需要企业调查规划者根据企业对抽样的要求确定，带有一定的经验值性质，通常由总体或预调查对象均值的一定百分比确定。

在不重复抽样的情况下，简单随机抽样的样本量计算公式如下：

$$n = \frac{Nt^2 \sigma^2}{N\Delta x^2 + t^2 \sigma^2}$$

式中，N 为总体数量。

例如，某社区共有10 000名常住人口，日消费金额的标准差为20元，要求保证率为95.4%，允许误差为±5元时，计算需要抽选的人数。那么采用上述两个公式计算样本量如下所述：

$$n = \frac{2^2 \times 20^2}{5^2} = 64（人）$$

$$n = \frac{10\,000 \times 2^2 \times 20^2}{10\,000 \times 5^2 + 2^2 \times 20^2} \approx 63.59 \approx 64（人）$$

从上述计算结果可以发现，由于大部分企业的市场调查所面临的消费者总体数量比较大，在这种情况下，总体中的个体被重复抽选的可能性很低，因此使用重复抽样和不重复抽样计算得到的样本容量数字会非常接近。所以企业在抽样调查设计中，通常可以使用较为简单的重复抽样情况下的样本容量的计算公式来计算样本量。

另外，由样本容量计算公式可知，在其他条件不变的情况下，调查要求的可信度越高，调查对象的差异越大，或允许的误差越小，需要抽选的样本容量就会越大。

以上是根据简单随机抽样，在一定的置信水平下对样本容量进行的推断。在实际抽样调查中，采用的抽样方式不仅包括简单随机抽样，而且包括其他相对复杂的抽样方式，如分层抽样、等距抽样等。这就要求在计算样本容量时，将那些复杂因素纳入计算过程，对计算样本容量的公式进行调整，从而保证抽样调查的精确程度要求。如何确定调查所需要的误差范围还会受到以下几个因素的影响：

（1）确定调查目标可以接受的误差范围。在调查人员实施的市场调查中，能够接受多大的不确定性？如果需要一个十分关键、重要的调查结果，或者需要做出较大的风险决策，那么对测量的精确度要求就会较高。如果是一项探索性研究，那么较低的精确度也能够满足调查的要求。

（2）确定调查结果所包括的精度要求。抽样调查的结果是否需要包括一些细化的数据？是否需要提供地域估计值？不同的调查结果对数据细化的要求不同，如果要求非常细化的数据，就需要较高的精度。如对于全国性的抽样调查而言，抽样误差范围是±3%，省级抽样调查的抽样误差范围可以是±5%，而地市级抽样调查的抽样误差范围可以是±10%。

（3）将抽样的误差范围与最小估计值进行比较。如果最小的估计值为0.05，那么抽样误差的范围就应该小于±5。例如，在开发一项产品的调查中，假定开发这项产品的前提是至少有5%的人群对这一产品存在需求，那么在进行市场调查时，$p=0.05$是确定的最小估计值，这时，±5%的抽样误差范围就较大，应当规定更小的抽样误差范围，如不大于±1%。

另外，样本量的确定还会受到设计效应（Design effect）、回答率、总体参数的预估计等因素的影响。

第三节　抽样方法的选择

一、随机抽样

（一）简单随机抽样

简单随机抽样是运用随机方式直接从总体中抽出样本的方法。运用简单随机抽样法，调查人员对所选取的样本完全排除任何有目的性的选择，每一样本具有相同的、均等的被抽选的概率，所抽出的任一样本都没有人为因素的影响。简单随机抽样法运用简便，在调查总体分布状况不明，或难以划分层次和群体的情况下使用。

在运用简单随机抽样法进行抽样前，首先必须对总体样本内各单位予以编号，然后运用适当的抽样方法从中抽出样本。为了使每一样本有均等的被抽中概率，且抽出的样本能对母本具有最大的代表性，一般采用抽签法或随机号码法的方式抽出所需的样本。

1. 抽签法

抽签法在具体应用上有多种方法：

（1）抽纸签法。抽纸签法在总体单位不多的情况下使用。先按总体单位数制作同样数目并完成编号的纸签，在签箱内做充分混合，然后逐一人工抽取，由于每一张纸签对应一个总体单位，所以每抽出一张即为一个样本，直到抽出的样本数目与要求的样本数目相等为止。

（2）抽纸牌法。抽纸牌法是利用扑克牌做签条的方法。选取不同花色的扑克牌，每样1~10，以10作0，不同的花色分别代表个位、十位、百位和千位，按照花色分别做充分混合后，按位数顺序（一般从最高位起）分别从不同花色中各抽取一张，组成一组号码。例如分别以方块、梅花、红桃、黑桃代表个位、十位、百位和千位，若从黑桃中抽出5，从红桃中抽出2，从梅花中抽出3，从方块中抽出10，则该组号码为5 230，然后将抽出的各牌放回本花色中作混洗，进行下一次抽取。

（3）摸球法。摸球法是指制作数组不同颜色的球，每组10个并编上号码0~9，置于不同的箱中，指定各种颜色所代表的位数，然后从最高位起，按顺序从每箱中摸出一个球并记录其号码，最后组成一组数码，此即为被抽出的样本号码。然后，将各球放回各箱中再做下一轮抽取。也可只用标上0~9的十个球，首先抽最高位数，抽完后放回，再抽顺序的下一位……，直至组成一组数码，即为被抽出样本的号码。摸球法在抽样时对各位数号码的处理与抽纸牌法相同。

抽纸牌法与摸球法都是一种不重复抽样方法，因为被抽出的样本号码即使再被抽出，也不算数。至于抽牌或摸球过程中的放回，只是为了保证每次抽样各位数内0~9均有同等的被抽机会。

（4）掷骰子法。掷骰子法是投掷骰子选择号码的方法。骰子必须是特别制作的正20面体，并且相对的每两面刻上0~9数码，使0~9数码有同等的出现概率。在掷骰子时，每掷一次代表一种位数，也是从最高位掷起，一旦最高位掷出的号码超出样本数目，则须重掷，直至小于或等于样本数目最高位数的数值为止，其余位数数值的处理与抽纸牌法相同。

2. 随机号码法

随机号码法是指把0~9的数字随机排列，组成一张数表，表内任何号码的出现都有同等的概率，但没有一定规律。由随机号码组成的表称为随机号码表，也称为乱数表，可用计算机的语言类软件或数据库软件产生（如表4-1所示）。

表4-1 乱 数 表

序号	（1）	（2）	（3）	（4）	（5）	（6）	（7）	（8）
1	6062	5376	4934	0376	4783	9214	4204	8301
2	5116	0083	0813	6123	7693	0483	9612	9727
3	6882	2915	2317	1611	1228	9878	4282	4277
4	2323	3872	9446	0225	5388	7397	2887	1953
5	0203	2954	6922	1963	0173	3042	1936	2754
6	0578	0161	0579	8262	5583	6812	0627	4668
7	6023	4932	4583	4814	1619	8706	4944	7373
8	4871	9895	4211	5928	8279	8726	4885	3906
9	4343	0532	9465	0166	5564	6687	0452	7207
10	4441	0239	0344	7529	3474	4314	1643	6328
11	5164	8071	6848	8018	0093	7534	8459	3184
12	6511	4028	8977	1631	1169	0054	0901	8594
13	8484	8811	6731	8369	0955	0698	8967	5166
14	1082	0317	0011	8232	1365	9468	2659	0586
15	4304	0649	9114	1221	0224	6362	9751	2637
16	1519	9106	3743	7334	0059	1382	6917	7812
17	2625	6885	3997	6572	6345	4526	7483	6113
18	7722	0396	8755	8936	9255	5796	3674	7539
19	3445	2275	1397	4424	2791	1904	5491	4209
20	9792	4185	8508	3037	6951	5271	9321	9766
21	6765	3267	1262	4775	1736	8354	9985	0566
22	4363	0474	9641	9639	7146	2124	9469	4922
23	2585	5806	3645	7627	3181	4019	9006	1543
24	1433	9263	3274	5874	8413	4038	8948	1719
25	0906	0845	8528	2979	7126	2183	4514	4502

视频：利用
Excel做简单
随机抽样

利用随机号码表进行抽样，是一种常用的随机抽样方法。在使用随机号码表时，首先按总体单位数确定所取号码位数。如总体单位有 90 000，则取五位数。然后，从随机号码表中任意一个数字开始，每五位数为一组号码，只要不大于总体单位数，即为抽出的样本号码，再按顺序向右或向下选取，直至选够抽样数目为止（大于总体单位数的舍弃）。如在 90 000 户中要选取 200 户作为样本，假定从表 4-1 中第一个数码开始向右顺序选取，则第一个样本为 60625，随后的样本依次为 37649，34037，64783，（92144），20483，……。其中，92144 因超出总体单位 90 000，故舍弃不用，如此选取，直至取够 200 户为止。

使用很多计算机软件，也可以为每个个体编制随机号码，例如 Microsoft Excel 中的 rand 函数，然后通过制定的规则选取需要的样本数。

（二）分层抽样

视频：分层
抽样的步骤

分层抽样又称为分类随机抽样，是指按照调查总体属性的不同，将其分为若干层次（或类型），然后在各层（或类型）中随机抽取样本。例如，可按年龄、收入、职业、居住位置等标志，将被调查者划分为不同的阶层，然后按照要求在各个阶层中进行随机的抽样。

分层抽样法适用于总体范围大，总体各单位中差异也较大的情况。在总体范围大而内部各单位的差异也较大的情况下，若利用简单随机抽样的方法，抽出的样本可能会集中于某些特征，从而使样本对总体的代表性产生影响，因而必须先对总体按照一定的标准分成不同层次，然后再从每层中抽出一定数额的样本，各层样本数的总和构成样本总数（抽样数目总额），如图 4-1 所示。

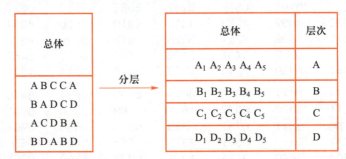

图 4-1　分层抽样示例图

分层的标准，是收入、年龄、消费额等可用数值比较的指标。

分层抽样关键是解决样本总额在各层的分配额，各层次分配抽样数目的确定主要有如下几种方法：

1. 分层比例抽样

分层比例抽样是指按照各层单位数目占总体单位数目的比例确定各层应抽样数目的方法。其计算公式为：

$$n_i = \frac{N_i}{N} \cdot n$$

式中：n_i——每层所应抽取的样本数目；

N_i——每层总单位数目；

n——抽样总数目；

N——总体单位数目。

例如，现需要在8 000户用户（总体单位数）中抽取200户（抽样总数目）开展购买额调查，总体中大用户为200户，中用户为1 300户，小用户为6 500户，则抽样情况如表4-2所示：

表4-2 分层比例抽样示例

层	用户数（N_i）	比例 $\left(\dfrac{N_i}{N}\right)$	每层样本数（n_i）
大用户	200	0.025 0	5
中用户	1 300	0.162 5	33
小用户	6 500	0.812 5	162
Σ	8 000	1.000 0	200

分层比例抽样法适用于各层之间差异大致接近的分层抽样调查。如果各层之间的差异过大，或标准差过大，用分层比例抽样法抽出的样本对总体的代表性就较差，此时应用分层最佳抽样法。

2. 分层最佳抽样

分层最佳抽样是指根据各层样本标准差的大小确定各层样本数目的方法。其计算公式为：

$$n_i = n \cdot \frac{N_i \sigma_i}{\sum N_i \sigma_i}$$

式中：n_i——各层应抽出的样本数目；

n——抽样总数目；

N_i——每层总单位数目；

σ_i——各层样本的标准差。

例如，总体单位数为8 000户，抽样总数目为200户，总体中大用户为200户，购买额标准差为100元；中用户为1 300户，购买额标准差为82元；小用户为6 500户，购买额标准差为60元，则抽样情况如表4-3所示：

表4-3 分层最佳抽样示例

层	用户数（N_i）	标准差（σ_i）	$N_i\sigma_i$	每层样本数（n_i）
大用户	200	100	20 000	8
中用户	1 300	82	106 600	41
小用户	6 500	60	390 000	151
Σ	8 000		516 600	200

与分层比例抽样相比较，大用户增加了3户，中用户增加了8户，而小用户减少了11户。由于大用户购买额差异大，小用户购买额差异小，因此，按照购买额的标准差进行最佳抽样能使调查数据更能反映总体的购买情况。

3. 多次分层抽样

多次分层抽样是对母体进行两次以上的分层，通过确定最基层的样本数目构成抽样总数的方法。通过多次分层，可以使抽选的样本分类更细，因此找到的样本更具有针对性。

多次分层抽样在操作时首先进行第一次分层，然后对第一次分层的各层次再进行第二次分层，……，直至多次分层完毕。最基层的抽样数目的确定，可用抽样总数目乘以每次分层的该层比例，每一层次内各分层的抽样数目之和应等于本层次的抽样数目。如上一个案例中，除了根据购买额划分大中小用户之外，对各层用户按一定的购买额再次分层，如大用户为购买额20万元以上的用户，其中20万~50万元有80户，50万元以上有120户；中用户为购买额5万~20万元的用户，其中5万~12万元有455户，12万~20万元有845户；小用户为购买额5万元以下的用户，其中1万~5万元有2 925户，1万元以下有3 575户，则抽样情况如表4-4所示：

表4-4 多次分层抽样示例

第一次分层（i）	用户数（N_i）	各大层比例（$\dfrac{N_i}{N}$）	第二次分层（j）	各子层比例（$\dfrac{N_{ij}}{N}$）	各大层样本数（n_i）	各子层样本数（n_{ij}）
大用户	200	0.025 0	80	0.40	5	2
			120	0.60		3
中用户	1 300	0.162 5	455	0.35	33	12
			845	0.65		21
小用户	6 500	0.812 5	2 925	0.45	162	57
			3 575	0.55		105
Σ	8 000	1.000 0	8 000		200	200

以大用户来说，第一次分层确定其为抽取5户：

$$n_1 = \frac{N_1}{N} \times n = \frac{200}{8\ 000} \times 200 = 0.025 \times 200 = 5$$

第二次分层确定其中购买额50万元以上的用户抽取3户，20万~50万元的用户抽取2户：

$$n_{11} = \frac{N_{11}}{N_1} \times n_1 = \frac{80}{200} \times 5 = 2\,(\text{户})$$

$$n_{12} = \frac{N_{12}}{N_1} \times n_1 = \frac{120}{200} \times 5 = 3\,(\text{户})$$

即：$n_{11} = \frac{N_1}{N} \times \frac{N_{11}}{N_1} \times n = \frac{200}{8\ 000} \times \frac{80}{200} \times 200 = 2\,(\text{户})$

$$n_{12} = \frac{N_1}{N} \times \frac{N_{12}}{N_1} \times n = \frac{200}{8\ 000} \times \frac{120}{200} \times 200 = 3\,(\text{户})$$

也可以按子层对总体单位的比例直接计算

$$n_{11} = \frac{N_{11}}{N} \times n = \frac{80}{8\ 000} \times 200 = 2\,(\text{户})$$

$$n_{12} = \frac{N_{11}}{N} \times n = \frac{120}{8\ 000} \times 200 = 3\,(\text{户})$$

其他用户的计算方式以此类推。

（三）分群抽样

分群抽样是指将总体按照一定的划分标准分成若干群体，以随机的方式选定群体，并以抽出的群体内的每一单位做样本实施调查的方法。由于分群抽样以被抽出的群体作为样本，所以也称为整群抽样。

分群抽样法适用于总体范围大，总体各单位中差异性不太明显或能体现其差异性的指标太多，不易一一分层的情况。分群抽样是在简单随机抽样的基础上的延伸，因为若采用简单随机抽样法，总体上会因样本单位分散造成调查费用过高，或因母体相关资料的欠缺使简单随机抽样难以进行。采用分群抽样，等于在不损害对总体代表性的前提下缩小了母体的规模，弥补了对母体不了解或了解不深入的缺陷，也大大降低了调查的难度。

实行分群抽样，总体必须是按照一定的标准而分成相似的群体，如图4-2所示：

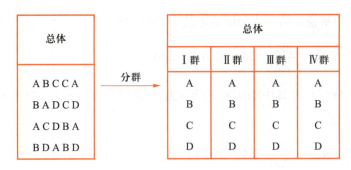

图4-2　分群抽样示例图

分群的标准，一般是地域标准或行政隶属标准，尤其是地域标准，虽然各地区会有不同的特点，但在发展水平相同的总体内，各子母体之间的差异性并不很明显。

分群抽样一般采用两段式步骤，即先按标准分成相应的群体，然后再用随机方式抽取部分群体作为样本。被抽取的群体的单位总量，应与抽样数目相等。例如，某市共有150万户居民，15 000个居民小组，平均每个居民小组100户，现需抽取500户居民作为样本，于是随机抽取5个居民小组作为群体，对这5个居民小组内的500户样本实施普查。

分群抽样与分层抽样的主要区别在于，分群抽样只抽选总体中的一个或多个子群体，而分层抽样要求总体中的每一个个体都有同等的机会被抽到，所以，分群抽样的成本可以小于分层抽样。但是，实施分群抽样的前提是，在总体中必须存在能代表总体的子群体。另外，从两者的子群体或分层抽样的要求来看，分层抽样的各层内部要求差异越小越好，最好没有差异，各层之间要求差异越大越好；分群抽样则要求各群体内部的差异越大越好，最好能涵盖总体的所有差异，各群体之间差异越小越好，最好没有差异。

二、非随机抽样

（一）任意抽样

任意抽样又称随意抽样、便利抽样，是指根据调查者的便利程度从总体中随意抽取样本的方法。

采用任意抽样法的基本理论依据，就是认为母本中每一分子都是相同的，或者是样本之间的差异不足以影响其对总体的代表性，因此随意选取任何一个样本都是一样的。事实上，有的母本中分子是同质的，有的母本中分子虽然异质，但是表现出异质的都是非重要指标，或在重要指标上分子间的差异并不大，因此采用任意抽样法对调查的可信度影响不大，在允许接受的范围之内。

在实践中，任意抽样法通常应用于街头访问。在对总体情况不了解，计划获取所需数据的非正式调查中，也常用任意抽样法。

任意抽样是非随机抽样中最简便、最节省费用的方法，但抽样偏差大，其结果可信程度低。但在总体中的差异较小的情况下，运用这种方法也能获得具有代表性的调查结果。

（二）判断抽样

判断抽样是指根据调查人员的主观意愿，从总体中选择那些被认为最具代表性的个体作为样本的抽样方法。由于判断抽样选取的样本是否具有代表性，完全依赖于抽样者对总体的了解程度及其工作经验和判断能力，在进行判断抽样时，应尽可能利用可借鉴利用的有关总体情况，从中选取具有较高代表性的样本，诸如在众数组中选取样本，在平均数组中选取样本，等等。

运用判断抽样法，实际上考虑了调查人员的经验和抽样的方便性，更加容易有效地获取数据，而且简便易行，有一定的实践意义，但要注意尽可能减少因主观判断偏差而引起的工作偏差，且不能过高估计样本对总体的代表性。

（三）配额抽样

配额抽样是指按照一定的标准将总体分成若干子母体，按照各子母体占总体的比重分配样本数额，由调查者主观选定样本的方法。

实施配额抽样的主要理论依据是：在按照一定的控制特性（指标）划分总体后，各子母体内单位间的差异基本消失或不重要，从子母体内抽取的样本均能代表子母体的一般情况，因此不必再按照随机抽样法确定子母体内的具体样本单位。

在实践中，配额抽样法简便易行，节省费用，也能够较快地获取资料数据，样本也能大致上按总体的分布情况而抽取，因而使用较广。运用配额抽样法的关键是控制特性指标选择得当，使划分出的各子母体相互之间差异性明显，而子母体内各单位则趋于统一。此外，明确对各子母体占总体的比重，才能完成"配额"的分配。配额抽样具体分为两种类型：

1. 独立控制配额抽样

独立控制配额抽样是指只按某一种控制特性对样本数规定配额的方法。能够区分各子母体的控制特性，不管有多少，除了选定的一种外，不对其他控制特性规定配额。

例如，现需要从所有家庭用户中抽取 500 户作为样本，总体户数有 50 万户，控制特性有收入、家庭规模、家庭构成三种，其划分的各类型比例，如表4-5所示。

表4-5 独立控制配额抽样示例

控制特性 I		控制特性 II		控制特性 III	
收入／元	比例%	家庭规模／人	比例/%	家庭构成	比例/%
（0 500） [500 1000） [1000 1500） [1500 ∞]	7.2 37.3 52.2 3.3	1 2 3 4 5 6（及以上）	0.1 1.7 33.5 35.8 21.9 7.0	有未成年小孩 无未成年小孩	41 59
Σ	100	Σ	100	Σ	100

若选用控制特性 I，则各类型家庭户的配额抽样数为：

$$n_i = p_i \times n$$

式中，p_i——第 i 种控制特性的比例（成数）；

   n——抽样总数目；

   i=1，2，…；

   n_i——第 i 种控制特性下的抽样配额。

   n_1=0.072 × 500=36（户）

   n_2=0.373 × 500=187（户）

   n_3=0.522 × 500=261（户）

   n_4=0.033 × 500=16（户）

若选用控制特性 II，则各类型家庭户的配额抽样数为：

$$n_j = p_j \times n$$

式中，p_j——第 j 种控制特性的比例（成数）；

   j=1，2，…；

   n_j——第 j 种控制特性下的抽样配额。

   n_1=0.001 × 500=1（户）

   n_2=0.017 × 500=8（户）

   n_3=0.335 × 500=168（户）

   n_4=0.358 × 500=179（户）

   n_5=0.219 × 500=109（户）

   n_6=0.070 × 500=35（户）

若选用控制特性 III，则各类型家庭户的配额抽样数为：

$$n_k = p_k \times n$$

式中，p_k——第 k 种控制特性的比例（成数）；

   k=1，2，…；

   n_k——第 k 种控制特性下的抽样配额。

$n_1=0.41 \times 500=205$（户）

$n_2=0.59 \times 500=295$（户）

在采用独立控制配额抽样的情况下，只能根据上述三种控制特性任选其一，按照其配额数在该控制特性划分的各类型用户中抽出样本。

2. 交叉控制配额抽样

交叉控制配额抽样是指按照相互关联的多种控制特性对样本数规定配额的方法。这种方法同时兼顾多种控制特性对样本的要求，并按照相应的比例进行配额指派。

多种控制特性下的抽样配额计算公式为：

$$n_{ijk\cdots m} = p_i \times p_j \times p_k \cdots p_m \times n$$

式中，$n_{ijk\cdots m}$——多种控制特性的抽样配额；

p_i、p_j、$p_k\cdots p_m$——第 i、j、$k\cdots m$ 种控制特性的比例（成数）。

需要注意的是，在多种控制特性下计算的抽样配额可能与单一控制特性的抽样配额略有出入，这时需做一些调整。

【素养之窗】
三家新能源汽车民族品牌代表了千千万万中国企业的发展进步

这几年，随着新能源汽车与国民经济和人民生活关系日益紧密，中央电视台多次报道了我国新能源汽车民族品牌坚持自主创新，不断壮大的新闻。以下是三个新能源汽车民族品牌的典型代表，虽然只有三个企业，却代表了千千万万中国企业发展进步，代表了中国制造和中国创造日新月异的气象。

第一个就是比亚迪。央视专题报道了比亚迪从自主创新到开发创新的发展历程。例如，比亚迪"汉"，搭载了华为5G技术和自主研发的刀片电池，特别是具有颠覆性的"刀片电池"，续航里程达到600千米。比亚迪，引领国产品牌汽车发展，引领全球新能源汽车的发展，引领新能源电池行业的发展，值得敬佩和赞誉！

第二个是广汽新能源。广汽新能源成立不到3年，不断提质升级进入新时代，被央视夸奖多次，目前已成为汽车智能制造的典型代表。广汽新能源SUV无论在豪华感、车内空间和驾驶等，丝毫不输于特斯拉。

第三个是新宝骏。新宝骏作为"智能汽车先导者"，智能场景的互联网思维首登央视，对新宝骏在智能网联技术方面的突破与发展给予了高度评价。

中国从"十五"时期开始实施新能源汽车科技规划，在政府的鼓励和企业的不断努力下，中国在新能源汽车领域取得了重大进步，已经建立起自主知识产权的电动汽车动力系统技术平台和整车集成技术，开发出系列化规模应用产品，总体水平位于国际前列。

同步练习

一、单选题

1. 抽样调查相对于普遍调查最主要的优势是（　　　）。
     A. 代表性强　　　　　　　　　B. 成本低
     C. 覆盖面广　　　　　　　　　D. 更科学

2. 以下会造成抽样误差较大的情况是（　　　）。
     A. 总体差异小　　　　　　　　B. 自媒体
     C. 微博　　　　　　　　　　　D. 户外广告

3. 以下属于非随机抽样的是（　　　）。
     A. 分群抽样　　　　　　　　　B. 分层比例抽样
     C. 分层最佳抽样　　　　　　　D. 判断抽样

4. 各类抽样方法中成本最低的方法是（　　　）。
     A. 简单随机抽样　　　　　　　B. 分层抽样
     C. 任意抽样　　　　　　　　　D. 判断抽样

5. 配额抽样的操作流程与（　　　）很相似。
     A. 任意抽样　　　　　　　　　B. 判断抽样
     C. 分层抽样　　　　　　　　　D. 分群抽样

二、多选题

1. 抽样调查的主要优点包括（　　　）。
     A. 时间短　　　　　　　　　　B. 收效快
     C. 质量高　　　　　　　　　　D. 可信程度好

2. 以下属于随机抽样的是（　　　）。
     A. 简单随机抽样　　　　　　　B. 分层抽样
     C. 分群抽样　　　　　　　　　D. 配额抽样

3. 以下会造成抽样误差较大的情况是（　　　）。
     A. 总体差异大　　　　　　　　B. 抽取的样本量小
     C. 总体差异小　　　　　　　　D. 抽取的样本量大

4. 在市场调查中，分层抽样的分层标准常用（　　　）。
     A. 收入　　　　　　　　　　　B. 年龄
     C. 消费额　　　　　　　　　　D. 性别

5. 分群抽样要求总体中的子群体（　　　）。
     A. 内部差异越大越好　　　　　B. 之间差异越小越好
     C. 内部差异越小越好　　　　　D. 之间差异越大越好

三、判断题

1. 抽样调查的基本思路是用部分对象调查的结果推断所有对象。 （　　）

2. 随机抽样相对于非随机抽样最主要的区别是，不受人为因素的影响。（　　）

3. 抽样误差在抽样调查中一般是不可避免的。 （　　）

4. 抽样调查的样本容量可以根据需要自行随意确定。 （　　）

5. 给抽样的总体编制随机号只能利用"乱数表"。 （　　）

实训项目

一、实训名称

某校新能源汽车购买情况调查抽样设计。

二、实训背景

为了解学生所在学校的新能源汽车购买情况，需要在本地开展一次新能源汽车的实地调查。请根据抽样设计的知识，计算简单随机抽样时的样本量，选定恰当的抽样方法，并对如何降低抽样误差做出定性的描述。

三、实训要求

（1）查找本校调查对象的总人数。

（2）采用重复抽样时的简单随机抽样的样本量计算公式，计算需要抽选的人数，注意计算所需数据的获取途径。

（3）考虑是否需要将本地人口按照一定的标准分成不同的类别。

（4）选用恰当的抽样方法，从总体中抽选样本，并说明抽样方法选择的理由，叙述抽样的流程。

（5）描述降低抽样误差的思路。

四、实训成果

（1）每位同学提交一份抽样设计方案。

（2）选取优秀抽样设计方案进行全班汇报交流。

第五章

开展调查工作

学习目标

知识目标

- 掌握调查实施的整体工作流程
- 掌握调查实施各阶段工作的内容、方法和技术
- 熟悉调查实施各阶段的关联性安排
- 了解调查实施各阶段工作的重点和难点

技能目标

- 能根据调查的目的和要求，开展恰当的调查工作
- 能有效地协助调查并获取重要信息
- 能有效处理调查中的重难点问题

素养目标

- 通过开展市场调查，培养工作和日常生活中的时间观念、规范观念、整体观念
- 通过调查实践活动，培养能吃苦、有耐心、勤思考和团队协作的工作作风

【思维导图】

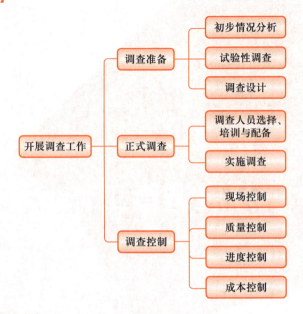

【导入案例】
某新能源汽车企业的市场调查实施工作

　　某新能源汽车企业为了研究某地新能源汽车潜在消费者的需求特点，在该地做了一次市场调查。

　　该企业成立的初期调查小组，首先收集了本企业内部和外部已有的关于新能源汽车消费者的二手资料，并利用已有知识和经验对资料做出初步的分析，据此提出了本次针对该地的潜在消费需求调查的主题、范围和目标，希望重点掌握该地潜在消费者的规模、主要消费需求的项目和特点、购买新能源汽车的潜力等基础信息。为了制定科学有效的调查方案，小组还做了一系列预调查，通过小规模一手资料的收集，确定调查问题和调查重点。在前两项准备工作的基础上，小组成员对正式调查工作做了完善的设计，重点包括问卷设计、调查方法设计和抽样设计，并规划了本次新能源汽车市场调查的时间、地点、人员、进度、经费等项目，制定了一份市场调查方案。

　　有了完备的市场调查方案，还要有执行者来完成本次市场调查。于是，该企业在初期调查小组的基础上，成立了正式的某地新能源汽车消费需求调查项目组。项目组的主要成员包括管理人员、研究人员、督导员、调查员等，因为该企业在某地没有办事机构，所以只能将项目组的管理人员和部分研究人员设置为本企业员工，其他人员都在调查地聘用临时人员。他们选聘了一批具有高尚职业道德、较强的知识水平和能力水平，以及良好身心素质的人员，然后对聘用人员进行市场调查政策法规和规章制度培训，访问技巧培训、心理适应培训，以及新能源汽车和调查地特征的专项培训。项目主管为了提高调查效率，采取了边招聘、边培训、边工作的方式，开展了实际调查实施工作。在这个过程中，调查人员通过发放问卷、面谈、实验和观察等多种调查方法，收集了大量前沿资料。

为了确保调查工作能够顺利开展，达到预期目标，项目主管带领大家对实施过程中的调查开展了调查现场控制、调查质量控制、调查进度控制和调查成本控制等控制工作。特别是针对临时聘用的访问员做了非常及时和有针对性的现场指导工作，保证了收集信息的质量；针对异地调查和聘用人员多的情况，项目主管做了成本控制。

案例思考：本案例介绍了某新能源汽车企业开展调查工作的过程。通过本项目的学习，请思考：

（1）该企业的市场调查工作过程是否完备且合理？

（2）每个阶段的工作安排有哪些值得学习及需要改进之处？

市场调查不是互不关联、各自独立的信息收集和加工处理的活动，而是一个由许多不同阶段、不同步骤、不同活动构成的有目标的系统工程。开展市场调查的实践工作，就是这个系统中的重要环节，是获得调查成果最直接的过程，也是后续研究工作的直接保障。

第一节　调　查　准　备

调查准备阶段是市场调查的起始阶段和基础阶段，准备工作的充分程度直接影响整个调查的实施和成果，对市场调查总体质量影响较大。

市场调查的主要目的是收集与分析资料，以研究解决企业在经营管理中存在的问题，并针对问题寻找正确可行的解决方案。因此，市场调查首先要确定调查问题和调查范围，并根据提出的问题进行初步调查，以免造成人、财、物和时间的浪费。为此，调查准备阶段主要包括初步情况分析、试验性调查和调查设计。

一、初步情况分析

调查人员首先收集企业内部和外部的有关情报资料，利用已有知识和经验进行初步情况分析，提出调查的主题、范围和目标，涉及面应尽量宽，包括所要调查的问题本身、调查的可能性、难易程度、调查课题的大致范围等。在很多情况下，企业经营管理者能够意识到工作中出现的一些问题，希望通过调查找到原因并提出解决问题的方法，但他们却不知道真正的问题所在。例如，某汽车企业新推出一款新能源汽车，但出现销售不畅的问题，企业提出要调查销售不畅的原因，调查范围明确后，就要对影响销售的因素进行调查分析，是渠道、质量、广告、价格等哪方面出现了问题。经过初步情况分析，发现问题出在广告上，广告的信息内容没有及时传递给目标消费群体，找到了问题，就将调查重点放在广告上。

因此，企业经营管理人员必须和调查人员密切配合，经理们最了解决策需要的信息，而调查人员掌握市场调查以及获取信息的方法，必须辅助经理确认问题。所以，确定问题及调查目标往往是整个调查过程中最困难的一步，又是最重要的一步，它们引导整个调查过程。

初步情况分析所需要的企业内部资料包括各种记录，例如历年的统计资料、销售报表、财务决算等；企业外部资料包括政府公布的统计资料、研究机构的调查报告、同行业的刊物、经济年鉴手册等。

初步情况分析的目的是帮助调查人员探索问题和认识问题，从中发现调查的方向。初步情况分析的资料收集不必过于详细，只要重点收集对所要研究分析的问题有参考价值的资料即可。

二、试验性调查

试验性调查又称预调查，是指调查人员根据提出的问题主动访问专家，向精通本问题的有关人员和用户征求意见，了解他们对这个问题的看法和评价，获得一些建设性的意见。通过试验性调查可以缩小调查范围，弥补调查人员本身经验和掌握资料的不足，为判断是否需要进一步调查提供更加充分的条件，以便于确定最主要的影响因素作为调查重点，有利于节约人力、财力和时间。

可以肯定，界定调查问题的过程需要敏锐的洞察力，这是调查过程中最重要的部分，是寻找解决方案的第一步，有助于正确界定调查问题并为整个调查过程提供保证和方向。试验性调查的目的是收集初步信息以帮助确定要调查的问题和提出的假设，最后确定最主要的影响因素作为调查重点。

通过调查准备阶段，缩小问题的调查范围，使调查人员明确调查的主题和调查目标，为调查人员的调查设计工作奠定基础，使调查活动具有明确的针对性，并用调查方案具体指导调查活动。

三、调查设计

调查设计是对整个调查工作的规划和实施的指南，这一阶段主要包括三项工作：问卷设计、调查方法设计和抽样设计。

大部分市场调查都需要问卷或调查表，它是收集信息的载体，它的合理与否，直接影响调查结果的正确性，因此必须精心设计。进行问卷设计之前，需明确市场调查的基本主题，本次设计问卷的目的与市场调查主题的关系，而且对正式使用的问卷应在小范围内试用，检验设计的合理性，如果发现问题，要及时改进。即使是观察法、实验法、案头调查法，也要设计一定形式的调查表或信息资料记录表，如观察记录、实验记录、汇总表。预先准备问卷，使调查工作能有条不紊地进行，并使日后收集的资料更加规范、更加适用，同时方便后续资料整理汇总工作。

问卷是需要收集的信息载体，需要与相应的收集信息的方法有效配合，调查方法的设计就是设计用什么方法收集信息。一般根据收集的信息类型，将调查方法分为二手资料的收集方法和一手资料的收集方法，每一类又根据调查的目的、对象和内容分为不同的小类。根据不同的调查方法，设计不同的问卷。例如，电话调查问卷的内容和问题的方式，与留置问卷产生较为明显的差异。

有了问卷和调查方法，还有一项需要提前设计，就是怎样找到调查对象。因为市场调查的主要对象是消费者，而几乎所有的企业面临的消费者都是数以万计的。所以，几乎没有一个企业能够调查到所有的消费者，只能科学地选取一部分消费者，通过调查部分具有代表性的消费者获取的结果，预测所有消费者的信息。于是，企业在正式调查之前，设计好调查具有代表性的对象，以及用什么方法选取这些对象，这就是抽样设计。

第二节　正式调查

正式调查是市场调查方案的执行阶段，主要步骤为调查人员选择、培训与配备，实施调查。

一、调查人员选择、培训与配备

（一）调查人员选择

调查人员是调查工作的主体，是调查任务顺利完成的基本保证。一个优质的调查方案可能由于不能按计划执行而失败，其主要原因是调查人员选择不当。因此，必须根据调查工作量的大小及调查工作的难易程度，选择与配备一定数量并具有较高素质的工作人员，并且进行必要的培训。

调查人员应具备基本的职业道德、较强的知识水平和能力水平，以及良好的身心素质。

1. 思想品德要求

思想品德素养是决定调查人员成长方向的关键性因素，也是影响市场调查效果的一个重要因素。一个具有良好思想品德素养的调查人员，应能够做到以下几点：

第一，熟悉国家政策和相关法律法规，具有强烈的社会责任感。

第二，具有较高的职业道德修养。工作中能实事求是、客观公正，决不能只为完成任务而敷衍了事，也不能迫于某种压力屈从或迎合某些单位和个人的意志，先决定结果，再补充资料。

第三，工作认真细致。调查的目的是为决策提供切实可靠的依据，在工作中稍有疏忽就会给整个工作造成难以弥补的损失，因而严谨、认真、细致是调查人员应该具备的基本素养。

第四，具有创新精神。市场调查活动不是简单地对某些问题和情况的收集、记录和整理，而是一项具有较强探索性的工作，调查人员面对的是一系列错综复杂、瞬息万变的市场问题，需要随时对市场中出现的新情况、新问题进行调查，这就要求调查人员应具备开拓、创新意识，善于解决问题和创造性地运用调查技术。

第五，谦虚谨慎、平易近人。调查人员最主要的工作是与人打交道，在调查过程中，调查人员作风的好坏，言谈举止的雅俗，是影响调查质量的重要因素。

2. 知识要求

市场调查是一项涉及面广、综合性强的工作，除了要求调查人员具有一定的文化程度外，还需要他们具有多方面的知识，包括市场调查基础理论、统计学、市场学、心理学、社会学、计算机信息处理等基本知识，这样才能充分了解调查对象的心理及行为特征，灵活运用各种调查方法，圆满完成调查任务。

3. 能力要求

调查人员应具备发掘各种资料信息的能力，分析、鉴别、汇总、整理信息资料的能力，较强的协调能力，较强的语言和文字表达能力，以及对调查环境较强的适应能力。

4. 身心素质要求

市场调查是一项十分艰苦的工作，特别是实地调查，有时要长途跋涉、顶风冒雨，在生活和工作上都会遇到各种困难，对体力有一定的要求。同时，要求调查人员有高度的热情和良好的性格，在挑选实地调查人员时，尤应关注其心理素质。一个合格的市场调查人员应是勤学好问、有思想、有知识并具有创造性的，他们必须善于听、善于思考、善于提出问题、分析问题和解决问题。

在实际调查中，调查任务是通过组建一支良好的调查队伍来完成的。因此，除了对调查人员的基本思想和品德的要求外，不必要也不可能要求所有调查人员同时具备这些素养，而只能对调查队伍的整体结构加以考虑，包括性格差异、职能结构、知识结构、年龄结构、性别结构等。通过调查人员的有机组合，取长补短，提高调查效率。

（二）调查人员培训

在调查人员进行实地调查之前，应对其进行必要的培训。对调查人员的培训可以分为基本培训、专项培训和心理适应培训。

1. 基本培训

基本培训主要是指对调查人员进行例行常规的培训，包括政策法规和规章制度培训、访问技巧和基本要求培训。

（1）政策法规和规章制度培训。首先是国家的各项法律、法规、政策等，其次是与市场调查有关的管理方法，如保密制度、访问工作协议等的培训。作为调查实施人员，对于和市场调查相关的准则与惯例、政策规定与管理要求，必须有明确的了解，并能在实际调查活动中做到自觉遵守。

（2）访问技巧和基本要求培训。调查人员在进行访问时，应佩戴访问的胸卡，出示代表本人身份的证件，并且简要地进行自我介绍并说明来意。调查员应该清晰明确地说出问卷中的每一个问题；询问应严格按照问卷编排的顺序进行；每个问题应按调查问卷中所用的字句去询问，不能根据自己的理解随意用自己的语言表述；要认真、完整地记录被调查者的意见，即使被调查者拒绝回答，也是一种重要的意见态度，因此也应记录；要善于把调查集中于主题，在有些被调查者的回答离题太远的情况下，要及时引导被调查者回到正题；要正确地应用卡片；要进行现场编校，在结束访问时，迅速复查一遍问卷，如发现有错误、遗漏应及时修正。在访问中，被调查者回答不清楚或不全面是常见的现象，因此，适当的追问能使调查获得更具体、更详细、更多的信息。结束访问后，要做到有礼貌，避免仓促离开，同时也可以为下一次访问做好准备。

2. 专项培训

专项培训是指针对某个特定的调查项目，对调查员进行的训练，通常是开展专项调查时必须进行的培训。调查员在比较系统地经历了访问技巧和基本要求培训后，在正式参与市场调查项目前还必须接受此项调查的专项培训，否则是不予参加正式调查的。市场调查项目专项培训一般包括调查项目基本情况介绍，调查问卷介绍，操作实施人员的职责说明，调查项目的调查时间、调查步骤和模拟调查等。

3. 心理适应培训

在调查中经常会发生拒绝访问或调查员被盘问等情况，一个新的调查员往往对访问工作有很大的心理压力，怕被别人拒绝，怕打扰别人，会经常有种恐惧感和愧疚感。在这样的心理压力下，调查员将处于十分被动的地位，对调查工作的质量影响很大。只有消除了这种心理负担，才能把调查工作做好。因此，调查员的心理适应训练非常重要，可以让新的调查员跟随有经验的访问员一同去访问，向有经验的调查员学习如何入户，如何处理各种问题，在访问中对新的调查员给予指导，访问结束后一起总结经验。

（三）调查人员配备

根据调查人员在调查中承担工作的不同，大致可分为管理人员、研究人员、督导、调查员、顾问、辅助人员等。

管理人员的职责是组织、控制整个调查运作，协调各部门之间的关系。管理人员通常对市场调查业务运作的各个方面都十分熟悉，有从事市场调查的经验，此外还要具有较强的组织与管理能力。

研究人员实际负责项目，从资料收集、整理、分析到报告书撰写的具体工作，是项目的关键人物。他们通常是经济学、市场营销学、社会学、心理学、数理统计学、管理科学等领域训练有素的专业人士。

督导是调查员的管理者，负责调查员的招聘、培训，并对调查员的工作进行指导、监督和检查。

调查员的工作就是采集资料，对特定的受调查者进行调查访问，以获得原始数据资料。调查员应该在规定时间内，根据访问要领和事项，统一进行调查。

顾问一般由资深学者和专家担任，其承担的工作是提供咨询和意见，使调查工作更加完美。

辅助人员是协助项目完成，非直接参与项目的工作者。例如，数据录入员负责对收集到的资料进行编码，并将数据资料输入计算机，以便研究人员做统计分析；资料员主要负责资料的分类、整理和归档，以便研究人员查询。

二、实施调查

实施调查是指调查人员进行实际调查活动，即调查人员通过发放问卷、面谈、实验、观察等调查方法收集第一手信息资料。实施调查要求调查人员按照拟定的计划和培训中提出的要求开展调查工作。在调查过程中，调查人员应始终保持客观态度，实事求是，不能投机取巧，不能采取任何手段编造虚假的调查问卷，应该保留原始记录。对于调查中出现的意想不到的复杂情况要灵活变通，因地制宜，力争提高调查效率。如果调查活动规模较大，则必须对调查人员进一步分工，在分工中要充分体现结构的合理性，以及公平经济的原则，同时要加强监督，注意随时回收已完成的调查问卷，及时检查回收的问卷，注意对调查人员工作的检查，督导员要进行抽样检查和监督，发现问题，及时整改。

实践证明，实施调查是调查阶段最费时、费力和费钱的部分，对这个过程应加强控制，对进度、费用、人员调配和资料收集的质量要进行有效的管理和监督，认真做好内外部协调工作，保证调查工作的顺利进行。

🔴 【知识拓展】
自媒体在实施调查时的运用

当代社会是一个信息社会，因为大量的信息输送和获取都是由数量庞大的个体完成的，这就给市场调查的高效实施提供了新路径，成为市场调查人员开展调查工作的新助手。

自媒体（英文表述为"We Media"）是普通大众经由数字科技与全球知识体系相连之后，一种提供与他们分享自身的事实和新闻的信息传播方式。自媒体为市场调查信息的获取，以及与被调查对象的沟通提供了便利，主要体现在以下几方面：

（1）个性化。调查人员可以通过自媒体平台发现大量个性化的信息，一方面有利于收集调查所需的差异化资料，另一方面也有利于调查人员主动通过自媒体平台，与特殊的调查对象开展针对性强的、深入的交流。

（2）交互性。用户使用自媒体的核心目的是满足广泛的沟通和交流需求，调查人员可以充分利用自媒体用户的这一需求特点，通过自媒体平台与各类被调查者开展分享、探讨、交流、互动等多元化的调查实施工作。

（3）群体性。自媒体的一个重要特点是受众是以小群体不断聚集和传播信息的，调查人员可以根据调查工作的需要，针对专门的被调查者，创办自媒体平台，开展长期的、集聚性的市场调查工作。例如，新能源汽车新用户、新能源汽车专家、新能源汽车后市场消费者等。

（4）多媒体。自媒体可以为使用者提供文字、图片、音乐、视频、动漫等多种选择，有利于调查人员通过各种信息展现方式，与被调查者开展丰富多彩的信息交流。

第三节　调查控制

在市场调查工作过程中，为了确保调查工作能够顺利开展，并且达到预期的目标，需要对实施过程中的调查开展各项控制工作，主要包括现场控制、质量控制、进度控制和成本控制。

一、现场控制

现场控制是确保调查员能够准确地执行市场调查方案，有效地完成信息收集的工作，主要包括现场督导和复核两项。

（一）现场督导

虽然在调查开始前，对调查员进行了培训，但是，在调查实施过程中可能会出现各种情况，所以还需要在调查实施过程中对调查员的工作进行检查和监督，以保证调查员按照培训中所要求的方法和技术进行访问。现场督导的工作主要包括：

1. 检查已完成的调查问卷

对于已完成的调查问卷，需要检查现场记录是否规范，字迹是否清晰，有无缺失数据，答案之间的逻辑关系是否成立。对于检查中发现的问题，应及时采取补救措施。对不能胜任调查工作的调查员，需要进行再次培训。

2. 建立调查工作文档

对现场操作中每个阶段的实施情况，都要建立必要的文档。如调查员日记、问卷收发表、入户接触表、复核记录等。这些文档材料不仅有助于现场督导及时发现问题，有针对性地进行工作，而且有助于后续对现场操作的质量进行评估。

3. 调查员的报告

随着现场调查活动的开展，调查员应定期提交工作报告，汇报调查过程中的情况，必要时，督导可以将调查员召集在一起进行座谈总结，交流经验和体会，研究处理棘手问题的方法。这些报告所提供的信息，有助于提高现场工作的质量，同时也可以提示调查中存在的某些问题。将这些信息反映到数据处理和数据审核过程中，对整个调查来说也富有价值。

（二）复核

复核是对调查员完成工作的抽查，即通过对被调查者再一次的访问以检查访问工作的真实性。复核的比例根据现场操作的情况可以有所不同，一般在10%~20%，对存在质量问题的调查员可以增大复核比例。复核的工作主要包括：

1. 访问情况

向被调查者求证调查过程，如是否接受过调查，接受调查的时间和地点是否属实等。有时也需要对调查员放弃的样本进行复核，例如调查员声称某户拒访时，可以由复核人员登门核实是否存在拒访的情况及拒访的原因。

2. 问卷内容的真实性

调查员作弊的手段多样，其中一种是虽然登门进行了访问，但是为了赶进度，调查过程中只提及问卷中的部分内容，而忽略了比较难、费时间的题项，然后回来自己填写。为此，复核人员需要对问卷中的关键问题进行再次询问，核查与调查员的记录是否一致。

3. 调查员的工作态度

向被调查者了解调查员的工作态度，包括现场的表现，是否有礼貌，是否赠送了礼品，让被调查者对调查员的工作加以评价。

在复核过程中，如果出现复核结果与调查结果不符合的情况，则需要进行具体分析。除了调查员作弊外，还可能有一些其他原因造成结果不符。而其中的一个原因可能是被调查者记忆误差。由于记忆的原因，被调查者向调查员和复核人员提供的答案不一致。此时，复核人员可以向被调查者做适当提示，以确认正确的结果，另外，接受复核的人并不是当时的被调查者本人，因此给出不一致的答案。所以当出现复核结果与调查结果不一致时，需要慎重处理，通常的做法是加大对该调查员的复核比例，通过多次复核做进一步的判断。

二、质量控制

市场调查质量控制，是指检查和核实所从事的调查活动在质量上是否符合调查要求，指出调查中的缺点和错误，对调查过程中可能产生的各种误差及时加以预防和纠正。对市场调查过程进行有效的质量控制，通常要经过以下三个基本环节：

（一）确定控制点和控制标准

调查质量控制点是指影响调查完成的关键问题及其所在环节，如调查全过程中的设计阶段、资料收集阶段和资料处理阶段等。因每个调查机构的情况不同，在调查历史、人员素质、调查工具的现代化程度等方面均可能存在差别。因此，每个调查机构所确定的控制点也不会完全相同，质量控制人员在确定自己的控制点时，必须从本次调查的目的、实施状况和自身的实际情况出发加以考虑。通常需要考虑的问题包括：影响调查质量的主要问题有哪些？它们存在于哪些部门和哪些环节？最容易出现误差的环节是什么？经常出现误差的原因是什么？等等。

调查质量控制标准是反映调查质量控制点的各种误差标准，它是调查质量控制的依据。如何确定控制标准是实施控制的关键，质量控制的最高标准是误差为零，即调查结果与实际完全相符，这是任何调查都难以做到的，市场调查中的质量控制标准通常是采用所能允许的最高误差控制率。最高误差控制率可以根据有关部门规定的标准和经验确定，最重要的是不致引起资料使用者在决策或其他方面的应用中发生失误。

（二）对调查质量进行检查

确定控制点和控制标准，是为了在误差发生之前就能采取适当的措施加以避免。但这并不意味着误差彻底消失，在控制过程中，应随时进行检查。在检查阶段，就要把执行的结果与控制标准进行对比，检查控制标准的执行情况，哪些做了，哪些还没有做；哪些做对了，哪些做错了。总结成功的经验，找出调查失败的教训并分析其原因。

（三）对误差进行纠正

在对调查质量检查的基础上，一旦发现存在偏差，就需要迅速做出反应，适当采取纠正措施，以保证调查的总体质量符合要求。

三、进度控制

一个调查项目的实施要做到有计划、按步骤、平稳地进行，需要对调查项目实施的进度进行合理的安排。进度安排首先要满足调查项目对时间的要求，在规定的时间内完成整个调查任务。但也需要注意，调查员每天的访问量并不是越多越好。如果每天规定的工作量过大，调查工作的质量就难以保证。对具体的调查项目，调查员也需要有一个从不熟悉到熟悉的渐进过程，在工作量的安排上应体现这个规律。

一般情况下，在调查实施的初期，调查员需要熟悉问卷、掌握访问技巧，相互交流体会和经验，总结访谈中遇到的各种问题。因此，这一阶段的调查进度可以安排得稍慢些。在调查进行了一段时间之后，调查员已经十分熟悉问卷的内容，访谈技巧也有所提高，这时的调查进度可以适当加快。当现场调查进入后期阶段后，可能会涉及调整配额，对有问题的问卷进行补救等，这时每天安排的问卷数量可以少一些。另外，在安排进度时，还需根据调查员的实际能力、被调查者所处的地理位置，以及其他相关因素综合考虑。

四、成本控制

调查实施过程中所需的费用主要包括策划费、问卷设计费、抽样设计费、印刷费、差旅费、资料收集费、邮寄费、劳务费、统计处理费、调查报告撰写费、制作费、联系费、交通费、服务费、组织管理费、杂费、税费等项目，在进行经费预算时要考虑到所有的可能花费。在调查实施过程中，主要涉及的是调查员的劳务费。

调查员劳务费的支付通常有两种方法，一是按照完成的访问问卷份数计算，二是按照工作的实际小时数计算。另外，也有极少数的情况是按月付工资或根据全部工作量付费的，各种支付方法都有其各自的优缺点。按照完成的访问问卷份数计算调查员劳务费的方法具有以下优点：① 可以鼓励多劳多得。工作效率高，善于争取被调查者合作，或工作时间更长的调查员会得到更多的报酬，因此可以鼓励调查员努力地进行工作。这不管是对调查员还是对研究者来说都是有好处的。② 防止草率地工作。调查员完成的每一次调查都应该是有效的、完整的和有利用价值的，草率完成的不合格的调查是不被接受因而得不到报酬的。③ 计算准确。研究者可以准确地估算实施调查所需的费用，调查员也很容易知晓自己应得的报酬。

视频：如何有效开展市场调查

但是按照完成的访问问卷份数计算劳务费也有一定的缺点，主要是有可能纵容作弊的行为。调查员有可能采取欺骗的手段获取更多的问卷份数；或有可能为了赶进度而匆忙地记录；或有可能有意回避那些比较难合作的或反应太慢的被调查者。因此，即使是在按照完成的访问问卷份数支付劳务费的情况下，研究人员也应事先准确地估计访问的难度和所需的时间，从而规定一个对调查员和委托企业都比较公平的付费标准。有时候访问工作的难度是因具体情况的不同而有所差异的。例如，各个调查员所分配到的配额要求可能不同，或对有些被调查者需询问全部问答题，而对有些被调查者却只需提问部分问题。因此，按完成访问问卷份数支付劳务费的方法仅在访问工作的难度大致相同，或对不同难度的工作几乎已经做了平均分配的情况下才是合适的。

按照工作的实际小时数计算调查员的劳务费，其优点是可以有效地规避按照访问问卷份数支付方法的缺点。由于劳务费是按实际工作时间计算的，所以调查员就不太会有意避免访问那些比较难访问的被调查者，或不会为了赶进度而不顾访问的质量，等等。当访问工作的差异较大时，最好考虑按工作的实际小时数付费。例如，当调查员被固定地安排在不同的访问地点，或电话访问的调查员被固定地安排在不同的时间段工作，这时完成的访问工作量不仅与调查员的能力和努力有关，而且与所分配的地区或时段有关。按工作的实际小时数支付劳务费用的方法主要有两方面的缺点：一是难以事先准确地估计整个调查项目的花费。为了做出调查项目实施的经费预算，事先还是要预估每个访问所需的平均费用。二是需要更加严格的管理监督制度。因为按工作的实际小时数付费，调查员比较容易出现懒散、聊天、拖延休息时间等问题。

总之，市场调查工作是一项系统、严谨的工作，需要参与调查实施各个环节的所有工作者相互协调才能有效地完成。

毛泽东既是党内大兴调查研究之风的积极倡导者，又是开展调查研究的积极践行者。

毛泽东在《关于农村调查》中指出：认识世界，不是一件容易的事。在他看来，科学认识和了解中国革命的具体实际，要坚决摒弃主观主义和教条主义，善于开展社会调查。例如，毛泽东关于湖南农民运动的科学结论就是在社会调查研究的基础上总结得出的。毛泽东在《关于农村调查》中写道：我做了四个月的农民运动，得知了各阶级的一些情况，可是这种了解是异常肤浅的，一点不深刻。后来，中央要我管理农民运动。我下了一个决心，走了一个月零两天，调查了长沙、湘潭、湘乡、衡山、醴陵五县。

毛泽东同时认为，调查研究之所以必要，还因为"事物是运动的，变化着的，进步着的""情况是逐渐了解的，需要继续不断的努力"。因此，"我们的调查也是长期的"。调查研究不仅要立足当下，更要着眼未来。只有耐心地、有步骤地做好调查研究，才能不断认识新事物，获得新知识。

科学的调查研究需要以科学的方法做支撑。缺乏科学的方法，调查研究就不能做到实事求是，其时效性和实效性就不能得到有效发挥。因此，毛泽东在调查研究中十分注重对马克思主义世界观和方法论的掌握和运用。

在"怎样开调查会"的问题上，毛泽东提出：一个调查会不仅提出问题，而且要有解决问题的方法。参加调查会最好有三五人。在"怎样找调查的典型"的问题上，毛泽东把调查的典型分为先进的、中间的、落后的三种类型，并提出"如果能依据这种分类，每类调查两三个，即可知一般的情形了"。在"如何收集和整理材料"的问题上，毛泽东要求广大党员干部"必须自己亲身去做"，在做的过程中找出经验来，再用这些经验去改进以后的调查和整理材料的工作。在"怎样使对方说真话"的问题上，毛泽东认为，群众不讲真话，是因为他们不知道你的来意究竟是否对他们有利。因此，要把调查研究与群众路线相统一，牢固树立群众立场、坚持群众观点，充分肯定密切联系群众对于做好调查研究的极端重要性，"要在谈话过程中和做朋友的过程中，给他们一些时间摸索你的心"，使人民群众真正了解我们开展调查研究的真意。

问题：为什么毛泽东认为"认识世界，不是一件容易的事"？

同步练习

一、单选题

1. 试验性调查的主要目的是（　　）。
   - A. 降低成本
   - B. 缩小调查范围
   - C. 培训调查人员
   - D. 监督调查人员

2. 决定调查人员成长方向的关键性因素是（　　）。
   - A. 品德
   - B. 知识
   - C. 能力
   - D. 心理

3. 有利于调查者与被调查者进行较长时间深入交流的调查方法是（　　）。
   - A. 小组访谈法
   - B. 个人面谈法
   - C. 电话访问法
   - D. 邮寄访问法

4. 对调查人员进行国家法律法规培训属于（　　）。
   - A. 基本培训
   - B. 专项培训
   - C. 心理适应培训
   - D. 技能培训

5. 负责从资料收集、整理、分析到调查报告撰写的调查项目的关键人物是（　　）。
   - A. 管理人员
   - B. 研究人员
   - C. 调查员
   - D. 督导

二、多选题

1. 调查准备阶段的主要工作包括（　　）。
   - A. 初步情况分析
   - B. 试验性调查
   - C. 调查设计工作
   - D. 撰写报告

2. 调查设计阶段的主要工作包括（　　）。
   - A. 问卷设计
   - B. 调查方法设计
   - C. 抽样设计
   - D. 组织结构设计

3. 调查人员应该具有（　　）。
   - A. 基本的职业道德
   - B. 丰富的知识
   - C. 较强的调查能力
   - D. 良好的身心素质

4. 在调查实施过程中，调查人员应（　　）。
   - A. 客观公正
   - B. 实事求是
   - C. 相互协调
   - D. 吃苦耐劳

5. 市场调查的控制工作主要包括（　　）。
   - A. 现场控制
   - B. 质量控制
   - C. 进度控制
   - D. 成本控制

三、判断题

1. 调查准备阶段的初步情况分析主要依靠调查人员独立完成。（　　）
2. 调查人员必须熟悉国家的法律法规和最新政策。（　　）
3. 大部分调查人员都需要进行相关培训，才能有效开展调查工作。（　　）
4. 现场督导的目的是保证调查员按照培训中所要求的方法和技术进行访问。
　（　　）
5. 调查员的工作态度对调查实施工作没有影响。（　　）

实训项目

一、实训名称

某校新能源汽车市场调查人员培训。

二、实训背景

为了解您所在学校新能源汽车的购买情况，需要在本地开展一次新能源汽车的实地调查。请根据前面已完成的各实训项目的成果，选用本校的学生开展调查工作，并制定及完成一次调查人员的培训工作。

三、实训要求

（1）编写调查人员的选择要求。

（2）设计临时调查人员的培训内容。

（3）设计调查控制中关于临时调查人员的基本项目及简单的要求。

四、实训成果

（1）每位同学提交一份选用与培训设计方案；

（2）选取优秀方案进行全班汇报交流。

第六章

资料处理与撰写调查报告

学习目标

知识目标

- 掌握市场调查原始资料的校验事项和校验原则
- 掌握市场调查原始资料的统计和计算方法
- 掌握市场调查报告内容、格式和撰写要求
- 熟悉资料处理的分析判断技巧
- 了解资料处理、研究挖掘的创新方法

技能目标

- 能对市场调查原始资料进行检验和分类
- 能对市场调查原始数据进行统计和计算
- 能对市场调查统计数据进行基本分析
- 能撰写较为简单的市场调查报告

素养目标

- 通过资料处理的学习训练，养成做事规范严谨、善用数据分析判断的思维意识
- 通过调查报告撰写的学习训练，初步养成从受众或用户需求角度出发，撰写文案或进行沟通的习惯

【思维导图】

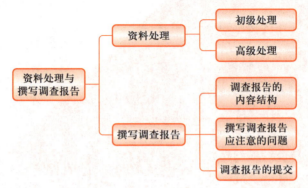

【导入案例】

　　某大型企业集团希望对其业务市场和行业发展前景有一个全面了解，以决策未来企业的发展方向和发展战略。经过多家市场调查公司、咨询公司的投标竞争，某知名市场调查公司中标，获得了这个调查项目，公司对此非常重视，特别组建了由数名博士牵头，实力雄厚的项目团队。经过长达10个月的艰辛调查后，撰写了精心制作的包含大量统计数据和图表的调查报告，调查项目负责人信心十足地向委托人的高管做成果汇报。

　　然而，在听完调查项目负责人一个多小时充满数据、图表的汇报后，委托人的高管突然打断汇报，"您好！我听了一个多小时枯燥无味的数字，现在我根本没有搞清楚调查状况。我想，我们没有充足的时间去研究一份比一本书还要厚的报告。能否麻烦您准备一份几页纸的报告，明天把调查执行的结论和建议交给我们？"

　　于是，这次重要的汇报就这样尴尬地结束了。

　　案例思考：本案例中这个调查项目的规模和投入相当大，调查团队的水平很高，调查报告非常专业。请思考：

　　（1）为什么这个汇报会令委托方不满意呢，原因是什么？

　　（2）作为调查工作的成果展示，调查报告的关键部分是什么？

　　（3）如果由你来汇报，你会做出什么改变？

　　在通过市场调查收集到足够的信息后，就进入了资料处理与调查报告撰写环节。能否在众多信息中，发现最有价值的信息？能否在众多现象中，发现内在规律，资料处理技术和分析判断能力是关键。市场调查的最终成果是通过调查报告体现出来的，本章就资料处理与调查报告的撰写两项关键技术进行分析。

第一节　资料处理

开展市场调查后，会收集到大量各种各样的信息资料，为了能方便、有效、正确地使用资料，作为企业决策的依据，就需要对资料进行客观、科学的处理。调查采集的原始资料只有经过进一步处理与分析，才能从中获取有效信息，从而发挥这些资料的效用。资料处理一般分为初级处理和高级处理两个阶段。

一、初级处理

通常，调查所得资料总是显得杂乱无章，不容易看出事物之间的内在关联，更难以被直接利用，必须经过处理，才便于储存和利用。调查资料的初级处理是对原始调查资料进行校验、分类、统计，转换为可供分析的资料的过程。

动画：资料
的初级处理

（一）调查资料的校验

大量原始资料直接来源于被调查者，这些资料中难免会出现各种错误，所以必须对调查资料进行校验。资料校验是指对资料进行的检查，发现资料中是否存在重大问题，以决定是否采纳此份资料的工作。这项工作可以在现场进行，也可以在办公室进行。现场校验针对个人访问，因为调查者在访问时很难填满整个问卷，多半是利用常用的记录符号来记录答案，因此在访问后应尽快校验。办公室校验一般是在收到电子问卷、邮寄问卷、访问记录或电话记录后，进行的综合校验。

1. 校验事项

（1）被调查者的资格，即被调查者是否在规定的抽样范围内。

（2）资料是否完整清楚。

（3）资料是否真实可信。

（4）资料中的关键问题是否已回答。

（5）资料中是否存在明显的错误或疏漏。

（6）检查调查员的工作质量。

（7）检查有效资料的份数是否达到调查设计要求的比例。

造成资料中问题出现的原因是多种多样的，可能是资料设计的问题，可能是调查方式或被调查者态度等问题，但验收人员的任务不是找出问题出现的原因，而是怎样发现问题并处理问题，验收人员应首先校验资料中的重大问题。然后校验人员再对资料进行细致检查，排除错误和疏漏，以保证资料的正确性和完整性。

2. 存在的问题

检查过程中通常会遇到以下问题：

（1）访问作假。在访问问卷中出现不寻常的一致性和不一致性，可能是由于访问员编造问卷答案作假造成的。因此，发现这种行为时应仔细检查，移除作假问卷，及时替换调查问卷，并追究访问员的责任。

（2）错误的回答。例如，年龄为300岁，可能是访问员笔误造成的，需要进一步核实。

（3）不一致的回答。如被调查者在某一问题中回答家中无子女，而在另一问题中却提到子女的年龄和姓名。校验人员可以据此判断前一问题的答案是错误的。

（4）不完全的回答。例如，被调查者可能列出了自己所知道的洗发水的品牌，而忘记列出最近三个月所使用的洗发水的品牌。

（5）难以分辨的回答。如果邮寄问卷的答案是手写的，可能由于字迹潦草，一些问题的答案难以分辨，校验人员只好舍弃这些答案。开放式问题越多，难读的答案可能就越多。

（6）答非所问的回答。如经常使用哪些品牌的洗发水，回答为目前使用的洗发水品牌。

（7）"不知道"和没有答案。在回答"不知道"时，表明被调查者未对所问问题形成一个答案或观点。没有答案则可能是被调查者没有回答或者访问员忘记记录。不回答的情况一般包括三种：① 被调查者不理解所问问题，不知如何回答。② 被调查者确实难以给出答案。③ 被调查者不愿意回答，回答"不知道"或不回答，以避免访问员的进一步询问。

对于调查资料中出现的问题，为保证资料的真实性，校验人员可使用红色笔统一标记，尽量避免直接修改资料的内容。

3. 校验原则

（1）记录的正确性。校验人员应对资料做仔细校正，检验调查资料是否合乎调查要求，凡是对答案持有怀疑的，应立即澄清纠正，剔除不可靠的资料，使资料更加准确。

（2）记录的完整性。调查问卷的所有问题都应设置答案，如果发现没有答案的问题，可能是被调查者不愿意或不能够回答，也可能是访问员忘记提问或记录。校验人员应询问访问员有无遗漏，如果遗漏，访问员能够回忆起答案，则填补空白问题；如无遗漏或者访问员不能回忆起答案，则可以考虑向被调查者再次询问。对于匿名被访者，只能放弃补充答案。

在问卷中经常出现一些"不知道"的答案，如果其所占比重较小，可以单独列出，如果所占比重过大，就会影响到调查资料的完整性，因此应适当说明。处理"不知道"答案的方法有三种：① 单独列为一项。② 按比例分配到其他答案项下。③ 根据其他答案的百分比分布来预测与"不知道"答案最接近的答案项目，将之归并入内。

（3）记录的一致性。对每一份问卷都应做详细校验，检查答案是否前后一致。例如，在某一问题的答案中，被调查者说明在超市购买洗发水，但在另一个问题中却说经常在杂货店买日用品，这个被调查者的两个答案显然不一致，至于哪一个答案正确，需要校验人员决定是否再向被调查者询问，否则该问卷只能作废。

（4）记录的易读性。应该保证调查问卷中资料清楚易读。如果答案不清楚，若是由被调查者填写的，在时间允许的情况下，可寄回原处或委派调查员前去复核更正；若是由调查员填写的，应及时联系访问员辨认。

（二）调查资料的分类

资料的分类是为了储存和利用资料，调查人员根据调查研究的主题和具体问题的需要，将所收集的调查资料进行逻辑排列。即将校验过的资料按照一定的逻辑顺序排列，如按问题类别、调查对象、所属地区、数字顺序、时间顺序等进行归类和排列。

（1）量化资料分类。在很多情况下，问卷中的问句本身就已经对答案进行了分类，这样只需要汇总即可。

如："请选择您的月收入在哪个范围？"

A. 少于4 000元　　　B. 4 001 ~ 8 000元　　C. 8 001 ~ 12 000元

D. 12 001 ~ 16 000元　　E. 16 001元以上

但如果问题是"请问您的月收入大概是多少元？"，受访者的回答往往是一个具体数值，如6 200元，这就需要根据调查分析的要求，以适当标志为依据对答案进行分级归类。

在通常情况下，量化资料的分类要注意以下几个方面的问题：

① 分类标志应根据调查目的、调查主题和统计分析的要求而定。如收入、销售量等。

② 分类间隔要使最常出现的答案在中间。例如，如果有许多人回答他们的月收入在6 000元左右，另外一些人回答他们的月收入在10 000元左右，那么分类间隔设在4 001 ~ 8 000元，8 001 ~ 12 000元就比较合适，而使用2 000 ~ 6 000元、10 000 ~ 14 000元就不太合适。

③ 分类间隔要相互排斥和全面覆盖，以方便被调查者回答。例如选项，仅有4 000 ~ 8 000元；8 001 ~ 12 000元；12 001 ~ 16 000元等，就容易使小于4 000元或大于16 000元的被调查者无法进行选择。

④ 分类间隔多比分类间隔少好。如果分类间隔多，可以减少数据归档的困难；如果分类间隔少，则可能影响数据分析。如果把收入分为两类：小于8 000元和大于8 000元，就太显粗略，难以说明问题。

⑤ 学会使用复合分类。在调查人员还不能有确切的分析把握的情况下，应

该使用复合分类,以便进行符合主题的分析。

(2)定性资料分类。定性资料分类比较繁杂,同样要根据研究目的、主题和统计分析的需要,确定分类标志,进行分类汇总。但分类时应注意:

① 在分类前,查验是否有一定数量的回答存在。

② 分类标准与其他资料相适应以利于比较。

③ 分类是简洁和互斥的,每个答案只能对应一个分类间隔。

④ 分类涵盖所有可能的回答。通常用"其他"来包括所有尚未指出的答案选择。

⑤ 也可进行复合分类。

⑥ 对于开放性问题,通常不是要求被调查者从备选答案中做选择,其答案就各不相同,只能由研究人员根据研究的实际需要进行分类。

(3)数字尺度分类。调查中经常会使用各种态度量表衡量被调查者的态度和倾向,在统计资料时,根据每个问句的类型进行归类即可。

(三)调查资料的统计

对资料的统计和初步分析,在市场调查过程中十分重要,它是资料收集、处理与研究发掘之间的连接器,它的质量高低,也直接影响调查研究工作的成败。

在市场调查研究中,研究人员面对繁杂的问卷问题,或者是数量较多的记录本,是无法直接进行进一步研究的,必须将项目问题的答案数进行统计或将意见相同的人数进行统计之后,才可能进入下一步研究工作。

资料的统计是必不可少的,统计的方法也很多,对于企业常用的单变量数据分析,通常可使用集中程度分析和分散程度分析,同时为了便于直观地描述与分析,还经常使用统计图表。

1. 集中程度分析

集中程度分析是指找到一组数据的代表值,用典型的代表值判断所调查数据的全貌。常用的集中程度分析指标是百分数和平均数。

(1)百分数。定量分析的资料很多时候只有在与其他资料进行对比时才会彰显出它的重要意义。但这种对比经常是使用"百分数"的形式来进行的。

① 百分数的一般概念和意义。百分数是表示在100当中所占有的单位数目。百分数的用途主要有两点:a.说明在整体中所占有的份额;b.说明增加或减少的幅度或比例。为了明确起见,试举例说明:

例1:计算份额式比例

关于上述"桔子"的实地调查资料表明,实地走访的零售商店共有30家,其中只有10家商店准备在下一季度补充"桔子"的进货。求出百分率是:(10/30)×100%=33.3%。计算结果表明,下一季度需要补充"桔子"进货的商店约占全部经营这种水果的零售商店的33.3%。

例2：计算增加或减少的幅度

假定某种产品的进口数量已从2010年的10万吨增长到2020年的18万吨。如果要用百分率说明它的增长幅度，就要用它实际增加的数量（180 000−100 000=80 000）除以2010年的进口数量（100 000）求出百分率：（80 000/100 000）×100%=80%。计算结果表明，从2010年至2020年该产品的进口增长幅度是80%。

② 百分数适用范围。通常，百分比在实际运用时主要表现在以下几个方面：

一是调查人员希望了解并比较各个相同子群在总体中所占的比率。假定有A、B两个市场都购买本企业彩电。在B市场里，拥有彩电的家庭共有900万户，在A市场里，拥有彩电的家庭共有1 000万户，绝对数量显然较多。光凭这两个数据进行对比能否断言：B市场的彩电发展潜力比A市场要大呢？有可能如此，但实际也有可能并非如此。如果计算出拥有彩电的家庭在该市场全部家庭的总数中所占的比例，然后再作对比，可能会发现另一种情况。计算结果表明，在B市场里，拥有彩电的家庭已占家庭总数的90%；在A市场里，拥有彩电的家庭只占家庭总数的70%。二者对比之后可以看出，A市场的彩电看来还未达到饱和状态，因此，发展潜力可能要比B市场更大些。

二是调查人员希望进行统计推算。以百分率为基础推算代表总体的数目。

三是研究人员希望比较事物变化情况。各类数字统计资料，如进口额、销售额、经济增长情况和价格等，随着时间的推移总会发生某些增减的变化。这种增减变化通常可用百分率的方法加以具体说明。

四是研究人员希望说明事物变化速度。每当需要根据系列资料分析某个时期的变化情况时，与其说是使用"百分率"，倒不如准确地说是经常使用"递增率"或"递减率"等概念加以说明。

③ 在使用百分数法时，应避免出现以下错误：

一是使用基数不能太小。否则，很容易给人造成夸大事实的印象，以致产生误解。

二是不能忽视绝对值变化。每当使用百分率对比增长变化情况时，需经常注意：随着基数的数值趋向增大，所求得百分率的数值就趋向缩小。在使用百分率对比增长变化情况的同时，如果忽视了增长的绝对数值，显然是片面性的错误。

三是谨慎选用基数。计算变化幅度时，对增长幅度的变化，应选择较小的数值作基数；对减少幅度的变化，则应选择较大的数值作基数，因为减少幅度绝不会超过100%。

四是把基数不同的百分数加以平均。基数不同的百分数除非经过加权，即经过调整以反应基数大小外，不应当加以平均。

（2）指数。每逢需要比较过去某个时期用数字资料表明的各种变化情况时，常会借用"指数"这一概念进行对比说明。这些用数字资料表明的各种变化情况总是离不开它的基础年份。把基础年份的数据作为100，其他相应年份的数据则换算为它的百分比，以了解其间的变化情况，即称为指数。

例如，假定以1982年作为基础年份，需要计算出1993年世界铁矿砂的产量指数。若知道1982年世界铁矿砂的产量是500万吨，1993年增至810万吨，有关指数的具体计算方法是（810/500）× 100=162。

计算结果表明，如果1982年世界铁矿砂产量指数为100，那么它的1993年指数就是162。

请注意，如果指数小于100，这表明出现了某种程度的降低。如果指数大于100，则表明出现了某种程度的增长。例如，上述指数为162，则表明1993年产量的增长幅度是62%；如果指数为262，则表明增长幅度为162；如果指数为62，则表明产量下降，降幅为38%。但是，每当借用指数来对比说明某种变化情况时，必须同时注明具体的基础年份。

（3）平均数。平均数是分析市场调查资料时经常使用的工具之一。通过大量资料计算出来的每个平均数都具有"代表性的价值"，对说明具体市场的特点和预测未来变化趋势均有很大的作用。

如果要求使用计算平均数的方法整理有关各项原始材料，市场调查人员应该具备更多不属于本书范围内的数理统计知识和技巧。但是，市场调查人员可以经常使用较为简单的数学计算方法获取所需的平均数据，同样能达到良好的效果。

重要的平均数主要有三种：算术平均数、中位数和众数。

① 算术平均数。它的计算方法是将各项数值的总和除以这些数值的项数，所求得的商数，就是这几项数值的算术平均数。

算术平均数在资料统计工作中的用途主要表现在以下几方面：

·计算居民人均收入状况，以了解居民购买力水平，对比不同地区的贫富程度与市场发展潜力。

·计算人口、销售额等的"平均增长率"。通常以一年的数据为基础进行计算。

·计算平均购销金额、周期平均数和单位价值等。

应注意，只有在各项数值彼此相差不大的情况下使用算术平均数法才能起到良好的作用。因为算术平均数最大的弊端是：十分容易受到其中大小两极端值的影响，因此，未必具有真正的代表性。例如，假定有两个地区，这两个地区人口总数相等，按照人口平均计算的地区人均年收入也相同，大约是40 000元的水平。在A地区属于中等收入的人数所占的比例很大，反映出这个地区人均收入的分配较为均衡；但在B地区，属于中等收入的人数所占的比例很低，高薪阶层的人数占有一定比例，但大部分收入较低，反映出这个地区的人均收入分配极不均衡。两者相对比，虽然平均数相差不大，但是很明显，总体上A地区的人民一般要比B地区的人民富裕，有更高的消费能力。

② 中位数。当资料数字依照大小排列时，中位数就是中间那一个数目。可以用"中位数"具体说明某个地区的"中等"工资收入水平。例如，"个人收入的中位数"是指比该地区半数人口的工资收入高，但比其他半数人口收入低，介于两者之间的工资收入水平。

每当有关各项数值彼此相差甚大的时候，取其"中位数"作为它的平均数，相信较之取其算术平均数会更有助于确切说明问题，因为中位数不会受极端数值的影响。参考实例如下：

假定，经过实地调查，了解到全部走访的11家公司的现有职工人数具体情况如表6-1所示：

表6-1　11家公司名称和现有职工人数

公司名称	红发	凯达	洁雅	胜利	长庆	宏发	三江	住友	华胜	友谊	金茂
职工人数	3	8	9	10	10	11	12	13	22	50	100

如果使用算术平均数去说明各家公司平均现有职工数，计算结果表明大约是22人。但是，如果取其中位数作为它的平均数去说明情况，所得到的数据是11人。两者对比，显然后一个数值（中位数）较为客观地反映了总体情况。如果换作算术平均数，它必然会随着大小两极数值的增加而发生相应的变化，而所提供的情况与实际情况的差距逐渐变大。

③ 众数。在一组资料中出现次数最多或最常见的数值，称为众数。在很多情况下，众数比算术平均数或中位数更加频繁被使用。例如，某家公司经过实地调查之后，了解到在当地市场销售的某种产品的销售价格有多种。但是，当要进一步深入分析究竟在其中哪一种销售价格下的销售数量最多，销售速度最快的时候，只有采用众数才能说明实际情况。

在使用算术平均数、中位数及众数时，要计算离差及偏斜度，以测定平均数为标准。如果离差数值很大，偏斜度太高时，使用算术平均数、中位数或众数做统计推论时，就应特别注意，不可随意使用。

2．分散程度分析

分散程度分析是指判断一组数据相对于集中程度数据的偏离程度，是反映调查对象的差异状况。一组数据集中程度分析的代表性如何，要由分散程度分析来验证。一组数据的分散程度越大，则集中程度分析的结果代表性就越小；反之，则越大。通常进行分散程度分析的工具包括异众比率、四分位差和标准差。

（1）异众比率。异众比率是指总体中非众数次数与总体全部次数之比，主要用于衡量众数对一组数据的代表程度。异众比率的意义在于指出众数所不能代表的那一部分群体在调查对象中的比重。异众比率越大，说明非众数组的频数占总频数的比重越大，众数的代表性就越差；异众比率越小，说明非众数组的频数占总频数的比重越小，众数的代表性越好。异众比率公式如下，其中 V_r 表示异众比率，$\sum f_i$ 为研究值的总数；f_m 为研究值的众数组的频数。

$$V_r = \frac{\sum f_i - f_m}{\sum f_i}$$

例如，某产品的购买者共有36万人，其中男性27万人，女性9万人，则其异众比率为（36-27）/36=0.25。

（2）四分位差。四分位差是指舍弃研究值中的最大值与最小值的四分之一，仅体现中间部分的资料极差，反映了中间50%的数据的离散程度。四分位差数值越小，说明中间的数据越集中；四分位差数值越大，说明中间的数据越分散。四分位差不受极值的影响。四分位差的计算过程是：

第一步，排序；

第二步，求出位置；

第三步，求位值；

第四步，求四分位差。

其中，位置的计算方法与中位数的计算方法一样：

Q_1 位置 =（n+1）×1/4

Q_2 位置 =（n+1）×2/4=n+1/2= 中位数值

Q_3 位置 =（n+1）×3/4

例如，某企业开展了一次测试，一共10题，每题只有"是"和"否"两个选项。邀请了8位受访者，他们回答"是"的题目数量为：4，4，5，6，8，9，9，10。则四分位差计算过程为：

第一步，排序。4，4，5，6，8，9，9，10。

第二步，求出位置。

Q_1 位置 =（n+1）×1/4=（8+1）×1/4=2.25

Q_2 位置 =（n+1）×2/4=n+1/2=8+1/2=4.5

Q_3 位置 =（n+1）×3/4=（8+1）×3/4=6.75

第三步，求位值。

Q_1=4+0.25×（5-4）=4.25

Q_2=6+0.5×（8-6）=7

Q_3=9+0.75×（9-9）=9

第四步，求四分位差。

$Q=Q_3-Q_1=9-4.25=4.75$

获取四分位差后，可以计算组距如下：

$Q/2=4.75/2=2.375$

$Q_1=7-2.375=4.625$

$Q_3=7+2.375=9.375$

说明受访者只有一半人的结果落在$4.625\sim9.375$区间内。

（3）标准差。标准差又称均方差，是离均差平方的算术平均数的平方根，用σ表示。标准差是方差的算术平方根。标准差的计算方式已经在上文表述，此处不再赘述。

二、高级处理

市场调查资料的高级处理是指纷繁复杂的数据和市场现象在经过初级处理后，已经成为有序的、系统的数据和资料，在此基础上，调查人员运用自身的经验和智慧，在软件工具的支持下，对数据资料进行的分析判断、研究挖掘，找出内在联系和变化规律，并提出相应结论的工作过程。

（一）资料分析

1. 资料分析的含义

一般来讲，事实本身和经过统计的资料，并不会有直接的用途。这些资料只有经过研究人员的分析判断后才会发挥作用。分析是指把事物、现象、概念分成较简单的组成部分，并从中找出规律的过程。

2. 单一问题的表格化分析

调查数据资料分析的第一步，通常是对每个问题的单独分析，常用的方法是频率分布分析和平均值分析。

（1）频率分布分析。频率分布分析是指出每个问题中各备选答案被选择的次数。从表6-2中可以看出百分比在对数据进行分析、判断时比绝对数量更直观、更方便。

表6-2　家庭有无新能源汽车频率分布

新能源汽车	回答者频率	百分比/%
有	34	4.53
无	716	95.47
合计	750	100.00

（2）平均值分析

对有些问题，特别是有关被调查者态度的问题的回答，常需用某个简单数据，如样本平均值来进行描述，如表6-3所示。

表6-3 对有关新能源汽车态度的平均值分析

问题	总平均值	平均值		差别
		有新能源汽车	无新能源汽车	
新能源汽车未来发展方向	4.29	6.2	4.2	2
新能源汽车价格太高	5.91	4.1	6.0	1.9
国产新能源汽车质量尚可	3.86	5.1	3.8	1.3

表6-3中描述了人们对与新能源汽车有关问题的看法。问题收集时，使用的是赖克梯量度表（完全同意"7"—完全不同意"1"）。第一栏数据给出了750位被调查者回答的总平均值。结果表明：总的来说被调查者认为家庭需要新能源汽车；新能源汽车目前的价格太贵；对国产新能源汽车的质量信任度不高。而按家庭是否有新能源汽车来分，被调查者的回答又有一些差距：有新能源汽车的被调查者认为家庭需要新能源汽车的反应更强；新能源汽车目前的价格稍贵；对国产新能源汽车的质量比较信任。无新能源汽车的被调查者认为家庭有无新能源汽车并不十分重要；新能源汽车目前的价格太贵；对国产新能源汽车的质量稍有不信任。

3. 多问题和多因素的综合分析

资料分析的第二步是对每个问题针对不同的被调查者类型进行分解分析。对被调查者的分类有各种方法，如按年龄范围、职业、收入程度、文化程度等进行分类。如对影响人们购买新能源汽车的因素可结合职业进行分析（见表6-4）。

表6-4 结合职业对影响消费者购买新能源汽车的因素进行分析

影响因素	职业						
	工人	公司职员	机关人员	教师	学生	军人	其他
续航里程							
智能化水平							
价格							
服务保证							
销售人员专业性							
补电的方便性							
品牌声誉							
其他							

对于多问题和多因素的综合分析，要根据实际情况选择与调查目的有关的因素。在简单的事实收集中，要考虑的因素是已知的，调查者只有把资料按照所需要的形式进行组合。在描述性研究中，调查者有较大范围来选择使用的因素，但使用因素仍取决于调查委托人的要求和调查者的分析。在探索性研究中，调查者可凭直觉选择所有可能的因素，但不管调查者有多大的自主选择权，这些因素都应当在资料收集之前决定。

【知识拓展】
数据分析价值观

如何让数据分析真正发挥价值？数据分析人员必须在价值认同、工作定位和商业模式三方面取得突破。

（一）数据分析的价值认同

做好数据分析，首先要认同数据的意义和价值。一个不认同数据、对数据分析的意义缺乏理解的人是很难做好这项工作的。在一个企业中，CEO及管理层必须高度重视并深入理解数据分析的价值。如果老板都不认可数据分析的价值，那么数据相关的项目在企业中难以推进。然后，企业内部还需要有数据驱动的公司文化吗？

（二）数据分析的工作定位

做好数据分析，要对数据分析的价值有清楚的定位。既不要神化数据分析，把它作为万能钥匙；也不要轻易否定数据分析的意义，弃之不用。数据分析应该对业务有实际指导意义，而不应该流于形式，沦为单纯的"取数""做表""写报告"。数据分析工作要有清晰的定位：利用（大）数据分析为所有职场人员做出高质量、高效率的决策，提供具有指导意义的洞察和规模化的解决方案。

可以采用EOI分析框架，对不同业务的数据分析价值进行明确定位。针对核心任务、战略任务和风险任务，数据分析应该分别起到助力（Empower）、优化（Optimize）、创新（Innovate）三大作用。

（三）数据分析的商业模式

做好数据分析，要对企业的商业模式非常了解。数据分析的最终目的还是服务于企业的增长目标，所以务必要深刻认知行业背景、业务含义、产品和用户。

作为企业增长的重要环节，数据分析应优先考虑数据的价值模式。首先是用户的增长率、使用率和活跃程度，然后产生大量的数据，最后根据数据实现业务变现（发布企业广告、企业招聘，设立高级账号等）和用户增长，从而不断良性循环。

只有认可分析价值、明确工作定位、挖掘商业模式，数据分析才能走在正确的轨道上。

（二）研究发掘

1. 研究发掘的含义

市场调查的全部意义在于对资料进行客观、科学、合理的研究发掘，进而得出恰如其分的调查结论，提供有价值的营销建议。对资料的研究发掘需要充足的资料、合理的模型、敏锐的思维、细微的观察、较强的综合能力。所以，研究发掘是市场调查最具有挑战性的环节，也是决定市场调查质量的关键环节。

从上述案例某公司新老款产品的变动情况中，通过分析老款产品和新款产品在过去8个季度内销售量的变化，公司营销部门经理从中发现，老款产品销售量的下降与新款产品销售量的上升程度相近，因此，他们分析后得出了结论：老款产品的顾客转向了新款产品，并且建议在这个时段让老款产品退出市场，这就是研究发掘。

2. 研究发掘的方法

尽管没有一个统一的资料研究发掘模式，但归纳推理法、演绎推理法是两个最基本的方法，是通常被用来从资料中获得结论推断的方法。此外，创造性的分析方法也很重要。

（1）归纳推理法。归纳推理法是指把一系列分离的事实或观察到的现象放在一起，从而得到结论。例如：铁是导体，铜是导体，得出金属是导体。归纳推理法是首先产生一系列个别的前提，然后把这些前提与其他前提组合在一起，最后得出结论。这些个别的前提可以从观察、实验、调查中获得，例如：某个计算机领域的调查表明，在500个被调查者中，有200人计划购买联想计算机。根据这200个样本，可以得出下面的结论：大约有40%的消费者在购买计算机时，会选择联想品牌。

在归纳法中，任何结论都是从观察、实验或调查的事实中得到的。市场研究中通过对大量个体的调查研究得出一般性结论的方法，称为归纳推理法。

（2）演绎推理法。演绎推理法是指从一般前提推理得出个别结论的方法。其结论取决于大前提和小前提。例如：金属能导电（大前提），铁是金属（小前提），铁能导电（结论）。

演绎推理过程包括一系列语句，其中最后一句是结论，它是从前提逻辑中推理出来的。前提的正确性决定了结论的正确性。

例如：存款利率下降时，居民储蓄存款会减少（大前提）。1999年6月，某年存款利率降低（观察到的事实，小前提），因此银行存款额会减少（结论）。

又如：40%的消费者在购买计算机时会选择联想品牌（大前提）。预计明年会有100万户消费者购买计算机（事实预测，小前提），明年联想计算机的销售量可能是40万台（结论）。

在上述两个例子中，结论是从大前提和小前提的逻辑推理得出的。但实际结果常常与上面的结论有一些差别，有时甚至差别很大。例如，虽然存款利率下降，但人们对未来的预期不乐观，在医疗、教育、住房等方面可能需要较大的支出，因此银行的存款可能反而上升。又如，由于联想计算机竞争对手实力的增强、服务的改善、产品价格的下降，使得在100万户计算机消费者中，只有35万户购买联想计算机。因此，尽管演绎推理法可用在资料发掘中，但必须明确其使用的前提，不能作为制定经营决策的唯一参考依据。

归纳推理法和演绎推理法通常是相互作用、相互补充的。演绎推理法的前提通常是从归纳推理法中得出的。比如，通过归纳推理得出的结论"夏天是旅游旺季"可以作为演绎推理的前提，因为这个归纳结论是通过观察数年来每年各季节的旅游人数得出的。

在运用推理方法时，要建立适当的证据，使通过这些证据推导出的结论更加富有逻辑性。这种逻辑过程不仅对研究者是明显的，而且对任何人都应是明显的。演绎推理法的前提是正确有效的，而归纳推理法的前提则需要充足而真实的证据。

除了以上两种方法之外，对调查结果采用独特的、富有创造性的分析方法，可以开拓视野，挖掘出事物内部更深层次的规律，使市场调查水平大大提高，从而为企业提供更具有指导意义的经营决策。

（三）结论的客观性

调查研究者进行资料研究时对资料解释的客观态度非常重要。由于调查研究者控制着要解释的资料，他们可能会舍弃那些与他们预计结果相悖的资料。

理想的市场调查要求调查研究者始终保持客观的态度。但在实际生活中，这是难以完全实现的。这要求调查研究者必须绝对客观，否则调查研究就不宜进行，这种想法是不切合实际的，因为调查研究者对调查结果没有意见或个人兴趣是不可能的。调查研究者应把个人感受、认识或偏好放在次要位置，因为研究的目的不是为证明调查研究者的观点，而是以客观的态度，调查研究某个情形相关方面及其内在联系，并形成能指导后续工作的客观结论。

 **【素养之窗】**
数据分析能力的养成

数据分析能力是一种高层次的实践能力，需要在认识问题、解决问题的过程中，通过实践和探索，全面发展。

一、数据的认知能力

现实世界里充满数据，在现实世界的探索中感知和识别数据，把数据的集合看成一个整体，看到数据中所蕴含的信息，认知各种数据来源，用度量来反映一组数据的特征，在已有经验的基础上，熟练运用一些数据的表述工具，认识反映一组数据集中趋势的度量，如平均数、中位数、众数等；能够识别用统计图反映的数据特征，如点线图、条线图、扇形图以及直线图等；能够借助图表和公式回答有关数据特征的问题。

二、数据的收集能力

学习运用多种方法收集数据，包括：设计调查问卷收集数据；根据问题的需要设计实验，产生和收集数据，能够比较在同一个或不在同一个总体中的数据特征。例如，通过实验判断所设计各种纸飞机的特征，诸如尺寸、飞机前部纸夹数以及其他因素对飞行距离的影响，以及风力方向与放飞方向的一致性等。

三、数据的整理能力

通过收集、组织和陈列数据来处理问题。包括阐述问题，设计研究方案，收集两个总体共同特征的数据，或一个总体不同特征的数据；说明集中趋势度量和差异度量，根据问题的需要对数据做进一步的整理，例如事件发生的频数分布，按照机会的大小对数据进行排序等。

四、数据的表述能力

选择与使用合适的统计方法分析数据，包括能够根据问题的需要，用多种方法总结所收集的一组数据的特征，通过度量分析一组数据的集中趋势，用合适的度量表示一组数据的差异特征；通过适当选择图像的方法，包括直方图、盒图和散点图，形象地刻画一组数据的特征，讨论和理解数据集合及其图像之间的对应性。

五、数据的探究能力

发展与评价在分析数据的基础上得出某些推论，并做出预告。包括从总体中选出两个或多个样本，观察其特征差异，根据样本的散点图及其近似直线，做出对样本中两个变量间可能关系的预测；利用预测阐述新问题，计划新方案，开展进一步研究。

数据分析能力的各种构成之间是紧密联系、相辅相成的，需要全面系统培养。

第二节　撰写调查报告

市场调查报告属于调查报告的一种类型，它主要以书面形式对某项市场调查活动的目的、方法、实施、结果等加以直接反映，是评价一项市场调查活动质量高低的重要标志，更为有关管理者、决策者进行相关管理活动特别是进行决策提供重要参考依据。因此，其撰写的质量及讲解的水平，直接影响对一项市场调查成果的认识与利用。

一、调查报告的内容结构

所谓内容结构，是指考虑先写什么后写什么、详写什么略写什么、如何开头、如何结尾，等等。虽然说，市场调查报告的内容结构不会千篇一律、一成不变，但一般都包括五个部分：

视频：如何撰写市场调查报告

（一）调查活动说明

调查活动说明是给委托研究的人或单位的说明，主要描述研究开始的情形以及完成的情况。调查活动说明是对研究工作完成的简要综述，通常放在市场调查报告正文的开头，其主要包括以下内容：

1. 调查的起因、目的和中心问题

一般以"受××公司委托"等语句，点明起因，用"对××××问题进行调查"等语句点明调查的中心问题，用"以了解××××，为了××××"等语句点明调查目的。其长度和深度取决于读者的特征和阅读偏好。如果报告是给已经对企业背景和市场问题熟悉的人看的，那么这部分应该是简洁的。但如果读者对研究的背景不熟悉，则应该提供足够的信息以便他们能理解该调查研究进行的原因以及要解决的问题。

2. 本次调查的地域、时间及调查方法

写明调查的地域、时间，目的在于点明资料来源、适用的区域性和调查时段。对调查方法的阐述则是描述获取调查资料的渠道。在报告的这部分可以包括对第二手资料的一个大略的描述，但其主要目的还是描述获取原始资料的方法。不仅要求对这些方法进行描述，还要说明使用这些方法的必要性，比如为什么要用邮寄问卷调查方法而不用其他方法。如果研究中包括抽样，除了描述样本数量、样本获取的方式和决定样本大小的方法外，也应描述样本构成要素，包括性别、年龄、文化程度、职业、经济收入等。其目的在于使阅读者了解本次调查所得材料是否具有全面性或典型性。在技术性报告中，要用一定的空间来描述抽样的方法，而在一般性报告中，有关抽样的深度信息不一定是重要的。如果使用个人访问，要描述怎样选择调查者以及如何询问他们。

3. 写明对材料的审核鉴别情况

主要是指写明是否进行过抽样复查？按什么百分比抽样复查？抽样复查结果如何？对回收的问卷是否进行过审核？审核结果如何？对计算机的数据输入和处理，是否进行过校核？校核结果如何？阐述这些的目的在于说明材料是否具有客观性、真实性，本报告是否具有可信度和准确性。

4. 资料分析方法

这部分主要描述用于资料分析的方法，如相关分析、回归分析等。而对这些分析工具的深度描述可以等到报告统计数据时再做详细介绍。

5. 研究的局限性

读者应当知道该研究的局限性，如"只有25%的问卷回收率"，或"样本只是从某些工业企业里获取的"等。陈述研究局限性的目的在于，指出研究结果的弱点，以便在应用研究结果时引起注意。在描述这些局限性时，研究者必须实事求是。对局限性的任何缩小，都可能带来对最终研究成果的错误选择；对局限性的任何夸大都会产生对整个研究结果的怀疑。

6. 承启性语句

一般用"现将统计数据综述如下"一语转入下部分内容，其目的在于将阅读者的注意力转移到对正文的研究上。

（二）统计数据分析

统计数据分析部分是市场调查报告的主要部分。介绍情况要依托于数据，反映问题要用数据做定量分析，提建议、措施同样要用数据来论证其可行性与效益。因此，在市场调查报告中，必须对所收集的数据资料进行去粗取精、去伪存真、由此及彼、由表及里的分析研究、加工判断，挑选出符合选题需要，最能够反映事物本质特征，形成观点，作为论据的统计数据。用统计数据说明观点，用观点论证主题，使观点与统计数据协调统一，以便更好地突出主题。

（三）基本结论

经常会有这样的情况，公司的决策者们并不一定都有足够的专业知识或兴趣去深入查询有关调查项目中所包含的各种错综复杂的细节事项，他们的兴趣只是在于了解有关市场调查的基本结论，以便决定采取相应的措施。

正因为如此，基本结论部分才有可能成为市场调查报告中至关重要的组成部分，也是整篇报告中内容最丰富的部分。也许，有很多人只需要研读报告中的这一部分内容便可能得到十分有益的启示。关于这一部分的写作，需要注意如下四点：

（1）市场调查的基本结论，应该作为所有关键信息的一个总结。如当地客户心目中对有关产品正反两方面的基本意见，企业产品大致的增长速度，等等，其所占用的篇幅不宜过长，最好是以1~2页用纸为限，更不要列载太多的表格，以1~2个为宜。

（2）结论部分应该使用简练和准确的语言加以概括。有关的证明材料，可以不必写进结论，但要在其中适当引导读者，让他们知道，只要参阅报告正文的某些具体章节即可找到这些材料。

（3）材料和观点要统一。在研究阶段，是先收集材料，后得出观点，从材料中抽取观点；在写作阶段，是先写明观点，后列举材料，以材料证实观点。

所谓材料和观点的统一，是指文章中每个观点都要有材料来证实，每个观点下的材料都能证实该观点。材料要精，所用的材料应该是最能证实这一观点的材料。由于市场调查报告中常用数据来证实观点，为了直观地说明，通常采用直方图、饼图、曲线图等，究竟采用何种图表，用多少图表，都要精心考虑。

（4）要对数据进行可靠性分析。市场调查报告，尤其是量化研究报告，常用数据来证实观点。在运用数据时，不能停留在直观分析上，而要用数理统计原理，对这些数据做可靠性分析，从而使观点合乎科学。

在此之后，则需要提出某些带有行动意义的建议。

（四）针对性建议

报告的这一部分，是企业的调查执行部门或市场调查公司，针对调查所得的结论，运用市场经济理论和市场营销学原理，根据进行该项调查的企业的主客观条件所提出的对策。它使得基本结论转化为特定的可供选用的具体行动方案。如有必要，市场调查人员还可以针对关于怎样选择最佳方案提出建议，但是，必须要根据报告正文所提供的情况对每项建议加以论证和说明。

毋庸置疑，报告的这一部分是文章中最精华的部分，也是企业决策层最为关注的部分。在这一部分的写作中，有几点要予以特别注意：

（1）应该提出什么样的建议？具体要根据这次调查的范围和有关产品的市场变化情况，以市场经济理论、国家的方针政策、法律法规和市场营销学原理为依据。如需要选择什么样的代理商；是否有必要采用广告和推广措施，如果已经采用了，有哪些不足之处；选择哪种分销渠道较好；什么样的价格水平较为适合；采用什么方法应对竞争最有效，等等。

（2）市场调查人员所提出的建议都应该是积极的，能够解决某些特定问题所采取的必要具体措施，如降价，在当地市场组织适当数量的库存现货供应，或采用某种推广措施等。

（3）要考虑到企业的主观可能性、市场竞争的客观必要性，兼顾两者，寻找两者的最佳结合点。

（4）要有创新意识，所提的建议，切忌人云亦云、亦步亦趋。同时，语言要简练而有力，并掌握分寸。

（5）必要时，同时说明不应该采用哪些措施，也是十分有益的。类似这种从反面提出建议的方法，一般只要求提供简明扼要的陈述，一段简短的文字即可完整达意。例如，如果要让本公司的产品在最有吸引力的细分市场逐步打开销路，即使不改变目前外销产品的类型和采用广告方式，也能取得预期的效果。

（五）附录

市场调查报告一般都有附录。附录部分在市场调查报告中，通常处于结尾的位置，其根本目的是尽可能将有关资料集中起来，而这些资料正是论证、说明或深入分析报告正文内容所参考的必要资料。所有与调查结果有关的而放在报告正文中不利于正文逻辑顺序的资料都可放在附录里。通常用于市场调查报告附录部分的资料有下列几种：

（1）各种统计图表，而且，这些图表在报告正文中已略有提及。

（2）提供资料人员的名单，写明作为文案调查和实地调查资料来源的单位以及个人的名称和地址。

（3）实地调查问卷，并添加序言说明这份问卷要求达到的目标。

·（4）介绍选为样本而用作实地走访对象的详细情况。

（5）现场走访人员约访时间表的抄本或日记，以便有必要再与对方联系约访时参考。

（6）人员走访的谈话记录。

（7）今后可能需要保持联系的机构的名单，如销售代理商，广告代理商等。

（8）在市场调查工作过程中获取已归档备查的文件及其内容提要。

为市场调查报告制作附录，除了应注意每一份附录均应载明自身的编号外，还应遵循三个原则：

一是必要性原则。次要的资料可不必制作附录。

二是尊重受访者的原则。如有的受访者不愿透露自己的姓名、职业、经济收入等，在这种情况下，即使附录有此需要，也不宜写上。

三是简明的原则。需指出的是，一般一篇调查报告都有相当的篇幅，有时为了让决策领导者利用较少时间掌握调查的主要结论，对调查结果一目了然，在调查报告前应增加"摘要"两字，以简明的语言表述调查报告的精华所在。这种形式是十分可取的。

二、撰写调查报告应注意的问题

（一）应把报告的式样与委托人的需要联系起来

通常，报告的使用者（或报告的阅读者，如决策者）与资料收集者（或报告的准备者）是有差别的。使用者需要调查研究的特定结果，而资料收集者则更关心进行资料收集的过程以及分析资料收集的方法。准备报告的人应当意识到这个差别并以适应报告使用者的方式撰写报告。

在撰写调查报告时，调查人员必须考虑委托方的背景和兴趣，以及他们期望得到的信息类型——用什么样的术语以及什么深度。当充分考虑这些问题时，最后所形成的报告通常是处于一定高度的技术性报告或一个低层次的普通报告，以及介于两者之间的中性报告。

技术性报告是为那些懂得技术术语并且对该课题所涉及的技术性方面有兴

趣的人准备的。为这类读者准备的报告，可以并需要使用众多的技术性语言并对主题做深度的处理。

一般性报告是为那些对研究方法和结果的技术性方面兴趣很少的人准备的。他们希望得到基本的资料而且要求这些资料以简单的形式出现。这些人包括企业里的非技术人员和某些高级经理们。一般性报告的形式主要应有利于鼓励和引导它的读者做迅速的阅读和理解。

而当读者包含上述两种人员（技术人员和非技术人员）时，有必要形成一个综合性报告以适合几类人。在这样的报告中，较多的技术性资料可以放在附录里，利用总结的形式反映研究的关键结果。结果的最重要的部分通常出现在报告的前部分，随后通常是对研究结果做深度描述的章节。也有可能为特定的读者准备单独的报告。例如，某个企业希望知道在本企业开发使用管理信息系统的可行性，为此做了一个研究。在报告研究结论时，研究者可以为经理们准备一个报告，告诉他们所需要的设施和设备的费用以及该系统可能为企业带来的效益，比如在时间、人力和其他成本方面的节约。也可为财务部门准备一个技术性更强的报告，这个报告提示财务人员在使用计算机管理信息系统的情况下，企业的财务报表可能会发生什么样的变化。也可能有必要为低层级的经理们准备一个报告，以告诉他们使用计算机系统时，在他们的领域内可能会有什么变化。

（二）语言表述要清晰易懂，富有条理

市场调查报告是供客户阅读的，其主要服务对象是市场一线的经理人员。因为不同的经理人员在需求与阅读思维习惯上存在差异，所以要求给出的市场调查报告在格式、组织方面应有所不同。但是，一般而言，大多数的服务对象（经理人员）事务繁忙，而且对市场调查专业术语不太精通，因此，针对上述客观情况，市场调查报告总体要求必须紧扣调查主题，突出重点，语言表达要清晰易懂，简练而有条理。

（三）内容编排得当，重点突出

市场调查报告是从某个调查目的出发，阐述经调查了解问题的情况及出现问题的原因，最终要提出寻求解决问题的方案，显然后者是主要的。因此，市场调查报告在写作上必须有所侧重，注意在分析上特别是解决问题的看法方面尽可能地深入细致，做到层层推进。切忌数据、资料堆砌，面面俱到，详略无异。若是这样，市场调查报告的针对性、有效性将大打折扣。

（四）尊重事实，辩证取材

市场调查报告不同于文学作品，它本质上要求反映客观实际情况，以帮助

服务对象了解事件的起因，并把握事件发展趋势。因此，要求在撰写调查报告时始终坚持实事求是原则，辩证取材，及时反映调查发现的某些不利信息。这既是市场调查行业的职业要求，又是真正为客户着想的具体表现。

（五）适当地选用图表

一般来说，选用图表较之选用任何文字以说明某种变化趋势及其中各个因素的相互关系，经常可以取得更加明显的效果。选用图表说明一般可从下列三方面增强报告的说服力：

一是向报告的读者提供一个简明的、有关各种数据的组合形式，方便读者系统地查阅资料。

二是帮助读者迅速地理解对比性结果，各种变化的趋势及其相互关系。

三是帮助读者明辨哪方面资料至关重要，从而引起相应的注意。

但是，在使用图表说明时必须注意以下三个问题：

1. 必须要有明确的目的性

不能只是为了装饰文章，以求悦目。设计者构造的图表能明确地表达意思。一般来说，在报告正文中所使用的图表，应该只是简明扼要地介绍资料的图表。

2. 使用图表应适当

图表太多会喧宾夺主；不要企图在一个图表中表达过多的信息；将图表与相应的书面解释放在一起。要知道各种图表（曲线图、柱状图、饼状图等）的优缺点。在有些情况下，有必要使用一种以上的图形来描述同组数据。

3. 必须认真考虑图表的格式设计

如果图表格式设计不当，不仅无助于说明情况，甚至可能产生曲解事实真相的负面效果。

（六）报告的印制追求精美

1. 采用优质的纸张

采用优质的纸张印刷报告，能够间接地向报告阅读者传递重要的信息："这是一份正式的报告""研究机构很重视这次调查"，等等，从而使他们更加认真地阅读报告。

2. 报告印刷要美观

报告形式的完美设计是要通过精美的印刷最终体现出来的。通常采用单面印刷，每页印有页码，整个报告装订整齐、牢固。报告的版面要根据纸张的大小妥善编排，四周都要留出一定的空白，使文字图表美观突出。如有插图，应请专家精心绘制，不可粗制滥造。

三、调查报告的提交

（一）要有一个正式的报告提交仪式

有时候，经理们并没有认真审阅市场调查人员撰写的市场调查报告。出现这种情况的原因，可能是这些经理没有认真审阅市场调查报告的习惯，或者根本就不喜欢这样做，因此，呈递到他们面前的调查报告写得越长，得到审阅的机会就越少。

因此，如果市场调查人员计划让所撰写的市场调查报告发生作用，并取得应有的效果，就应该举办一个正式的报告提交仪式。举办正式的报告提交仪式，向适当人选呈交市场调查报告，这是市场调查人员必须亲自办的事情。

（二）要对委托方做详细的报告说明

市场调查报告说明是市场调查报告撰写者向委托方做口头报告，就调查方法、调查结果、有关建议等进行介绍解释，它是整个市场调查活动的有机组成部分。最基本的要求是要让对方了解报告中关于"调查的基本结论和针对性建议"的具体内容。通常可以采用集中开会的形式向有关人员传达或介绍市场调查报告的具体内容，也可以使用预先准备好的各种综合说明情况的图表协助传达；还可以借助投影仪或大型图片等辅助器材，尽可能"直观地"向全体目标听众进行传达，以求取得良好的效果。

如有可能，应从市场调查人员当中抽选数人同时传达，每个人可根据不同的重点轮流发言，避免重复和单调。而且还应该留足时间，给听众更多机会提出问题。

实际上，第一次向有关人选传达或介绍市场调查报告的会议最好安排在报告仍在起草阶段时召开。与会人员可以是向有关市场调查项目提出倡议的公司或企业的办事人员，也可以是政府有关部门的官员。与会期间，市场调查人员要将报告的内容切实地传达到每一位与会人员，包括调查项目的倡议人和市场调查报告使用单位的办事人员，使他们切实了解市场调查报告的基本内容，以便考虑能否接受和实施报告中所提出的意见或建议；有机会根据报告中的某些问题当面向市场调查人员询问，并提出某些补充或修改的意见。

如果市场调查项目的倡议人是政府机构的某些主管部门，这些主管部门的负责人员当然希望有关调查结果能够对该部门的工作起到良好的推动作用。因此，他们可能还会特别邀请相关市场调查人员出席某些实业界人士的集会，并在会上结合他们的调查结果做专题报告，其目的是：

（1）使全体与会人士了解相关市场今后发展的前景。

（2）向全体与会人士提供一次当面向市场调查人员免费咨询的机会。

（3）促使有关行业的实业界人士从速采取有效措施，使产品能够尽早流入市场。

　　不过，由政府机构倡导和组织撰写的市场调查报告，在很多时候都是采用公开报道的形式吸引当地商界人士的注意。可以组织召开记者招待会，借此向媒体人士传达调查结果及其对国内某些行业的发展所构成的直接影响，也可以只是向记者们散发新闻稿件，概括性地报道市场调查报告中的主要内容。

　　总之，采取适当方式将市场调查的收获和结果提交给可以把它们付诸行动的人，也是市场调查人员的一份职责。

同步练习

一、单选题

1. 下列描述中，不是市场调查原始资料校验事项的是（　　　　）。

    A. 检验调查员的工作质量　　　　B. 被调查者的资格

    C. 量化资料是否分类　　　　　　D. 有效资料份数是否达到要求的比例

2. 通常情况下，量化资料的分类需要注意（　　　　）。

    A. 分类间隔要使最常出现的答案在末端

    B. 分类间隔要相互排斥和全面涵盖

    C. 分类间隔越多越好

    D. 不能使用复合分类

3. 铁是导体，铜是导体，得出金属是导体。这里使用的推理方法是（　　　　）。

    A. 归纳　　　　　　　　　　　　B. 演绎

    C. 探究　　　　　　　　　　　　D. 逻辑

4. 资料分析的第二步是（　　　　）。

    A. 原因分析　　　　　　　　　　B. 现状分析

    C. 单个问题的表格化分析　　　　D. 多问题和多因素的综合分析

5. 公司的决策者对调查报告的兴趣主要在（　　　　）。

    A. 调查的过程　　　　　　　　　B. 调查的数据

    C. 调查的方法　　　　　　　　　D. 调查的结论

二、多选题

1. 市场调查原始资料校验的原则包括（　　　　　　）。

    A. 记录的正确性　　　　　　　　B. 记录的完整性

    C. 记录的一致性　　　　　　　　D. 记录的易读性

2. 资料分类的类别包括（　　　　　）。

    A. 量化资料分类　　　　　　　　B. 定性资料分类

C. 数字尺度分类　　　　　　D. 图形资料分类

3. 常用的集中程度分析技术包括（　　　　　　）。

    A. 异众比率　　　　　　　　B. 四分位差

    C. 百分数　　　　　　　　　D. 平均数

4. 市场调查报告一般包括（　　　　　　）。

    A. 数据统计分析　　　　　　B. 附录

    C. 针对性建议　　　　　　　D. 基本结论

5. 下列各项中，不应列入市场调查报告附录的是（　　　　　　）。

    A. 调查统计图表　　　　　　B. 走访谈话记录

    C. 实地调查问卷　　　　　　D. 调查活动说明

三、判断题

1. 在一组资料中出现次数最多或最常见的数值，称为众数。（　　　）

2. 分散程度分析是指找到一组数据的代表值，用典型的代表值判断所调查数据的全貌。（　　　）

3. 撰写市场调查报告时应把报告的式样与委托人的需要联系起来。（　　　）

4. 市场调查报告是评判一项市场调查活动质量高低的重要标志。（　　　）

5. 市场调查要求调查研究者始终保持绝对的客观态度。（　　　）

实训项目

一、实训名称

某校新能源汽车购买情况市场调查报告。

二、实训背景

根据第二章制定的调查方案和设计调查问卷、第三章选用调查方法、第四章确定调查抽样、第五章开展市场调查得到的原始资料，撰写本份市场调查报告。

三、实训要求

1. 说明新能源汽车的拥有情况和分布人群。

2. 分析影响新能源汽车购买的因素和消费者尚未购买的主要因素。

3. 对新能源汽车企业的市场推广等提出营销建议。

四、实训成果

1. 5～8人一组，按组提交一份市场调查报告。

2. 选取优质的市场调查报告进行全班汇报交流。

07

Chapter

第七章

市场预测

学习目标

知识目标

- 掌握市场预测的原则和步骤
- 掌握常见的市场预测方法及操作流程
- 熟悉市场预测的原则和步骤
- 熟悉常见的市场预测方法
- 了解市场预测的概念与作用
- 了解定性预测与定量预测之间的联系与区别

技能目标

- 能够根据预测目标科学选择预测方法
- 能够综合运用不同的市场预测方法组织和实施市场预测
- 能够综合运用多种预测方法对预测结果进行评估和修正
- 能够根据市场预测结果进行市场决策

素养目标

- 通过对市场预测所需数据资料的收集调研，培养学生吃苦耐劳的精神
- 通过数据的分析和处理过程，培养学生求真务实的精神
- 通过市场预测项目实践操作，培养学生严谨的工作规范和行为习惯
- 培养学生基于统计预测结果进行决策的思维方式

【思维导图】

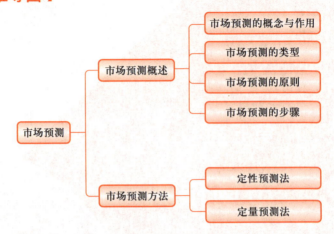

【导入案例】
新能源汽车市场发展预测

通过多年来对新能源汽车整个产业链的培育，各个环节逐步成熟，丰富和多元化的新能源汽车产品不断满足市场需求，使用环境也在逐步优化和改进，在这些措施之下，新能源汽车越来越受到消费者的认可。根据中国汽车工业协会的数据显示，2021年我国新能源汽车产销分别完成354.5万辆和352.1万辆，同比分别增长159.5%和157.5%，较上年实现了快速增长。其中，纯电动汽车产销分别完成294.2万辆和291.6万辆，同比分别增长170%和160%；插电式混合动力汽车产销分别完成60.1万辆和60.3万辆，同比分别增长130%和140%；燃料电池汽车产销均完成0.2万辆，同比分别增长48.7%和35%。

2021年作为"十四五"的开启之年，新能源汽车市场发展趋势持续向好，国家及各地将结合实际情况出台更多利好新能源汽车研发、生产、推广的政策措施。同时，燃料电池车虽然不是主流，但将得到更长足的发展，前景规模可观。而充电桩、加氢站等基础设施建设也将在各种利好的背景下加快布局，得到进一步完善。

根据近期行业内的论坛和其他形式的讨论结果来看，预计2022年政府将较大概率继续支持新能源产业发展，并且着重鼓励基础设施建设与企业的内生技术研发，因此，总体来看，新能源汽车行业稳步发展，规模将进一步攀升。据预测，"十四五"期间，中国新能源汽车的产销总规模可达到千万辆。

2020年11月2日，国务院印发了《新能源汽车产业发展规划（2021—2035年）》（简称《规划》）。《规划》指出，到2025年，我国新能源汽车市场竞争力明显增强，在三大领域取得关键技术的重大突破。纯电动乘用车新车平均电耗降至12.0千瓦时/百千米，新售新能源汽车达到汽车新车销售总量的20%左右，高度自动驾驶汽车实现了限定区域和特定场景的商业化应用，充换电服务便利性显著提高。力争到2035年我国新能源汽车的核心技术达到国际先进水平。技术创新是新能源汽车产业必须攻克的难关，如纯电领域中动力电池、操作系统、充电桩等；氢能领域中以制氢、储氢、运氢为主的低成本氢能体系建设等。因此，前瞻预测，2026年中国新能源汽车销售量将达到280万辆左右。

案例思考：上文针对我国目前新能源汽车的市场数据表现和政策规划目标，对中国未来新能源汽车行业的诸多相关数据进行了分析和预测。你认为市场预测起什么作用？中国新能源汽车市场的变化给汽车产业链相关厂商的生产活动、创新活动带来怎样的影响？预测结果又会为人们的新能源汽车需求带来怎样的影响？

第一节　市场预测概述

社会、机构和企业经济发展战略目标的实现，离不开统计调查，包括了解市场的现状及其发展趋势，为决策者制定政策、进行市场预测、做出经营决策、制订计划提供客观、正确的依据，减少盲目性，增强科学预见性。但在重视统计调查工作的同时，还要研究和开展市场预测。市场预测是指在市场调查获得的各种信息和资料的基础上，通过分析研究，运用科学的预测技术和方法，对市场未来的商品供求趋势、影响因素及其变化规律所做的分析和推断过程。

市场调查和市场预测两者紧密联系，相辅相成。市场调查侧重于市场现状和历史的研究，目的是了解市场的客观实际情况，是市场预测的基础和前提，可以为市场预测提供研究方向和客观信息；市场预测是对调研数据所包含的隐性事物本质及其规律进行深入研究的一系列方法，侧重于对市场未来的研究，是对调研数据的深度挖掘。同时，市场预测的结论又要通过市场调查来验证和修订。

国家、社会机构、企业越来越重视市场预测工作，通过预测，对未来经济发展或者市场变化的动态进行准确把握，降低决策可能遇到的风险，保证企业的经营决策能适应未来的市场状况，使决策目标得以顺利实现。市场预测越可靠，企业决策越正确，经营管理越有效，创造财富越多。

一、市场预测的概念与作用

（一）市场预测的概念

市场预测属于预测的一个分支。要了解市场预测的概念，有必要首先了解预测的含义。"预测"的含义可以从两个方面来理解：从广义上理解，预测是指根据已知事件的规律性，预计和推断未知事件。它既包括对目前尚未发生的事件的推测，也包括对现在已经发生但尚未观察到的事件的推测。从狭义上理解，预测仅指对目前尚未发生的事件的推测，但不包括对现在已经发生而尚未被观察到的事件的推测。文献资料和日常生活中所讲的预测，一般是从狭义上理解，即预测是通过对过去的探讨，得到对未来的了解。或者说，预测是指在调查过去和现在情况的基础上，通过分析研究，发现和掌握事物发展过程固有的规律性，用以预计和推断未来。总之，科学的预测不是任意的猜测，而是依据对事物客观规律的认识，预见、分析和推断未来的发展变化。

因为市场是指一定空间上商品和服务交换关系的总和，所以市场预测是对市场的未来交换关系状态进行预计、分析和推断。或者说，市场预测是在对影响市场供求变化的诸多因素进行系统的调查研究和掌握信息资料的基础上，运用科学的方法，对未来市场的供求发展趋势以及相关的各种变化因素进行分析、预见、估计和推断，并做出一种合乎逻辑的解释说明。

（二）市场预测的作用

视频：市场
预测的作用

在市场经济条件下，经济活动都需要建立在市场预测的基础之上。预测为决策服务，其目的是提高管理的科学水平，减少决策的盲目性。通过预测，可以把握经济发展或者未来市场变化的有关动态，减少未来的不确定性，降低决策可能遇到的风险，使决策目标得以顺利实现。市场预测在宏观经济调控和微观企业经营管理中具有十分重要的作用。

1. 市场预测在宏观经济管理中的作用

在市场经济模式下，经济发展中生产、流通、交换、分配的关系和资源配置都是以市场为导向，求得合理的组合与良性的循环。然而，若没有科学的资源预测和必要的干预调控，很难在激烈与变化无常的市场竞争中实现资源的有效配置和市场机制的正常运作。通过对宏观市场的预测，预见未来一段时期内国内市场总供给与总需求的变化趋势以及各部门主要商品的供求变化趋势，为宏观调控政策的制定提供决策依据，并为国家制定产业政策，有针对性地调整税收、信贷等经济杠杆提供决策依据，以实现国民经济各部门之间的协调发展。

2. 市场预测在企业经营管理中的作用

市场预测是企业制定日常经营决策的前提条件和重要依据。在科学技术日新月异、市场发展瞬息万变、市场竞争日趋激烈的情况下，经营决策的正确程度是企业成败与兴衰的关键。而市场预测是企业制定正确经营决策的基本前提。企业必须依据市场调查和市场预测提供的数据和方案，才能做出正确的决策，制订出切实可行的经营计划。例如，企业投资方向的确定和新产品的开发，商品经营范围和发展规模的扩展，都必须以未来相关经济信息和潜在需求为依据，做出相应的选择，以利于调整经营措施，确保决策目标的实现。

市场预测是企业提高科学管理水平的基本条件。企业从产品开发、生产、销售，直到售后服务各个环节，都离不开科学的管理。一个企业经营管理的科学水平不仅表现在经营决策水平上，而且表现在管理计划水平上。企业管理计划离不开市场预测，不仅需要根据企业历史的和现实的发展状况与轨迹，而且需要把握企业环境、产品发展、市场供需的变化趋势。只有通过科学的市场预测，与市场有机结合，才能使各项管理指标得以量化并避免主观性和盲目性。市场预测有利于企业改善经营管理模式，提高企业适应市场环境的能力，提高经济效益。一个企业经济效益的好坏，在一定程度上取决于该企业将市场预测纳入其经营管理活动中的程度。

二、市场预测的类型

在社会主义市场经济条件下，为了使企业生产经营活动适应瞬息万变的市场需求，市场预测工作必须做到常态化和多样化，必须进行多种类型的预测。从不同角度，市场预测可以有多种分类方法，按照预测对象的空间范围、预测的性质和预测期限长短，市场预测大体上可分为以下三类：

视频：市场
预测的类型

（一）按照预测对象的空间范围分类

按照预测对象的空间范围不同，市场预测可分为宏观市场预测、中观市场预测和微观市场预测。

1. 宏观市场预测

宏观市场预测是指对国家乃至全球的宏观市场进行预测，通常与整个国民经济总量和整个社会经济活动发展前景与趋势的预测相联系。例如，对国民生产总值及其增长率的预测，对物价总水平、工资水平和劳动就业率的预测，对消费结构、产业结构、国际收支、进出口贸易变化的预测等。对宏观市场经济的预测能够为企业的发展提供基础性资料和宏观经济指导，宏观经济政策的制定和政府干预也离不开宏观市场的预测。

2. 中观市场预测

中观市场预测是指区域性、部门性或行业性的市场预测。它的任务在于确定某个区域、部门或行业的市场容量及其变化趋势，需求结构与销售结构及其变化趋势，以及相关效益指标的影响因素等。例如，对部门或地区的产业结构、经济规模、发展速度、资源开发、经济效益的预测等。中观市场预测是市场经济运行机制的关键环节，只有抓好这个环节，才能确保中观与宏观相衔接，经济结构优化与加速升级相一致，区域经济的稳定与顺利运转相统一，经济发展与社会发展相协调，从而实现宏观市场经济健康发展。

3. 微观市场预测

微观市场预测的空间范围通常是对单个经济体经营活动范围内的各种指标进行预测。例如，对某个企业的产品市场需求量、销售量、市场占有率、价格变化趋势、成本等指标的预测。微观市场预测既是企业有计划地开展生产经营活动和提高企业经营效益的前提条件，也是国家对微观经济活动进行宏观调控的前提条件。

微观、中观、宏观市场预测之间有区别也有联系。在预测活动中，可以从微观、中观预测推到宏观预测，形成归纳推理的预测过程；也可以从宏观、中观预测推到微观预测，形成演绎推理的预测过程。

（二）按照预测性质分类

按照预测性质分类，市场预测可分为定性预测与定量预测。

1. 定性预测

定性预测是指根据一定的经济理论与实际经验，结合预测对象目标运动的内在机理进行质的分析，对市场未来的状态与趋势做出综合判断，并辅以量的表述。例如，根据产品生命周期理论，对新能源汽车在预测期内处于萌芽期、成长期、饱和期或者衰退期做出的判断就是一种定性预测。

2. 定量预测

定量预测是指基于一套严密的预测理论，根据调查对象历史数据之间的相互规律建立相应的数学模型，对预测对象的发展做出定量的描述。定量预测可以分为回归预测和时间序列预测。回归分析是研究变量与变量之间相互关系的一种数理统计方法。时间序列预测是一种考虑变量随着时间发展变化规律并用该变量以往数据建立数学模型，然后做外推的预测方法。

定性预测和定量预测各有优点和缺点。定性预测是基于事实与经验的分析判断，可以充分利用各种信息，包括有关预测环境信息、过去类似案例及其失误等，使决策者可以充分利用自己的经验，结合各种信息做出判断，但预测结果受决策者性格、情绪和阅历等主观因素的影响，可能存在系统偏差。定量预测的最大优点在于其客观性，只要选择好模型，任何人应用同样的数据都会得出相同的预测结果。在实际预测工作中，尽可能将定性预测与定量预测相结合，以提高预测值的准确度与可信度。

（三）按照预测期限时间长短分类

按照预测期限时间长短分类，市场预测可分为近期预测、短期预测、中期预测、长期预测。

1. 近期预测

近期预测的预测期一般在1年以内，常以周、旬、月、季为时间单位进行预测，主要是为企业的日常经营决策服务，讲究预测时效性。

2. 短期预测

短期预测的预测期一般在1~2年，主要是以年度时间单位进行预测，为企业编制年度计划、安排市场、组织货源提供依据。

3. 中期预测

中期预测的预测期一般在2~5年，是指对政治、经济、技术、社会等影响市场发展起长期作用的宏观因素进行调查分析之后，做出未来市场发展趋势预测，为企业制定中期规划提供依据。

4. 长期预测

长期预测的预测期一般在5年以上，为企业制定发展的长期规划提供依据。

预测的准确性因预测期的长短而不同。一般来说，预测期越长，误差就越大，准确性就越差。预测期的长短服从于企业决策的需要，但由于市场瞬息万变，为了降低经营风险，使市场预测值尽可能精确，企业多侧重于近期预测或短期预测，对重大项目做可行性研究时，通常也要做好中长期预测。

三、市场预测的原则

市场预测实质上是一种特殊的经济分析过程，进行市场预测应遵循以下原则：

（一）连续性原则

连续性原则，又称连贯性原则或惯性原则，是指一切客观事物的发展都具有符合客观规律的连续性。一切社会经济现象都有过去、现在和未来。市场的发展是一个连续的过程，即未来的市场是在过去和现在的基础上演变而来的，是其过去和现在的延续。因此，企业在进行市场预测时，必须从收集过去和现在的资料入手，推测未来的发展变化趋势。利用时间序列法建立趋势预测模型，就是以这一原则为前提的。

在市场预测中，运用连续性原则需注意以下两个问题：

1. 历史数据具有一定的规律性

预测对象的历史数据所显示的变化趋势要具有一定的规律性。如果事物的变化是不规律的，则预测目标的变化具有很大的偶然性，就不能依据连续性原则进行预测。

2. 历史规律的客观条件在预测期具有稳定性

要注意分析预测对象历史演变规律发生作用的客观条件，在未来预测期内是否发生变化。事物发展的内在规律是在一定条件下表现出来的，是随着客观条件的变化而变化的。应用连续性原则进行预测，要以经济系统的稳定性为前提，即只有在系统稳定时，事物之间的内在联系及基本特征才有可能延续。然而，由于企业所处的营销环境的影响，绝对稳定的企业系统是不存在的。一般认为企业在系统相对稳定的条件下，就可以运用连续性原则进行预测。

（二）类推原则

类推原则，是指许多事物相互之间在发展变化上通常有类似之处。利用预测对象与其他事物发展变化在时间上的前后不同，在表现上有类似之处的特点，人们有可能根据与已知事物基本类似的结构和发展模式，通过类推的方法对未来事物发展的前景做出预测。这种类推既适用于同类事物之间，又适用于不同类事物之间。之所以如此，是因为客观事物之间存在着某些类似性。这种类似性表现为事物之间结构、模式、性质、发展趋势等的相近。市场经济活动有自己的模式：竞争往往形成买方市场，垄断形成卖方市场；供过于求，价格下跌；供不应求，价格上涨。经济活动的模式是可以认识的，具有一定规律。观察到某种现象，就可以根据以往的经济发展来预测将来会发生什么样变化，并进一步预测到未来的情况。

世界上存在着许多相似的事物，掌握了其中一种事物的发展变化规律，就可以推测出其他类似事物的演变规律。人们常说的"举一反三""以此类推"，反映的就是这个道理。

（三）相关原则

世界上各种事物之间都存在直接或间接的联系。事物之间或构成一种事物的诸多因素之间存在或大或小的相互联系、相互依存、相互制约的关系。任何事物的发展变化都不是孤立的，都是与其他事物的发展变化相互联系、相互影响的。市场需求和供应的变化也受各种相关因素影响。如随着我国经济体制改革的深入发展，城乡居民收入增加会引起消费水平的提高和消费结构的变化；商品价格的上涨，会刺激生产资料需求量的增加等。因此，当人们明确影响市场需求量的某一个因素发生变化时，就可以预测出需求量的增减。

需要说明的是，事物之间存在相关关系与因果关系，两者是不同的。具有相关关系的两个变量之间不一定存在因果关系，两个变量可能同时受第三个变量的影响，而使它们表现出较强的相关性。例如，某段时间内某地区猪肉和苹果销量的相关性可能很大，但两者之间不存在实质的逻辑关系，因为他们同时受这个时期当地人口和收入水平的影响。因此，在市场预测中，必须对客观事物的因果关系进行具体、多面的分析，才能在事物发展的因果关系中正确阐述对预测目标起决定作用的主要和次要原因、内部和外部原因，预测出事物发展的必然趋势和偶然因素可能导致的干扰。

相关原则是进行预测工作时考虑的一个重要原则和方法。通常利用回归法建立因果关系预测模型，一元线性回归和多元线性回归中的因果关系法，就是根据这一原则建立起来的。如果能找到一个或几个与预测对象密切相关的、可控的或可以预先知道其变化情况的经济变量，利用历史数据建立起它们与预测对象之间的数学模型，一般能获得较好的预测效果。

（四）质、量分析结合原则

质、量分析结合原则，是指在市场预测中要把定量预测法与定性预测法结合起来使用，才能取得良好的预测效果。质、量分析结合的原则是现代企业预测得以科学实施的一项重要原则。

定性分析与定量分析相结合，是预测活动必须遵循的共同方法。定性分析与定量分析应该是统一的、相互补充的。定性分析是定量分析的基本前提，没有定性分析的定量分析是一种盲目的、毫无价值的定量分析；定性分析离不开定量分析的理论指导，定量分析使定性分析的结果更加科学、准确，它可以促使定性分析得出广泛而深入的结论。对于较为复杂的预测问题，还必须掌握计算机技术与相关的计算技术。

事实上，定性分析同样要采用数学工具计算，而定量分析必须建立在定性分析的基础上，与政策理论等实际情况相结合，两者相辅相成。定性分析是定量分析的依据，定量分析是定性分析的具体化，两者结合起来灵活运用才能取得最佳效果。

（五）可控性原则

可控性原则，是指企业对所预测的客观社会经济事件的未来发展趋势和进程，在一定程度上是可以控制的。在预测中，企业之所以可以利用可控制性原则，对本来不确定的事件，通过有意识的控制，预先较有把握地使其不确定性最小化，其理论依据是唯物主义的认识论和反映论，即世界是可知的，虽然物质决定意识，但意识对物质也有能动作用。因此，人可以发挥主观能动性，在认识客观世界的基础上有意识地改造客观世界。反映到预测实践中，是指在影响预测对象发展变化的诸多因素中，有些是可控因素，有些是不可控因素，有些因素可以直接控制，有些因素只能间接控制。具体到某一企业，如果预测其目标市场的发展变化趋势，那么国际政治局势、经济形势、科技状况、竞争状况以及其他企业的发展情况等诸多影响因素，都属于不可控因素。可控因素主要是指本企业人、财、物的潜力挖掘，有可能采取改善经营管理的方法、措施及本企业经营战略的修正等。利用可控性原则，就是要利用可控性因素，研究不可控因素，尽量避免不可控因素预测目标可能产生的干扰。因此，可控性原则的运用应当与以随机现象为研究对象的数理统计方法（如概率法）结合起来。

四、市场预测的步骤

市场预测活动有一定的程序。它由若干互相关联并相互制约的预测活动构成，预测中的前一项作业往往会对后一项作业产生很大的影响。因此，明确市场预测活动中每一项作业间的相互关系，有利于整个预测工作的顺利进行，有利于提高工作效率。市场预测程序如图7-1所示。

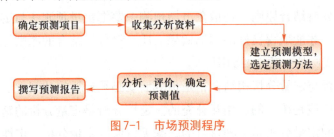

图7-1　市场预测程序

（一）确定预测项目

市场预测要求确定预测的主题，规定要达到的预测目的。预测目的应尽量具体、详尽，不能含糊、抽象。它既影响整个预测活动的成败，又影响预测其他步骤的进行，如收集什么资料，怎样收集资料，采用什么预测方法，以及如何制订本次预测的具体工作计划和进度计划等。预测目标的确定应包括预测对象、预测目的、预测时间范围、预测空间范围等内容。

（二）收集分析资料

视频：数据收集的方法

根据预测目标，确定所需收集的有关文件、数据等内容，通过市场调查广泛、系统地收集所需要的历史资料和现实资料，既包括说明事物成绩的情况、反映存在问题的资料，也包括企业的内部资料，如企业自身生产经营情况的统计资料和市场动态分析、调研报告和其他外部资料等。其中，外部资料包括政府部门公布的统计资料、科研单位的研究报告、报刊发表的市场资料等。外部资料往往是企业的环境资料，能说明企业生产经营的背景。

在信息社会，能收集到的相关资料很多，因此，必须根据预测目的筛选出有价值的资料，并缩减到最基本、最必要的程度。筛选的原则是：① 相关性，即该资料是最直接相关的有用资料；② 可靠性，即从资料来源等方面保留准确可靠的资料；③ 时效性，即保留下来的资料是最新、最有用的资料。对收集到的、打算用以进行预测分析的资料，一定要认真审核，对完整的、不适用的资料，特别是历史统计资料，要做必要的推算、增补或删除，以保证该统计资料的完整性和可比性。在完成收集整理工作之后，就应对资料进行科学分析，辨别不同因素对市场需求变化的影响，以及它们之间的内在联系，从而发掘市场发展变化的规律。这一步是市场预测的基础性工作，也是很重要的一步。

（三）建立预测模型，选定预测方法

资料审查、整理后，通过对数据进行描述分析、相关检验和推理判断，以提示预测对象的结构特征和变化趋势，然后结合经济理论设计出反映预测对象结构和变化的数学模型。市场预测模型包括三大类：一是表示预测对象与时间之间的时间关系模型；二是表示预测对象与影响因素之间的相互关系模型；三是表示不同预测对象之间相互关系的结构关系模型。

数学模型建立之后，就要根据模型的假设前提，选定预测方法，用以估计预测模型中的各个参数值。预测方法多种多样，一种预测模型可以涉及多种不同的预测方法，一种预测方法可应用于多种不同的预测模型。每种预测方法有各自的特点和适用条件，应根据预测对象的特征，具体选定合适的预测方法，并尽可能对同一预测对象采用不同的预测方法，以便比较分析。预测方法选用是否适当直接影响预测值的无偏性、可靠性和精确性。

根据已掌握的数据资料，运用选定的预测方法，即可求出参数估计值，从而得到预测方程。根据预测方程，输入有关资料、数据，经过运算，即可得到初步预测值。但得到的模型能否有效反映变量之间的真实关系还需要进行检验，如前所说，采用不同的预测方法确定的参数估计值是不同的，因此经常会得到不同的预测结果，所以应对不同的预测值进行检验、分析和比较。

（四）分析、评价、确定预测值

这一步是对初步预测结果的可靠性和准确性进行验证，估计预测误差的大小。预测误差越大，预测准确度就越小，而误差过大，就失去了预测应有的作用。因为经济现象本身的复杂性和随机性，在理论模型建立的过程中，从模型设定到参数估计，都可能存在一定的偏差。例如，可能由于所依据的经济理论对研究对象的解释不充分或者由于研究者自身对研究对象认知的欠缺，导致影响因素变量选择错误或模型函数形式设定错误；在参数估计过程中，可能由于样本数据的代表性偏误或估计方法不当导致估计值和真实值之间存在较大差距；模式的设立和参数估计都是在一定假设前提下进行的，若违背了假设，会导致

错误的结果。因此，得到模型表达式后要进行模型检验，通常包括经济意义检验、统计推断检验和模型预测检验。例如，看预测对象的影响因素是否产生显著变化，看过去和现在的发展趋势和结构是否能延续到未来。如果判断是否定的，就应对预测模型进行必要的修改。在分析评价的基础上，修正初步预测值，得到最终的预测结果。

（五）撰写预测报告

预测报告应概括预测的主要活动过程，列出预测目标、预测对象、主要资料和数据、预测方法和预测模型，以及预测值的评价和修正，实现预测结果的政策建议等内容。

【素养之窗】
速溶咖啡的新形象

咖啡是西方人日常生活中常饮的饮料，产销量庞大。为了适应人们快节奏的生活，雀巢公司率先研制出速溶咖啡并推入市场。这种速溶咖啡免去磨咖啡豆、煮咖啡等烦琐的制作工序，用开水一冲即可饮用，而且保持了普通咖啡的优点。但是这种速溶咖啡尽管有诸多优点，在市场上还是遭遇了顾客的抵制。虽然花费了巨额的广告费用，但是人们仍然购买普通咖啡而不购买速溶咖啡。速溶咖啡的消费量占整体咖啡消费量较小的部分。为了分析速溶咖啡为什么会受到消费者的排斥，雀巢公司派出了大量调查人员，通过访问、交谈、问卷等多种形式，对各个年龄段的消费者做了调查，找到了原因。

速溶咖啡广告中大量采用的快速、方便、省事、经济等词语，而普通咖啡一再强调咖啡的味道和芳香，使人置身于它的香味和令人愉快的煮咖啡的乐趣中，由此得到的结论是：速溶咖啡缺乏温暖感。

得出结论后，雀巢公司立即调整广告宣传，改变原来不利的产品形象，将宣传重点放在让速溶咖啡富含感情色彩，并具有能代表更高社会地位的形象上。根据这一宗旨，公司重新挑选了最具温柔、善良、贤惠形象的女模特做广告，以杂志作为广告媒体，以精美的页面设计了"百分之百纯正咖啡""满足您的咖啡瘾"等醒目的广告词。广告一出，立竿见影，速溶咖啡的新形象立即获得了广大公众的认可，产销量迅速增加，逐渐超越了普通咖啡。

启示：在现代市场经济中，企业为了在竞争中求得生存和发展所进行的广告宣传以及产品形象等活动必须针对目标市场进行策划，才能使广告投资获得最佳经济效益。而要达到这一经济目标，不能依靠主观臆想和经验来实现，必须依靠客观实际的广告调查，并根据调查结果对即将推行的新活动进行市场效果预测。由此可见，科学、正确的调查对一个企业的广告效益乃至经济效益都具有重大影响。

第二节　市场预测方法

一、定性预测法

定性市场预测是指根据一定的经济理论与实际经验，对市场未来的状态与趋势做出的综合判断。这类预测主要是凭借预测者的主观经验和逻辑推理能力，对事物未来表现的性质进行推测和判断，无须依据系统的历史数据建立数学模型。预测者通常是具备扎实的业务知识、丰富的实践经验和综合分析能力的人员与专家，根据已掌握的历史资料和直观材料，运用个人的经验和分析判断能力，对事物的未来发展做出性质和程度上的判断。例如，根据产品生命周期理论对产品在预测期内处于萌芽期、成长期、饱和期或衰退期做出的判断，就是一种定性预测。常见的定性预测法主要包括对比类推法、集合意见法和德尔菲预测法。

（一）对比类推法

世界上许多事物的发展变化规律都具有某种相似性，尤其是同类事物之间。所谓对比类推法是指利用事物之间具有共性的特点，把已经发生事物的表现过程类推到即将发生的事物上，从而对后续事物的前景做出预测的一种方法。依据类推目标，对比类推法可以分为产品类推法、地区类推法、行业类推法和局部总体类推法。

1. 产品类推法

有许多产品不仅在功能、构造技术等方面具有相似性，而且其市场发展规律往往又会呈现某种相似性，人们可以利用产品之间的这种相似性进行类推。例如，彩色电视机与黑白电视机的功能是相似的，因此可以根据黑白电视机市场需求情况类推彩色电视机的市场需求变化趋势。电视机与家电产品的发展过程遵循一条"萌芽—成长—成熟—衰退"的生命周期演变过程，不同阶段的市场需求特征是不同的。据调查，黑白电视机产品在5%以下的家庭使用时，尚处于萌芽期；在15%以下的家庭使用时，处于成长期；在30%的家庭使用时，就进入成熟期；在70%的家庭使用时，就进入衰退期。所以，通过对黑白电视机发展过程的分析，可以掌握黑白电视机各个阶段的市场需求特征及发生转折的时机，就可以对彩色电视机市场需求进行估计。

例如，根据传统汽车行业的市场发展特征和年销量，对新能源汽车市场的发展阶段进行预测分析。中国汽车工业协会的数据显示，2020年，我国新能源汽车销量达136.7万辆，根据表7-1中国新能源汽车市场发展周期预测，我国新能源汽车市场已经进入成长期。

表7-1　中国新能源汽车市场发展周期预测

生命周期阶段	年销量/万辆	产业市场特征	对应年限
导入期（政策与供给端主导）	0～60	由于产业链及配套不成熟，消费者认知仍有待培养，政策法规与供给构成国内新能源市场增长的核心动力	2017年以前
成长期（优胜劣汰，多因素影响）	60～200	各驱动因素发力阶段，共同产生作用	2017—2020年
成熟期（产品与需求端主导）	200～1500	随着技术成熟与成本下降，新能源产品力与体验感大幅提升，同时消费者需求逐步释放，两者共同催化新能源汽车的高速增长	2020—2030年

2. 地区类推法

地区类推法是指依据其他地区（或国家）曾经发生过的事件进行类推。这种推算方法是把所要预测的产品与国外同类产品的发展过程或变动趋势相比较，找出某些相似的变化规律性，用来推测目标的未来变化趋势。例如，我国银行个人消费信贷自20世纪90年代以来，由于各种原因发展缓慢，但随着经济的发展，借鉴国外的经验，在北京、上海、深圳等大城市得到了快速发展。在运行过程中，银行发现在三个领域内最容易推广，即住房、汽车、教育，这种情况和国外个人消费信贷发展情况相似，指导了我国其他城市推出个人消费信贷的重点。

当然，在利用地区类推法进行市场预测时，要注意结合所需预测的地区或国家的具体情况和特色。

3. 行业类推法

行业类推法往往用于新产品开发预测，以相近行业相近产品的发展变化情况，类比某种新产品的发展方向和变化趋势。例如，我国吉林省通化市是著名的人参产地，所产人参白酒有很大的消费市场，人们认为它不仅是一种酒，还具有营养保健作用和药物作用。于是我国各类名贵中药入酒就成为各地名酒的特色，如云南的三七酒，广西的蛤蚧酒等。同样，在其他食品行业中类推，如糖果行业推出具有一定药效的梨膏糖、驱虫宝塔糖等，家化行业推出有药效的草珊瑚牙膏和洗头膏等。由此可见，把行业类推法用于新产品的市场预测是一种常用的颇具效果的预测法。

4. 局部总体类推法

局部总体类推法，是指以某个企业的普查资料或某个地区的抽样调查资料为基础，进行分析判断、预测和类推某一行业或整个市场的产销量。在市场预测中，通过普查固然可以获取全面系统的资料，但由于受主客观条件的限制，如不可能进行全面普查，则只能进行局部普查或抽样普查。因此，在许多情况下，运用局部普查资料或抽样普查资料，预测和类推全面或大范围的市场变化，就成为客观需要。

在应用局部总体类推法进行预测时，应注意该方法建立在事物发展变化相似性的基础上。事实上，事物发生的时间、地点、范围等许多条件的不同，通常都会使对比的事物在发展变化上有一定差异。

（二）集合意见法

集合意见法，又称集体经验判断法，它是利用集体的经验和智慧，通过思考分析，综合判断，对事物未来的发展变化趋势做出估计。由于企业内部经营管理人员、业务人员等比较熟悉市场需求及其变化动向，他们的判断往往能反映市场的真实趋势，因此它是进行短期、近期预测常用的方法。

视频：集合意见法

1. 集合意见法的预测步骤

（1）组建预测小组。预测小组的准备工作包括：确定要解决的问题，根据要解决问题的性质挑选参与预测的人选，由若干个熟悉预测对象的人员组成预测小组，向预测小组人员提出预测项目和预测的期限要求，尽可能向他们提供有关资料。

（2）预测过程。做好预测准备工作之后，预测小组人员根据预测要求，凭借其个人经验和分析判断能力提出各自的预测方案，同时每个人说明其分析理由，并允许大家在经过充分讨论后，重新调整预测方案，力求在方案中既有质的分析，也有量的分析；既有充分的定性分析，又有较准确的定量描述。

注意，在方案中要确定三个重点：一是未来市场的可能状况；二是各种可能状况出现的概率（主观概率）；三是每种状态下市场销售可能达到的水平（状态值）。

（3）确定预测值。预测小组成员给出最终的预测结果之后，预测组织者对专家应答结果进行量化分析和处理。计算有关人员的预测方案期望值，即各项主观概率与状态值的乘积之和。具体的处理方法和表达方式取决于预测问题的类型和对预测的要求。

因为预测参与者对市场了解的程度以及经验等因素不同，所以他们每个人的预测结果对最终预测结果的影响作用也可能不同。因此，通常将参与预测的有关人员进行分类，对每类人员分别给予不同的权数表示这种差异，最后采用加权平均法获得最终结果。若给每个预测者以相同的权数，表示各预测者预测结果的重要性相同，则最后的结果可直接采用算术平均法获得，也可采用中位数统计法获得。

（4）做出预测结论。计算出预测值之后，要整合参与预测人员的意见，确定最终的预测值，并结合预测的主题和预测要解决的问题，给出最终的预测结论。

2. 实例分析

某零售企业为了使下一年度的销售计划制订得更加科学，组织了一次销售预测，由经理主持，参与预测的有销售科、财务科、计划科、信息科的科长。如何运用集合意见法做出预测，具体步骤如下：

（1）组建预测小组。由各位经理、部门负责人和销售人员组成预测小组，分别制定各自的年度销售额预测方案，如表7-2所示。

表7-2　某企业年度销售额预测方案

预测人员	销售额估计值						预测期望值/万元
	最高销售额/万元	概率	最大可能销售额/万元	概率	最低销售额/万元	概率	
销售科长	4 000	0.3	3 600	0.6	3 200	0.1	3 680
财务科长	4 000	0.2	3 800	0.5	3 500	0.3	3 750
计划科长	3 700	0.2	3 500	0.6	3 000	0.2	3 440
信息科长	3 900	0.2	3 600	0.6	3 300	0.2	3 600

（2）计算各预测人员的方案期望值。各预测人员的方案期望值等于各种可能状态的销售值与对应的概率乘积之和，如表7.2.2中的"预测期望值"栏所示。例如，对销售科长而言，其预测期望值为：$4\,000 \times 0.3 + 3\,600 \times 0.6 + 3\,200 \times 0.1 = 3\,680$（万元）。其他各位预测者的预测期望值计算方法同上，其结果列于上表7.2.2中的"预测期望值"栏。

（3）计算综合预测值。计算各类人员综合预测值，即求出各部门的综合预测值。由于预测者对市场的了解程度以及经验等因素不同，因此他们每个人的预测结果对最终结果的影响及作用有可能不同，可分别给予不同的权数表示差异，最后采用加权平均法。若各位预测者的重要性相等，则可以采用算术平均法。

在此例中，调查预测人员从各方面因素考虑，给每个人的权数分别为销售科长6、财务科长5、计划科长5、信息科长7，则该企业下一年度销售额的最终预测值为3 618.7万元。

$$\frac{3\,680 \times 6 + 3\,750 \times 5 + 3\,440 \times 5 + 3\,600 \times 7}{6 + 5 + 5 + 7} = 3\,618.7（万元）$$

运用集合意见法，最明显的优点是可以集思广益，避免个人独立分析判断的片面性，但它同样也存在不足。例如，有许多企业都把完成销售计划的情况作为考核销售人员业绩的主要依据，故销售人员一般都希望尽量降低销售计划，从而超出计划的部分可获得更多奖励。这样在预测时，销售人员就不愿预估那些有可能争取到的销售数字，这一切的最终结果是降低销售预测的准确性。因此，在使用销售人员预测时，可采取一定的措施加以限制，例如，把预测结果同评定销售业绩分开。国外用得比较多的方法是利用一个经验系数去修正每个销售人员的原预测结果，具体做法是统计每个销售人员同历年的预测值与实际销售额的差距，并计算出这一差距的百分比（与实际销售额比）作为调整系数，用调整系数来修订预测值。例如，某销售人员预测下一年度企业的销售额为22 000万元，依据以往资料分析，实际值总是比该销售员的预测值高5%，因此预测的修正值为：22 000×（1+5%）=23 100（万元），最后由每个销售人员的预测修正值得到最终销售预测值。

（三）德尔菲预测法

德尔菲法（Delphi Method）是在专家意见汇总预测方法的基础上发展起来的一种新型直观预测方法。美国兰德公司在20世纪50年代与道格拉斯公司协作，研究如何通过有控制的反馈更加可靠地收集专家意见的方法时以"德尔菲"为代号，德尔菲法由此而得名。这种方法是市场预测定性方法中最重要、最有效的方法，已在国内外军事领域、经济领域、技术领域，以及社会领域得到了较为广泛的应用，并取得了显著的经济效益和社会效益。概括地说，德尔菲法对预测对象相关领域的专家分别提出问题，然后将他们回答的意见予以整合、反馈，这样经过多次反复循环，最后得到一个比较一致的且可靠的意见。尤其是当预测中缺乏必要历史数据，应用其他方法有困难时，采用德尔菲法，预测能得到较好的效果。

动画：德尔菲法

1. 德尔菲法的预测步骤

（1）拟订意见征询表。根据预测的目标要求，设置需要调查了解的问题，并制定预测意见征询表。征询的问题要简单明确，而且数量不宜过多，以便于专家回答。意见征询表中还需要提供一些已掌握背景的材料，供专家预测时参考。制定意见征询表应遵循以下原则：

① 问题要集中，有针对性。问题要按等级排列，先易后难，先整体，后局部。这样可以使各个事件构成一个整体，容易激发专家回答问题的兴趣。

② 避免诱导现象。调查单位和领导小组的意见不应强加于调查的意见之中，要避免出现诱导现象，使专家的评估向领导小组靠拢，从而得出领导层观点的预测结果，这样将会大大降低预测结果的可靠性。

③ 避免组合事件。如果一个事件包括两个方面：一方面是专家同意的，另一方面是专家不同意的，那么这样专家就难以做出回答。

（2）选定专家。选择的专家是否合适是德尔菲法成败的关键。这是因为预测的准确性在很大程度上取决于参加预测的专家水平。专家应对预测主题和预测问题有比较深入的研究，知识渊博、经验丰富、思路开阔、富于创造性和判断力。在选择专家时应注意以下问题：

① 广泛性。德尔菲法要求专家有广泛的知识面，这是因为定性预测本身对多样化的知识面有较高要求。一般应实行"三三制"，即首先选择本企业或部门对预测问题有研究的专家，占预测专家的1/3左右；其次是选择与本企业或部门有业务联系、关系密切的行业专家，约占预测专家的1/3；最后是从社会上有影响力的知名人士中选择对市场和行业有研究的专家，占预测专家的1/3。这样才能从各方面对预测问题提出有根据、有洞察力的见解，能克服和避免片面性，获得优质的预测结果。

② 自愿性。选择专家时还应考虑专家是否有时间、有精力；是否愿意参加此项预测活动。只有充分考虑专家的自愿性，才能避免专家意见回收率低的问题，保证专家们充分发挥积极性、创造性和聪明才智。还应根据专家付出的劳动量的多少和做出贡献的大小，予以适当的精神鼓励与物质鼓励。

③ 人数适度。选择专家的人数要适度，人数过少缺乏代表性，信息量不足，很难保证预测的结果质量；人数过多将导致组织工作困难，成本增加，预测效率降低。根据国内外的经验，专家的人数一般控制在12～21人为宜。

（3）反复征询专家意见。预测主持者先给专家寄送意见征询表，随后调研者主动回收或请专家在规定期限内寄回意见。接到各专家的意见之后，将各种不同意见进行比较，修正或发表自己的意见，以及他人对自己意见的评价。第二轮答案寄回后，再加以综合整理与反馈。必须注意的是：最后一轮专家们的意见必须趋于一致或基本稳定，即大多数专家不再修改自己的意见。因此，征询次数应灵活掌握，一般征询过程分为四轮。

（4）做出预测结论。经过几轮反复征询后，一般情况下专家意见会基本趋于一致，然后把最后一轮的专家意见加以统计归纳处理，得出代表专家意见的预测值和离散程度。然后预测的组织者对专家意见做出分析评价，确定预测方案。

2. 德尔菲法的特点

（1）反复征询。采用专家小组法需要多次轮番征询意见，每次征询，都必须把预测组织者的要求和已参加应答的专家意见反馈给调查者。经过多次反馈，可以不断修正预测意见，使预测结果比较准确可靠。

（2）集思广益。在整个预测过程中，每一轮都将上一轮的诸多意见与信息进行汇总和反馈，可以使专家们在背靠背的情况下，能充分了解各方面的客观情况和别人意见，以及持不同意见的理由，有助于专家们拓展思路，集思广益。

（3）匿名性。在函询调查中，专家彼此不交流信息，不受领导、权威的约束和其他人的干扰，可以充分发表各种不同意见。

（4）统计性。这种方法重视对专家意见和预测结果做出定量化的统计归纳，它对各种不同类型的预测问题采用相应不同的统计数理方法，经过几轮反馈后，专家的意见有可能趋于集中，统计结果趋于收敛。

德尔菲法的主要缺点是：这种方法主要依照专家们的主观判断，缺少客观标准，预测所需的时间较长。因此，这种方法一般多用于缺乏历史资料和数据的长期预测。

● 【知识拓展】
其他定性预测法

定性预测是基于事实与经验的分析判断，对事物发展的总体趋势、事件发生和发展的各种可能性以及将要执行的决策是否会达到原计划的目的等未来态势进行预测。除了本节介绍的对比类推法、集合意见法和德尔菲预测法之外，还有一些派生德尔菲法、头脑风暴法、主观概率法等。除此以外，还有针对一些专有领域的定性预测法，如消费水平预测法、单纯趋势判断预测法等。

动画：头脑
风暴法

头脑风暴法也是一种较为普遍的预测方法，是美国的奥斯本于1938年首创的一种创造性技术。头脑风暴法是针对一定问题召集由有关人员参加的小型会议，在融洽轻松的会议气氛中，与会者敞开思想、各抒己见、自由联想、畅所欲言、互相启发、互相激励，从而获得众多解决问题的方法。

消费水平预测法是一种专门用于各类消费品预测的方法，在我国应用较为广泛。这种方法主要是利用对消费水平和消费人数或户数这两个基本量的直观分析判断，并辅以简单推算来预测消费品需求量。根据消费品特征的不同，一般可分为非耐用消费品消费水平预测、一般耐用消费品消费水平预测和高档耐用消费品消费水平预测三种不同的形式。

单纯趋势判断预测法是指专家凭主观经验，根据预测项目、不同对象进行调查统计，找出预测项目发展变化趋势，做出某种判断的预测方法，它的最大特点是简单易行。

在实际应用中，应该综合预测调查对象的具体特征、预测目标和现有的数据资料以及预测应具备的条件，综合选择最合适的预测方法。同时注意不同方法预测结果之间的差异，以及辅助定量预测方法以使预测结果更加可靠。

二、定量预测法

定量预测法是指根据比较完整的历史统计资料，运用各种数学模型对市场未来发展趋势做出定量的计算，或揭示有关变量之间的规律性联系，求得预测结果。定量预测法有助于在定性分析的基础上，掌握事物量的界限，从而得出广泛而深入的结论，使定性分析的结果更加科学、准确，为企业决策提供更加客观、精准的量的依据。常用的定量预测法主要有时间趋势延伸法、一次指数平滑法、二次指数平滑法和回归分析法。

动画：定量
预测

（一）时间趋势延伸法

时间趋势延伸法是市场预测方法中一种经常采用的定量分析方法。它是把某一经济变量的实际观察值按照时间先后顺序依次排列，构成一组统计的时间序列，然后通过建立一定的数学模型，对时间序列拟合恰当的趋势线，将其外推或延伸，用以预测经济现象未来可能达到的水平。时间趋势延伸法又可以分为直线（线性）趋势延伸法和曲线（非线性）趋势延伸法。

1. 直线趋势延伸法

当时间序列的每期数据按大致相同的数量增加或减少时，即逐期增减量（一次差）大体相同，则可建立直线趋势方程来拟合时间序列，并利用最小二乘法进行预测。直线趋势预测模型的基本形式为：

$$y_c = a + bt \tag{7.1}$$

式中：y_c——预测值；

a、b——待估计参数；

t——时间（一般用序号表示）。

2. 曲线趋势延伸法

在市场预测中，经常会遇到经济现象的发展呈非线形变化，其发展趋势表现为各种不同形态的曲线。此时则用相应的曲线趋势方程进行拟合，用以描述其发展的长期趋势。常用的曲线模型有二次曲线和指数曲线。

二次曲线趋势延伸法的数据规律趋势是时间序列各期水平的二级增减量大致相同（即二次差近似相同），发展趋势描绘近似一条二次曲线，可以配合相应的趋势方程：

$$y_c = a + bt + ct^2 \tag{7.2}$$

式中：a、b、c三个待定参数同样可使用最小平方法求得。

前面我们介绍了当时间序列的一次差或二次差近似相同时趋势变化的预测方法，当时间序列的一次差按照近似相同的百分比变化时，则应相应地拟合一条指数曲线进行模型预测。指数曲线模型的数字特征如表7-3所示，模型公式为：

$$y_c = k + ab^t \quad (0 < b < 1) \tag{7.3}$$

式中：k、a、b三个参数通常采用分组法进行转换运算，即将所有的观察值y_1，y_2，…，y_n分成三组，每个组的个数为m，若n不能被3整除，则将起始的余数个数观测值舍去。

表7-3　指数曲线模型数字特征表

时间	$y_t = k + ab^t$	一次差（$y_t - y_{t-1}$）	一次差比率 $\dfrac{y_t - y_{t-1}}{y_{t-1} - y_{t-2}}$
0	$K+a$	—	—
1	$K+ab$	$a(b-1)$	—
2	$K+ab^2$	$ab(b-1)$	b
…	…	…	…
$t-1$	$k+ab^{t-1}$	$ab^{t-2}(b-1)$	b
t	$k+ab^t$	$ab^{t-1}(b-1)$	b

（二）一次指数平滑法

指数平滑法是一种通过对预测目标历史统计序列的逐层的平滑计算，消除随机因素造成的影响，找出预测目标的基本变化趋势，并以此预测目标的基本变化趋势，并以此预测未来的方法。这种方法的预测效果较好，因此应用范围更加广泛。按照平滑次数的不同，指数平滑法又分为一次指数平滑法、二次指数平滑法和三次指数平滑法。

1. 模型基本形式

一次指数平滑法是指根据对权数递增速度大小的要求，选择权数 α（$0 < \alpha < 1$，又称为平滑系数），对本期的实际值 y_t 加权平均来推算下一期预测值 $\hat{y}_{t+1}$ 的一种预测方法，因此又称指数加权平均法。计算公式为：

$$\hat{y}_{t+1} = \alpha y_t + (1-\alpha)\hat{y}_t \tag{7.4}$$

上式也可表示为：

$$\hat{y}_{t+1} = \hat{y}_t + \alpha(y_t - \hat{y}_t) \tag{7.5}$$

该式的意义是下一期预测值是本期预测值加上 a 乘以本期的预测误差（$y_t - \hat{y}_t$）。α 值反映并确定了预测误差中需要调查的比例大小。

公式7.5的展开式为：

$$\begin{aligned}
\hat{y}_{t+1} &= \alpha y_t + (1-\alpha)\hat{y}_t = \alpha y_t + \alpha(1-\alpha)\hat{y}_{t-1} + (1-\alpha)^2\hat{y}_{t-1} \\
&= \alpha y_t + \alpha(1-\alpha)y_{t-1} + (1-\alpha)^2[\alpha y_{t-2} + (1-\alpha\hat{y}_{t-2})] \\
&= \cdots\cdots \\
&= \alpha y_t + \alpha(1-\alpha)y_{t-1} + (1-\alpha)^2 y_{t-2} + \cdots + (1-\alpha)^t\hat{y}_1
\end{aligned} \tag{7.6}$$

当 t 很大时，式中最后一项 $(1-\alpha)^t\hat{y}_1$ 接近于0，可略去，则上式可表示为：

$$\hat{y}_{t+1} = \sum_{i=0}^{t-1} \alpha(1-\alpha)^i y_{t-i} \tag{7.7}$$

2. 模型的特点

一次指数平滑法具有以下两个特点：

第一，由式7.4可见，一次指数平滑法不需要存储近 n 期的观察值，只需要第 t 期的观察值 y_t 和预测值 $\hat{y}_t$，再由预测者选择一个合格的平滑系数 α 即可预测

$t+1$ 期。

第二，该方法得到的预测值是对整个序列的加权平均，且权数符合近期大、远期小的要求，当观察数据较多时，其权数之和近似于1。

3. 平滑系数 α 的选择

在利用指数平滑法进行预测时，平滑系数 α 的选择是非常重要的。平滑系数 α 值的大小直接影响权数 α $(1-\alpha)^t$ 按指数规律增减的速度。

从理论上讲，α 可以取 0~1 之间的任意数。具体选择使用时，应先分析时间序列的变化趋势：当时间序列呈稳定的水平趋势时，α 应取较小值，如 0.1~0.3；当时间序列呈较大的波动趋势时，α 应取中间值，如 0.3~0.5；当时间序列呈明显的上升或下降的波动趋势时，α 应取较大值，如 0.6~0.8，以使预测的灵敏度提高。在实际运用中，可取若干个 α 值进行比较，选择预测误差最小的 α 值。

4. 第一期估计值 $\hat{y}_1$ 的确定

根据公式 7.4 可知，当 $t=1$ 时，有 $\hat{y}_2 = \alpha y_1 + (1-\alpha) \hat{y}_1$，这里的 $\hat{y}_1$ 不能通过运算得出。因此，初始值 $\hat{y}_1$ 的选择可以根据资料的项数多少来确定。当资料项数较多时（一般超过20项），初始值对预测结果影响较小，可以选择第一期的实际值作为初始值，即：$y_1 = \hat{y}_1$；当资料项数较少时（一般少于20项），初始值对预测结果影响较大，可选择以上一段时间数据的平均值作为初始值。

（三）二次指数平滑法

一次指数平滑法只适用于时间序列有一定波动但没有明显的长期递增或递减的短期预测，若进行中长期预测，则会造成明显的时间滞后，产生较大的预测误差。为弥补这一缺陷，可采用二次指数平滑法。

二次指数平滑法是指在一次指数平滑法的基础上再进行一次平滑，利用两次平滑值建立的线形趋势模型进行预测。其模型计算公式为：

$$S_t^{(2)} = \alpha S_t^{(1)} + (1-\alpha) \ S_{t-1}^{(2)} \qquad (7.8)$$

式中，$S_t^{(1)}$——一次指数平滑值，即 $\hat{y}_{t+1}$；

$S_t^{(2)}$——二次指数平滑值；

α——平滑指数。

需注意的是：二次指数平滑法适用于具有线性趋势数据的处理分析。若时间序列呈非线性变化趋势，则可用三次指数平滑法。

（四）回归分析法

回归分析法是预测学的基本方法，它是指在分析因变量与自变量之间的相互关系，建立变量间的数量关系近似表达的函数方程，并进行参数估计和显著性检验以后，运用回归方程式预测因变量数值变化的方法。如果参与回归分析的自变量只有一个，就是线性回归分析，也称为元线性回归分析，得到的结果称为直线回归方程；如果参与回归分析的变量有多个，则是多元线性回归分析。

1. 回归分析的一般步骤

回归分析是研究一个因变量或多个因变量与一个自变量之间是否存在某种线性关系或非线性关系的一种统计学分析方法。回归分析的一般步骤可以概括为以下四个：

（1）确定回归方程中的解释变量和被解释变量。由于回归分析用于分析预测对象如何随其他事物的变化而变化，因此回归分析的第一步应确定哪个变量作为被解释变量（因变量y），哪些变量是解释变量（自变量x）。回归分析正是要建立x与y之间的回归方程，并在给定x的前提下，通过回归方程预测y的平均值。

（2）建立回归模型。根据专业领域的经济学和管理学原理，结合函数拟合方式，通过观察散点图和变量的探索分析确定应通过哪种数学模型来拟合变量之间的关系。如果被解释变量和解释变量之间存在线性关系，则应进行线性回归分析，建立线性回归模型；反之，如果被解释变量和解释变量之间存在非线性关系，则用于进行非线性回归分析，建立非线性回归模型。

（3）参数估计，确定回归方程。根据收集到的数据以及所设立的回归模型，在一定的统计拟合准则下，选择合适的参数估计方法，估计出模型中的各个参数，得到一个确定的回归方程。这一步通常需要运用计算机辅助完成。

（4）对回归方程进行检验。前面已经提到，由于回归方程是在样本数据基础上得到的，回归方程是否真实地反映了事物之间的统计关系以及回归方程能否用于预测等都需要进行检验，具体包括方程的拟合效果、统计上的显著性检验和经济上的显著性检验。

2. 一元线性回归法

一元线性回归法是回归分析预测中最基本的方法。影响经济变化的众多因素中有一个起决定性作用的因素，且自变量与因变量的分布呈线性趋势的回归，用这种回归分析来进行预测的方法就是一元线性回归法。一般地，一元线性回归方程为：

$$y_c = a + bx \tag{7.9}$$

式中，y_c——因变量；

　　　x——自变量；

　a、b——参数；

　b——回归系数，用以说明x每变化一个单位所引起的y_c的平均变化量。参数的最小二乘估计结果如下所述：

$$\hat{a} = \frac{\sum y_i}{n} - \hat{a}\frac{\sum x_i}{n} = \bar{y} - \hat{b}\bar{x}$$

$$\hat{b} = \frac{n\sum x_i y_i - \sum x_i \sum y_i}{n\sum x_i^2 - (\sum x_i)^2}$$

(7.10)

得到参数估计结果之后，便可得到回归方程表达式。在对估计结果进行一系列经济检验和统计检验之后，便可以通过回归方程对预测对象进行预测。下面通过举例来说明一元线性回归法的使用。

3. 多元线性回归分析法

在进行市场预测时，我们通常遇到变量并非两者之间的关系，而是几个因素共同发生作用，采用一元线性回归分析法已不能进行预测，这时可以使用多元线性回归分析法进行预测。

当影响因变量的因素有两个或两个以上，且自变量与因变量的分布呈线性回归的趋势，用这种回归分析来进行预测的方法就是多元线性回归分析法。例如，影响商品销售额的因素除了广告费以外，价格、销售网点分布和居民收入等因素均发挥作用，这时就需要建立多元线性回归分析模型。

具体的多元线性回归方程的一般式是：

$$y_c = a + b_1 x_1 + b_2 x_2 + \cdots + b_n x_n$$

(7.11)

式中：x_1，x_2，$\cdots$，x_n——n个影响y的自变量；

$\qquad a$——常数项；

$\qquad b_1$，b_2，$\cdots$，b_n——回归参数。存在两个自变量条件下的多元线性回归方程称为二元回归方程，即

$$y_c = a + b_1 x_1 + b_2 x_2$$

(7.12)

同步练习

一、单选题

1. 市场预测活动有一定的程序，进行市场预测的第一步是（　　）。

    A. 收集预测资料　　　　　　　　B. 确定预测目标

    C. 分析、评价预测结果　　　　　D. 建立预测模型

2. 下列不属于德尔菲法特点的是（　　）。

    A. 集思广益　　　　　　　　　　B. 统计性

    C. 匿名性　　　　　　　　　　　D. 客观性

3. 二次曲线趋势延伸预测法的数据序列特征是（　　）。

    A. 序列的一次差大致相同　　　　B. 序列的一次差近似等比数列

C. 序列的二次差大致相同　　　D. 序列的二次差近似等比数列

4. 回归分析的一般步骤不包括（　　　）。

    A. 相关分析　　　　　　　　　B. 确定自变量和因变量

    C. 建立模型，进行参数估计　　D. 对回归方程进行检验

5. 回归分析中，进行拟合优度评价的常用指标是（　　　）。

    A. 相关系数　　　　　　　　　B. 回归平方和

    C. 残差平方和　　　　　　　　D. 可决定系数

二、多选题

1. 市场预测应遵循的原则是（　　　）。

    A. 连续性原则　　　　　　　　B. 类推原则

    C. 相关原则　　　　　　　　　D. 质、量分析结合原则

2. 以下属于定性预测法的包括（　　　）。

    A. 对比类推法　　　　　　　　B. 时间趋势法

    C. 集合意见法　　　　　　　　D. 德尔菲预测法

3. 集合意见法预测的步骤包括（　　　）。

    A. 组建预测小组　　　　　　　B. 进行预测

    C. 确定预测值　　　　　　　　D. 做出预测结论

4. 德尔菲预测法在选择专家时应注意（　　　）。

    A. 广泛性　　　　　　　　　　B. 专业性

    C. 自愿性　　　　　　　　　　D. 人数适度

5. 在多元线性回归分析中，对模型所得方程的显著性检验包括（　　　）。

    A. 整个方程的显著性检验　　　B. 相关性检验

    C. 预测的准确性检验　　　　　D. 单个系数的显著性检验

三、判断题

1. 按照预测性质分类，市场预测可分为定性预测与定量预测。　　　　（　　　）

2. 定性市场预测是根据一定的经济理论与实际经验，对市场未来的状态与趋势做出的综合判断，无须依据系统的历史数据建立数学模型。　　　　（　　　）

3. 应用德尔菲法进行预测时，最后一轮专家们的意见不必趋于一致或基本稳定，专家仍可修改自己的意见。　　　　（　　　）

4. 与定性预测相比，定量预测的结果更加科学、准确。　　　　（　　　）

5. 利用指数平滑得到预测值是对整个序列的加权平均，且权数符合近期大、远期小的要求，当观察数据很多时，其权数之和接近或等于1。　　　　（　　　）

实训项目

一、实训名称

新能源汽车市场销量及企业销量预测。

二、实训资料

在"碳达峰""碳中和"目标下，发展新能源汽车是推动绿色发展、保障能源安全的战略选择，也是汽车产业转型升级的主要方向和未来汽车消费的主流趋势。2020年，我国新能源汽车市场遭遇了先冷后热的急剧转折。新冠肺炎疫情的冲击、产业政策的变化、产业技术的发展及充电桩的建设等因素综合影响新能源汽车市场的销量，市场的不确定性会深深影响新能源汽车企业的生产和销售。

为了预测2021年的新能源汽车市场情况，某汽车工业企业的经理、部门总监和销售人员根据新能源汽车的历史销量数据及相关产业政策、技术成本等因素，对2021年我国新能源汽车市场销量进行了预测。在此基础上根据企业自身的市场份额，采用集合意见法对本企业2021年的新能源汽车销量（单位：万辆）进行预测，预测结果如下表所示。

经理	销量估计值						期望值	权数
	销售量大	概率	一般	概率	销售量小	概率		
经理甲	5	0.3	4.2	0.5	3.8	0.2		0.6
经理乙	5.5	0.4	4.8	0.4	3.6	0.2		0.4
总监	销量估计值						期望值	权数
	销售量大	概率	一般	概率	销售量小	概率		
技术部门	6	0.5	4	0.2	3.6	0.3		0.3
生产部门	5.4	0.4	4.8	0.3	3.4	0.3		0.3
财务部门	5.8	0.3	4.4	0.3	3.2	0.4		0.4
销售	销量估计值						期望值	权数
	销售量大	概率	一般	概率	销售量小	概率		
销售甲	5.5	0.3	4.2	0.4	3.8	0.3		0.4
销售乙	5.8	0.4	4.8	0.4	3.6	0.2		0.3
销售丙	5.4	0.3	4.4	0.5	3.5	0.2		0.3

三、实训要求

（1）以小组为单位，查阅新能源汽车产业发展的相关资料（例如国家新能源汽车补贴政策、汽车产业发展规划、新能源汽车的技术成本等），进行头脑风暴，总结影响新能源汽车销量的主要因素。

（2）收集整理中国汽车工业协会网站公布的2020年9月至2021年7月我国新能源汽车销量的月度数据，分别选择一次指数平滑法和二次指数平滑法对2021年8月至2021年12月的新能源汽车销量进行预测（平滑指数分别取0.2和0.5），并对两种方法的预测结果进行比较，分析我国新能源汽车未来短期及中长期的发展趋势。

（3）根据背景资料中企业对2021年的新能源汽车销量的预测结果，运用集合意见法得出最终预测值，三类人员综合预测值给予不同的权数：经理类权数为4，科室人员类权数为3，售货人员类权数为2。

（4）根据前3项的分析和预测结果，对本企业未来新能源汽车的发展提出合理化建议。

四、实训成果

（1）以小组为单位，提交"我国新能源汽车市场销售预测报告"。

（2）提交背景资料中的"企业2021年新能源汽车销量的预测及发展建议报告"。

（3）完成小组PPT汇报，进行小组互评，教师点评。

（4）通过实训，引导学生形成以市场预测指导企业生产决策的思维。

08
Chapter

第八章

Excel 数据统计分析

学习目标

知识目标

- 掌握 Excel 常见数据类型格式及适用场合
- 掌握 Excel 表格的结构规范
- 掌握数据透视表的功能与作用
- 熟悉数据表、统计报表、表单的特点及适用场合
- 熟悉 Excel 各类图表类型的特点及适用场合
- 了解 Excel 的界面与功能

技能目标

- 能够进行 Excel 基本操作
- 能够进行 Excel 数据的格式化编辑
- 能够运用 Excel 数据透视表进行数据分析
- 能够运用 Excel 可视化图表进行数据展示

素养目标

- 培养学生科学严谨的工作作风以及用数据说话、客观理性地分析业务问题的逻辑思维
- 通过案例实操，增强学生的职业责任感和行业认同感，在潜移默化中培养学生爱岗敬业的职业素养

【思维导图】

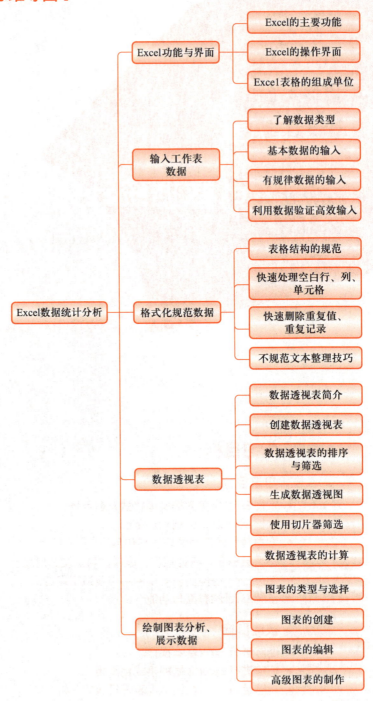

- Excel数据统计分析
  - Excel功能与界面
    - Excel的主要功能
    - Excel的操作界面
    - Excel表格的组成单位
  - 输入工作表数据
    - 了解数据类型
    - 基本数据的输入
    - 有规律数据的输入
    - 利用数据验证高效输入
  - 格式化规范数据
    - 表格结构的规范
    - 快速处理空白行、列、单元格
    - 快速删除重复值、重复记录
    - 不规范文本整理技巧
  - 数据透视表
    - 数据透视表简介
    - 创建数据透视表
    - 数据透视表的排序与筛选
    - 生成数据透视图
    - 使用切片器筛选
    - 数据透视表的计算
  - 绘制图表分析、展示数据
    - 图表的类型与选择
    - 图表的创建
    - 图表的编辑
    - 高级图表的制作

【导入案例】

新能源汽车中国城市销售数据仪表盘

深度洞察一个行业的方法是分析解读行业相关数据。数据分析的结果可以绘制成各种不同功能的图表，使其更加形象。如果数据结果形成多个图表，则可以针对各重要指标绘制不同类型的图表，并将其按规律组合在一个界面进行呈现，即数据仪表盘。

数据仪表盘是模仿汽车速度表的一种数据图表，通常用来反映预算完成率、收入增长率等指标，后将其应用领域进行了扩展。由于数据仪表盘具有简单、直观的特点，因此成为展现商业面板最主要的图表类型，使消费者体验到坐在管理驾驶舱进行角色分析的商务感觉。

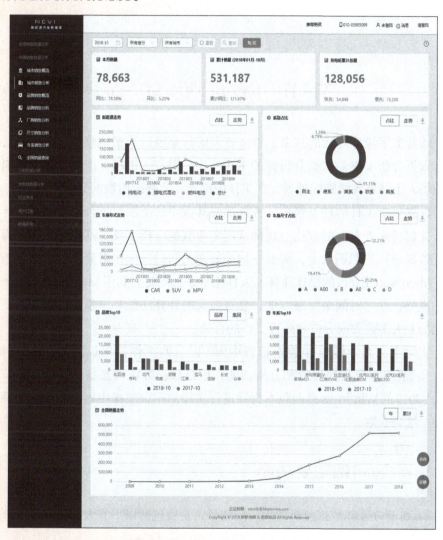

图8-1　新能源汽车中国城市销售分析数据仪表盘

图8-1为新能源汽车中国城市销售分析的数据仪表盘，呈现了十组数据的图表。这些图表并不是简单拼凑，而是根据业务逻辑从众多数据中提取出指定的字段，并进行统计绘图，按照决策关注优先级进行呈现，以多种不同的角度全面透彻分析某一事物。

第一节　Excel 功能与界面

随着数字经济时代的到来，越来越多的行业通过数据的收集与分析进行决策。数据分析不仅是数据分析师的本职工作，财务、市场、产品、运营等岗位的职场人士乃至各级别管理者，在工作中都会涉及并运用数据分析。

数据分析工具的种类繁多，各自都有其适用的范围与场合。不同于统计学和计算机科学等专业的数据分析师常用专业数据分析工具，其他在工作中需要进行数据分析的职场人士，需要一款功能强大同时操作相对简单的数据分析工具。Microsoft Excel 的操作简便，人性化十足，同时归属于 Microsoft Office 的操作风格，学习时间短、成本低，具有强大的计算功能和丰富的图表工具，成为职场上大多数数据分析和处理工作的首选。

实际上，企业经营和数据管理中95%以上的工作都可以通过Excel完成。掌握Excel的常规数据处理和分析功能，也是数据分析师必备的技能。本节以Excel 2019 的 Windows 桌面版本为例进行实操演示，实操中所有数据均可通过扫描二维码获取。

一、Excel 的主要功能

Excel有办公和数据分析两大应用场景，主要包括以下五大功能：

（一）制作报表

报表是向上级报告情况的表格，通常用表格等格式来动态显示数据。制作报表也是日常工作、学习中最常使用的功能。利用Excel提供的表格格式化操作，可以轻松制作出专业、美观、易于阅读的各类报表。

（二）完成复杂的运算

在Excel中，用户不仅可以快速完成对数据的统计、分类和汇总操作。而且可以使用Excel提供的大量函数进行复杂的运算。

（三）建立图表

图表泛指在屏幕中显示的、可直观展示统计信息属性（时间性、数量性等），对知识挖掘和信息提取起关键作用的可视化手段。Excel提供了多种类型的图表，用户只需简单的操作，即可绘制出精美的图表。

（四）数据管理

企业需要对经营中产生的销售数据、库存数据、人事变动数据等业务数据进行科学有效的管理。这些数据管理工作离不开数据库系统（为适应数据处理的需要而发展起来的一种较为理想的可以存储、维护和应用系统提供数据的软件系统）。Excel可以利用插件成为一个小型的数据库系统。

（五）决策提示

利用规划求解等功能，Excel可以根据一定的公式和结果，倒推出某一变量。很多生产经营决策的优化问题都可以使用Excel简易解决。

二、Excel的操作界面

Excel操作简易，界面主要包括功能区与工作表编辑区两大部分，主要组成部分及位置见图8-2，主界面的主要组成部分及说明见表8-1。

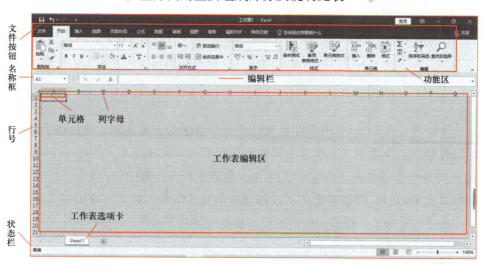

图8-2 Excel界面的主要组成部分

表8-1　Excel主界面的主要组成部分

名称	说明
功能区	Excel各个命令的主要位置，单击选项卡列表中的选项可以改变功能区显示的内容
文件按钮	单击按钮可打开后台视图，包含新建、打开、保存、打印等功能及设置选项
名称框	该框显示活动单元格地址，选定单元格、范围或对象的名称
编辑栏	当前单元格输入的未经公式处理的原始内容编辑
行号	一个1～1 048 576的数字，每个数字对应工作表中的一行。可以单击行号以选择一整行的单元格，或在两行中间单击拖动来改变行高
列字母	从A到XFD范围内的字母，每个字母对应工作表中16 384列中的一列。可以单击列标题选择一整列单元格，或在两列中间单击拖动来改变列宽
工作表编辑区	对表格内容的编辑以及格式调整的显示区域
状态栏	此栏可显示各种信息以及键盘上的 Num Lock，Caps Lock和Scroll Lock键的状态，也可显示选定单元格区域的摘要信息。右击状态栏可更改所显示的信息
工作表选项卡	这些选项卡代表工作簿中的不同工作表。一个工作簿可以包含任意数量的工作表，每个工作表都有自己的名称

三、Excel表格的组成单位

Excel表格的组成单位包括工作簿、工作表与单元格，单元格为Excel表格最基本的组成单位。

（一）工作簿

在Excel中创建的文件称为工作簿，Excel 2003以后的版本，其文件扩展名为.xlsx。工作簿是工作表的容器，一个工作簿可以包含一个或多个工作表。

（二）工作表

工作表是在Excel中用于存储和处理各种数据的主要文档，也称电子表格，始终存储在工作簿中。工作表由排列成行和列的单元格组成，大小为1 048 576行 × 16 384列。Excel 2016以后的版本，创建的新工作簿中包含1个工作表，它的标签为Sheet1，根据需要还可以添加更多的工作表。在实际应用中，可以对工作表进行重命名、隐藏、取消隐藏、移动、复制等操作。

（三）单元格

在工作表中，行和列相交构成单元格。单元格用于存储公式和数据，可以包含文本、数字、日期、时间或公式等内容。单元格按照它在工作表中所处位置的坐标来引用，列坐标在前，行坐标在后。列坐标用大写英文字母表示，行坐标用阿拉伯数字表示。例如，显示在第B列和第3行交叉处的单元格，其引用形式为B3，整个工作表右下角最后一个单元格的引用形式为XFD1 048 576。

第二节　输入工作表数据

Excel中数据输入的方式除了最基本的手动输入以外，还可以使用VBA（在其桌面应用程序中执行通用的自动化任务编程语言）与Power Query（一个Excel插件，通过简化数据发现、访问和合作的操作，从而增强其商业智能自助服务体验）等功能来实现。本单元仅对手动输入Excel工作表的数据进行讲解。

一、了解数据类型

Excel工作簿文件任意单元格数据输入包含常规、数值、货币、会计专用、日期、时间、百分比、分数、科学记数、文本、特殊、自定义等，其中默认为"常规"，在该状态下，Excel将自动判断输入数据的格式。

单元格数据输入格式大致可分为5种类型，除此以外，工作表还可以包含图片、图表、按钮和其他对象。这些对象不包含在单元格中，而是包含在工作表的绘图层，绘图层是每个工作表上方的一个不可见的单独层。

（一）数值

数值表示某种兑现各类型的数量，例如销售额、员工数、考试分数、人口总数等。在Excel里，数值、货币、会计专用、百分比、分数、科学记数等格式皆为数值数据类型。

（二）文本

大多数工作表单元格中都包含文本。文本可以用作数据，例如，员工姓名列表、值的标签、列的标题或对工作表的说明。文本内容通常用于说明工作表中值的意义，或者数字的来源。

以数字开头的文本仍然被视为文本。例如，在一个单元格中键入"12 Students"，那么Excel会将该项视为文本，而不是一个数值。因此，不能将该单元格用于数值计算。

（三）日期/时间

虽然日期与时间也大多由数字组成，但是不能将其归类于数值类型。可四则运算、可比大小的数值与日期并不相同。很多数据分析/挖掘工具擅长分析数值型数据，对于日期与时间，须在数据预处理阶段使用Excel或者其他工具将日期或时间类型通过数据转换等手段将其转换为数值型。

（四）公式

公式使电子表格成为真正意义上的"电子表格"。在Excel中，可以输入各种灵活的公式，从而计算单元格中的值（甚至是文本）。将公式输入一个单元格中时，该公式的结果将显示在该单元格中。如果更改公式中所使用的任何元素，那么公式都会重新计算并显示新的结果。公式既可以是简单的数学逻辑运算式，也可以是Excel中内置的功能强大的函数。

（五）错误值

Excel在公式运算的过程中会存在计算错误、输入错误、引用错误等可能，为了方便用户修改错误，Excel对各种错误类型归纳了错误值提示。特点是以"#"开头，如"#VALUE!""#DIV/0"等。如遇到错误值提示，用户可根据不同的提示寻找错误的原因，更加方便进行修正。

二、基本数据的输入

由于默认的"常规"数据格式会自动识别输入内容并转换数据格式，而有时转换的数据格式并不符合业务逻辑，所以必须在输入数据之前，将设置该单元格的数据格式。

（一）数值型数据的输入

在Excel中，数值型数据是使用最多、操作较复杂的数据类型。

1. 数值格式

数值格式数据由数字字符（0~9）或者部分英文字符（"–"，"，""$""%""E"）组成。对于正数，Excel将忽略数字前面的正号"+"；对于负数，输入时应先输入负号"–"，具体操作步骤如图8-3所示。

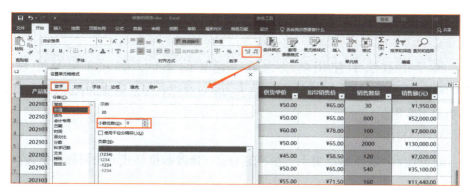

图8-3　设置单元格"数值"型数据类型

（1）打开"销售明细表"，选择销售数量的单元格区域L2:L61（连续多选，操作方法为选中单元格L2，拖动鼠标到指定位置后，松开鼠标左键），切换到"开始"选项卡，在"数字"分组中单击右下角"对话框启动器"。

（2）弹出"设置单元格格式"对话框，切换到"数字"选项卡，在"分类"列表框中选择"数值"选项，在"小数位数"微调框中调整为0，单击"确定"。其中"数字"选项卡 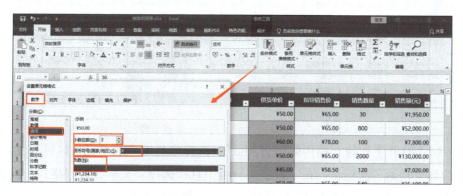 是数字小数位数调整快捷按钮。

2. 货币格式

在工作表中输入数据时，有时会要求该数据不仅保留几位小数，而且在数值前面添加货币符号，这时用户就需要设置为货币格式了。具体操作步骤如图8-4所示。

图8-4　设置单元格"货币"型数据类型

（1）打开"销售明细表.xlsx"，选择供货单价的单元格区域J2:J61，切换到"开始"选项卡，在"数字"分组中单击右下角的"对话框启动器"。

（2）在弹出的"设置单元格格式"对话框中，切换到"数字"选项卡，在"分类"列表框中选择"货币"选项，在"小数位数"微调框中调整为2，货币符号选择"¥"，选择一个负数的显示形式，单击"确定"。

3. 会计专用格式

会计专用格式与货币格式相似，只是在显示上略有不同，币种符号显示的位置不同，货币格式的币种符号与数字连在一起并靠右显示，会计专用格式的币种符号靠左显示，数字靠右显示。

4. 科学记数格式

科学记数法的使用场景为数字超长的条件，如在单元格中输入300 000 000 000 000 000（共计18位数），Excel会默认显示数据为3.0E+17。该数据类型不常用。

5. 百分比/分数格式

百分比/分数显示常用于一些特定场合，修改数据格式方法同数值格式。

（二）文本型数据的输入

文本型数据是指被当作文本存储的数据。在日常工作中，除了各种文字以及字符以外，产品编号、员工编号、身份证号等都必须设置为文本型数据，否则系统会将其默认为数值型并按照数值类型显示。例如，若这些编号以0开头，直接输入数据后，编号前面的0会消失；若编号超过12位（包括12位），数据显示为科学记数格式。提前将单元格设置成文本型后输入数据可显示正常。具体操作步骤如图8-5所示。

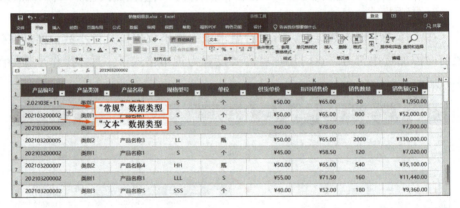

图8-5　设置单元格"文本"型数据类型

（1）打开工作簿"销售明细表.xlsx"，选择产品编号的单元格区域E2:E61，切换到"开始"选项卡，在"数字"分组中直接选择"文本"数据格式，或者单击右下角"对话框启动器"后选择"文本"数据格式。

（2）图8-5中单元格E2为"常规"数据格式，Excel自动将该单元格数据格式转换为"科学记数"，E3以下则为"文本"数据格式。

（3）将纯数字内容编辑的单元格转换为"文本"数据格式后，再双击该单元格进入编辑状态，敲击键盘"回车"键，该单元格左上角会出现绿色小三角形图案予以区分。取消该数据格式的方式为选中该单元格（可多选），单击右侧出现的 ![感叹号] 黄色感叹号，在弹出的快捷工具栏选择"转换成数字"。

（三）日期/时间型数据的输入

日期/时间型数据虽然看起来也是数字，但是Excel把它们当作特殊的格式，并规定了严格的输入形式。日期的显示形式取决于相应的单元格被设置的数字格式。如果在Excel中输入日期时用斜线"/"或者短线"—"来分隔日期中的年、月、日部分，那么Excel可以辨认出输入的数据是日期，单元格的格式就会由"常规"数据格式变为相应的"日期"。如果不需要Excel进行识别转换，则需要提前将其数据格式选择"文本"。修改日期格式的具体操作步骤如图8-6所示。

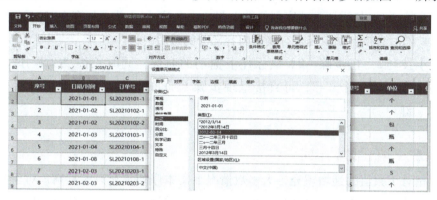

图8-6　设置单元格"日期"型数据类型

打开工作簿"销售明细表.xlsx"，选择日期/时间的单元格区域B2:B61，切换到"开始"选项卡，单击"数字"右下角的"对话框启动器"，在出现的对话框中选择"日期"数据格式。Excel默认的日期显示为"年/月/日"的形式，可以根据需要进行修改。

三、有规律数据的输入

（一）填充数字序列

在数学上，序列是指被排成一列的对象，序列填充一般是指有规律的依次排列的数据的填充，如产品信息表中连续的序号等。具体操作步骤如图8-7所示。

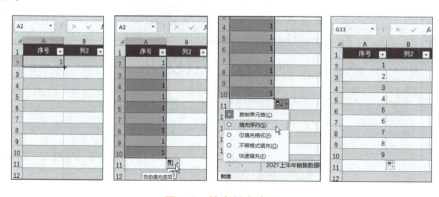

图8-7　填充数字序列

（1）新建一个工作簿，单元格 A1 输入序号，A2 输入 1，鼠标移至 A2 单元格右下角，成十字星形状。

（2）拖动鼠标垂直往下移至 A10，Excel 自动将 A2 单元格中的内容"1"复制在 A2 至 A10 单元格内。

（3）单击右下角 ⊞ "自动填充选项"，选择填充序列。

（4）单元格 A2 至 A10 已自动从"1"进行序列填充，规律为阿拉伯数字加 1。

小技巧 1：如需填充的序列行数太多，可在第（1）步鼠标在 A2 右下角直接双击，随后直接自动填充至有表格内容部分的最后一行。

小技巧 2：在步骤（2）鼠标往下拖动的时候，同时长按"Ctrl"键，鼠标右上角出现一个"+"，可直接呈现步骤（4）的效果，在松开鼠标后松开"Ctrl"键。

（二）填充文本序列

相对于数值的递增填充，大多数情况下文本序列填充只能复制，对于文本与阿拉伯数字的组合，自动填充也分为复制与递增填充，文本部分不变，数字部分递增。如 20 工商 1 班，自动填充序列后为 20 工商 2 班、20 工商 3 班等，需要注意并调整。

（三）自定义序列

Excel 的自定义序列允许用户自行设置一些个性化的递增序列格式，单击"文件"选项卡，单击左侧"选项"功能，在弹出的"Excel"对话框的左侧单击"高级"，右侧功能"常规"组中单击"编辑自定义列表"，弹出的窗口即为 Excel 目前的自定义序列，如需新增，可单击新序列然后自行编辑，如图 8-8 所示。

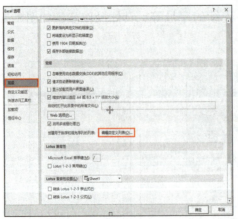
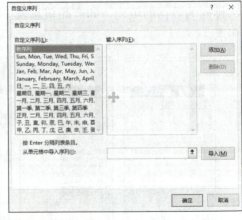

图 8-8　自定义序列的查看与编辑

四、利用数据验证高效输入

在录入表格数据时，用户可以借助Excel的数据验证功能提高数据的输入速度与准确率。例如，在学生信息登记表中，输入班级的名称，输入格式并无统一要求，"20工商（1）班""2020工商1班""20工商一班"等填写方式通过人工可识别为同一个班级，但是Excel只会将其作为不同的内容进行统计以及处理，所以可以在设计表格前对数据填写进行系统限制后下发。除此之外，手机号和身份证号这种容易输错的长数字串，也可以通过数据验证功能来限定其文本长度，降低出错率。

（一）限定文本长度

手机号码和身份证号码是日常工作中需要经常填写的长数字串，由于其数字较多，填写过程中多一位或少一位的情况时有发生。此时，用户就可以通过数据验证功能来限定其长度。具体操作步骤如下：

（1）打开工作簿"学生成绩表.xlsx"，选中手机号码显示列单元格"D2:D31"，切换到"数据"选项卡，在"数据工具"组中单击"数据验证"，打开对话框，在"允许"下拉列表中选择"文本长度"选项，在"数据"下拉列表中选择"等于"选项，在"长度"文本框中输入11，如图8-9所示。

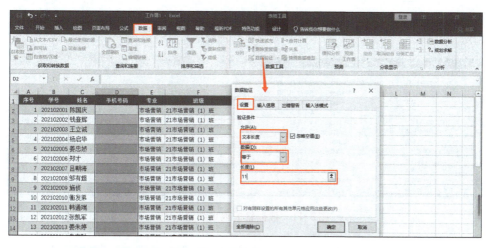

图8-9　数据验证限定文本长度

（2）在"数据验证"对话框中继续切换到"出错警告"选项卡，在"错误信息"文本框中输入"请检查手机号码是否为11位"。设置完毕，如在指定单元格输入的手机号码不为11位时，就会弹出对话框进行提示，单击"重试"按钮，即可重新输入手机号码，如图8-10所示。

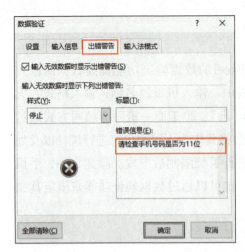

图8-10　数据验证出错警告设置

（二）限定数值范围

学生校内考试成绩通常为百分制，区间为[0，100]，也可通过该方式限制输入。操作方法同限定文本长度，在弹出"数据验证"对话框时，"允许"选择"整数"，"数据"为介于0～100，如图8-11所示。

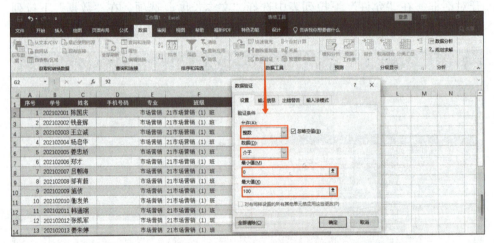

图8-11　数据验证限定数值范围

（三）通过下拉列表填充

为了提高"班级"字段列数据的输入速度与准确性，用户可以使用数据验证功能的下拉列表方式。具体操作步骤如图8-12所示。

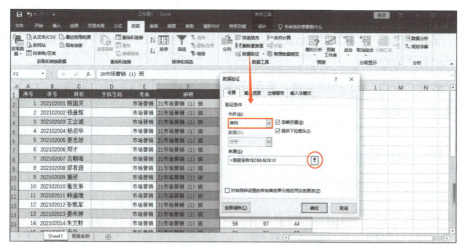

图8-12 通过下拉列表标准化填充单元格

（1）打开工作簿"学生成绩表.xlsx"，为了填写规范化班级名称，先在当前工作簿新建工作表"班级名称"，输入各班级的规范化名称。

（2）回到原工作表，选中"F2:F31"单元格，操作方法同限定文本长度，在弹出"数据验证"对话框时，"允许"选择"序列"，"来源"选中规范化的班级名称列表。

（3）设置完毕后，即在"班级"列任意单元格输入时发现右侧出现一个小三角形图案，点击小三角形图案即可直接选择自己的班级。

【知识拓展】
Excel操作快捷组合键

无论是将Excel作为办公软件还是数据分析软件，软件使用的准确度与效率一直是检验操作技能熟练与否的标准。而快捷键的使用大大提高了工具的使用效率，是职场老手们制胜的法宝。Excel的功能强大，快捷键相对也很多，无须熟记每一种快捷键的使用规则。在此介绍一些Excel的常用快捷键，同时很多快捷键也是windows通用的。

键盘"Alt"是单词"Alter"的缩写，汉语意思为"改变"。在Windows操作平台下，"Alt键"可谓是键盘之王。熟练运用该键，能大大提高工作效率。

键盘"Ctrl"全名为"control"，中文意思为"控制"，用途广泛。在计算机基础中称为"控制键"。

键盘"Shift"，上档转换键，常用于中英文转换。它作为辅助控制键，可以和其他键一起使用。

Excel操作常用快捷键如表8-2所示。

表8-2　Excel操作常用快捷键

快捷键	功能	快捷键	功能
Ctrl+C	复制	Ctrl+F	查找
Ctrl+X	剪切	Ctrl+H	替换
Ctrl+V	粘贴	Ctrl+S	保存
Ctrl+Z	撤销	Ctrl+A	全选
Ctrl+Y	① 恢复 ② 重复刚才操作	Ctrl+P	打印
Ctrl+ 方向键	光标移动到上下左右最后一个非空单元格	Ctrl+tab	本程序内窗口切换
Ctrl+Home	移动到表格首（左上角）	Ctrl+End	移动到表格尾（右下角）
选中单元格 +Ctrl+ 单击其他单元格		间断性多选	
选中单元格 +Ctrl+ 拖动其单元格		复制至指定单元格	
Alt+F4	关闭当前程序	Alt+Tab	程序之间切换
Alt+Enter	单元格内换行	Alt+ ↓	根据已输入过的内容自动生成下拉列表
单击 Shift	切换中英文输入	Ctrl+Shift	输入法切换
选中单元格 +Shift+ 单击其他单元格		连续性多选	

第三节　格式化规范数据

数据的规范化和格式化是数据处理与分析的前提，除了快速规范地输入数据以外，快速地将不规范的数据规范化并将其格式化为更加容易阅读的工作表，也是Excel操作的重点。

一、表格结构的规范

办公人员可以用Excel做员工信息表、来访登记表、费用明细表、月报表、季报表、入库单等表格，这些表格可分为3种：数据表、统计报表和表单。

（1）数据表可以看作是用户的数据库（不同于数据库管理系统，是指按照数据结构来组织、存储和管理数据的仓库），存储着大量数据信息，如员工信息表、来访登记表、费用明细表就属于数据表。

（2）统计报表是指针对数据表中的信息，按照一定的条件进行统计汇总后得到的报表，如各种月报表、季报表就是统计报表。

（3）表单是指用来打印输出的各种表，表单中的主要信息，可以从数据表中提取，如入库单、出库单，都属于表单。

通常为了便于阅读和填写，统计报表和表单中可以使用合并单元格，但是在需要统计与分析的数据表中一定不能使用合并单元格，同时，由于在数据分析的过程中还可能需要对数据表中的数据进行排序、筛选、汇总等操作，所以也不能使用多行表头、斜线式表头等。

某公司的销售合同登记台账如表8-3所示，属于数据表，但是显然它不是一个规范的数据表。

表8-3　＊＊＊有限公司销售合同登记台账（原）

＊＊＊有限公司销售合同登记台账

日期	客户名称	商品名称	合同号	规格/g			付款方式
				100	180	250	
2021.1.6	家家福超市	奶糖	20210001	383.5			现结
2021.1.9	佳吉超市	水果糖	20210002			486	月结
2021.1.10	辉宏超市	奶糖	20210003	354			月结
2021.1.16	上海家家福超市	巧克力	20210004		515.2		现结
2021.1.26	百胜超市	水果糖	20210005			1 107	月结
		巧克力		297			
1月小计				1 034.5	515.2	1 593	
2021.2.2	前进超市	奶糖	20210006	354			现结
2021.2.6	万盛达超市	水果糖	20210007		386.4		月结
2021.2.10	丰达超市	奶糖	20210008		356.4		月结
		水果糖		153.4			
2021.2.16	丰达超市	奶糖	20210009			1 116	月结
2021.2.18	百胜超市	巧克力	20210010		761.6		月结

日期	客户名称	商品名称	合同号	规格 /g			付款方式
				100	180	250	
2021.2.22	丰达超市	水果糖	2021011	254.8			月结
2021.2.24	上海百胜超市	奶糖	2021012			354	月结
2021.2.26	万盛达超市	水果糖	2021013	137.2			月结
2月小计				899.4	1504.4	1470	
2021.3.3	丰达超市	奶糖	2021014	407.1			月结
		巧克力			963.2		
		水果糖		470.4			
2021.3.6	万盛达超市	奶糖	2021015			558	月结
2021.3.10	上海万盛达超市	奶糖	2021016		455.4		月结
2021.3.16	百胜超市	水果糖	2021017	308.7			月结
2021.3.25	佳吉超市	奶糖	2021018			806	月结
3月小计				1186.2	1418.6	1364	
合计				3120.1	3438.2	4427	

上表中的不规范之处如下所述：

① 数据之间有空白行。

② 数据表中使用了合并单元格。

③ 使用了多行表头。

④ 数据表中使用了小计、合计。

⑤ 日期格式不规范、不统一，出现了多种日期格式（如2021.1.6、20210116）。

⑥ 同一客户使用不同的客户名称（如家家福超市、上海家家福超市）。

⑦ 合同号格式不一致，有的7位数，有的8位数。

⑧ 同一属性字段用多列字段记录。

⑨ 字段顺序不合理，当前数据表是合同登记台账，强调的是合同，所以"合同号"应该排在"客户名称"的前面。

⑩ 工作表的标题应该在工作表标签中体现，而不应该在工作表的编辑区出现。

将上述不合理的地方更正后的效果如表8-4所示。

表8-4　＊＊＊有限公司销售合同登记台账（改）

日期	客户名称	商品名称	合同号	规格/g	金额	付款方式
2021/1/6	家家福超市	奶糖	20210001	100	383.5	现结
2021/1/9	佳吉超市	水果糖	20210002	250	486	月结
2021/1/10	辉宏超市	奶糖	20210003	150	354	月结
2021/1/16	上海家家福超市	巧克力	20210004	180	515.2	现结
2021/1/26	百胜超市	水果糖	20210005	250	1107	月结
2021/2/2	前进超市	奶糖	20210006	100	354	现结
2021/2/6	万盛达超市	水果糖	20210007	180	386.4	月结
2021/2/10	丰达超市	奶糖	20210008	180	356.4	月结

二、快速处理空白行、列、单元格

在数据表中不能有空白行、空白列，因为这些会影响用户使用公式、排序、筛选、汇总、数据透视表等功能对数据表进行汇总分析。在部分数据分析软件中，数据挖掘的过程也不允许数据表中空白单元格的存在，如果用户的数据表中已经有空白行、空白列，最常用的处理方法是删除。

对于空白行、空白列，常用的删除方法有三种：手动删除、通过筛选删除、通过函数删除。下面以删除行为例，分别介绍这三种方法。

（一）手动删除

手动删除一般用于数据量比较少的情况，操作方法如图8-13所示。选中空白行，切换到"开始"选项卡，在"单元格"组中单击"删除"下方小三角形图案，单击"删除工作表行"。

图8-13　删除工作表行

（二）通过筛选删除

通过筛选删除是指选中一个合适的字段进行筛选，筛选出空白行，然后进行删除。需要注意的是，用来进行筛选的字段下，除了空白行包含的单元格外，其余部分不能有合并单元格。具体操作步骤如图8-14所示。

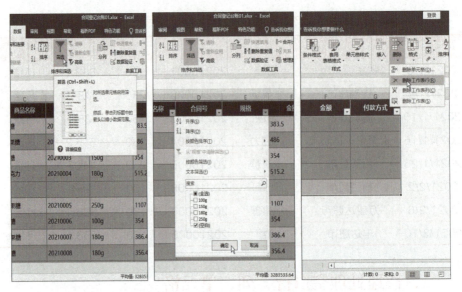

图8-14　通过筛选功能删除空白行

（1）打开工作簿"合同登记台账01.xlsx"，选中数据表中的所有数据区域，切换到"数据"选项卡，在"排序和筛选"组中单击"筛选"按钮。

（2）当各标题字段右下角出现一个小三角形图案，即为筛选功能开启状态。选择"规格"字段，单击小三角（任意字段皆可），从弹出的筛选列表中取消"全选"复选框，然后勾选"空白"复选框，单击"确定"。

（3）此时表格显示为筛选出的空白行，选中需删除的空白行，切换到"开始"选项卡，在"单元格"组中单击"删除"下方小三角，单击"删除工作表行"。

（4）再次选择"规格"字段点击小三角（任意字段皆可），从弹出的筛选列表中选中"全选"复选框，单击"确定"，即可看到数据区域中空白行已被删除。

（三）通过函数删除

视频：通过
函数删除教
学演示

如果数据表中有合并单元格或零散的空白单元格，那么用户就无法直接使用筛选功能将空白行删除。此时用户可以先增加一个辅助列，使用COUNTA函数统计出每行非空单元格的个数，若个数为零，则为空行，用户通过筛选功能筛选出COUNTA统计结果为零的行（即空白行），删除即可。具体操作步骤如图8-15所示。

（1）打开工作簿"合同登记台账02.xlsx"，选中空白单元格I4，切换到"公式"选项卡，在"函数库"组中单击"插入函数"。弹出"插入函数"对话框，在"或选择类别"下拉列表中选择"统计"选项，然后在"选择函数"列表框中选择"COUNTA"选项，单击"确定"按钮。

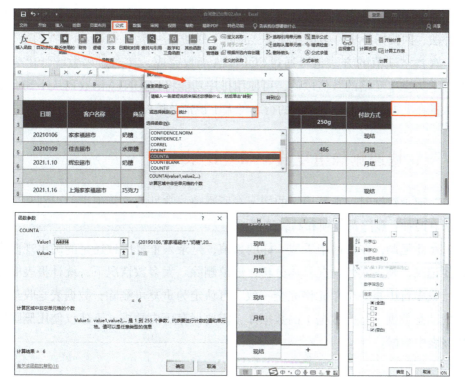

图8-15　通过函数功能删除空白行

（2）在弹出"函数参数"对话框中的第一个参数文本框中输入"A4:H4"，单击"确定"按钮。

（3）将鼠标移至单元格"I4"右下角，当鼠标指针变成十字形状时，拖动鼠标左键至"I32"，释放鼠标可将公式填充到单元格区域"I5:I32"中。

（4）切换到"数据"选项卡，在"排序和筛选"组中单击"筛选"按钮，点击"I4"单元格右下角小三角，从弹出的筛选列表中取消"全选"复选框，然后勾选"0"复选框，单击确定。

（5）按照上一节所述方法删除筛选出的空白行后，通过筛选功能将"I4"单元格筛选列表勾选"全选"复选框，即可完成。

（四）空白单元格（空缺值）处理

空缺值在数据统计分析过程中大多数情况下不被允许，例如，在学生成绩统计表中，个别学生个别科目成绩为空值，若统计平均成绩是将空值样本计入其中，则会大大拉低班级整体平均分，因此在统计计算前，需要对空缺值进行处理。

在数据预处理阶段，对空缺值的处理分为删除与填补，删除大多数时候意味着将其数据个体删除，若样本较大，删除少数样本数据后在不影响数据分析结果的情况下可以删除。但是如果删除行会在较大程度上影响数据分析结果，则不能简单粗暴地直接删除，可使用插补法，如人工插补法、均值插补法、热插补法、回归插补法、多重插补法、时间序列插补法等。

查找空缺值的方法也可通过COUNTA函数完成，在通过函数统计出表格每行不为空单元格的数值以后，可使用排序功能将COUNTA函数列从小到大排序，排在上方的即为有空缺值的行，可人工识别及填补。

三、快速删除重复值、重复记录

在记录数据时，重复记录的情况在所难免，常见的重复记录的识别和处理方法有两种：删除重复项和高级筛选法。

在此强调，在表格中看似一样的数值，是录入重复所致还是的确出现多次需要记录，则需具体情况具体分析，谨慎删除。大多数情况下，统计报表中某两行或多行中每一个单元格完全一致，可认定为重复可删除；数据表是收集大量的动态数据（行为数据）的数据库，需要保存历史数据，不建议使用删除操作该表中数据。

（一）删除重复项

使用删除重复值工具可快速删除指定列重复的行。具体操作步骤如图8-16所示。

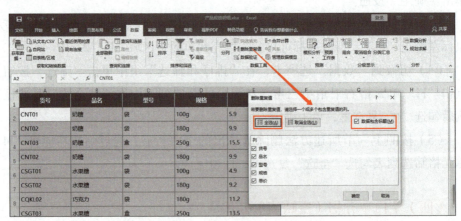

图8-16　数据工具——删除重复值

（1）打开工作簿"产品规格明细.xlsx"，选中所有数据区域"A2:E12"。

（2）切换到"数据"选项卡，在"数据工具"组中单击"删除重复值"按钮。

（3）在弹出"删除重复值"对话框后，选中所有列，单击"确定"，即可完成，保留唯一值。

（二）高级筛选法

使用删除重复值的方法删除重复记录后，新的记录会替换原记录。如果用户想要保留原记录，可以使用高级筛选法。具体操作步骤如图8-17所示。

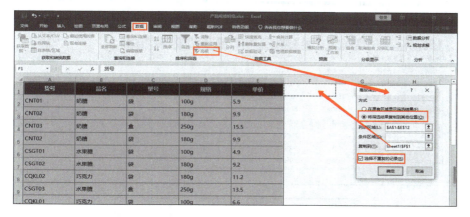

图8-17　高级筛选法删除重复值

（1）打开工作簿"产品规格明细.xlsx"，选中所有的数据区域"A2:E12"；

（2）切换到"数据"选项卡，在"排序和筛选"组中单击"高级"按钮，弹出"高级筛选"对话框；

（3）选中"将筛选结果复制到其他位置"，单击"复制到"文本框右侧按钮，在工作表中选择一个空白单元格，然后勾选"选择不重复的记录"复选框，单击确定，即可完成。

四、不规范文本整理技巧

在 Excel中输入内容时，由于书写习惯的不同，同一表格的不同人录入的内容格式及表达形式可能不统一。比如"南京大学"与"南大"，虽然是一个概念，但是Excel无法自动将两个文本识别为一个概念。此时需要利用一些操作方法手动操作或者设置词汇库进行自动修正。

以手动修正日期格式为例，日期格式有的是Excel可以识别的，如2022/1/8、2022-01-08等，但是有的日期格式是不能被识别的，如2022.1.8、20220108等。

可以将这些不能识别的日期快速转换为Excel可以识别的日期的方法通常有两种：查找替换和分列功能。

（一）查找替换

在工作表中如果使用了带有间隔标记的不规范日期，如2021.1.8，我们可以

使用Excel的查找替换功能将"."替换为"/"或"-"。具体操作步骤如图8-18
所示。

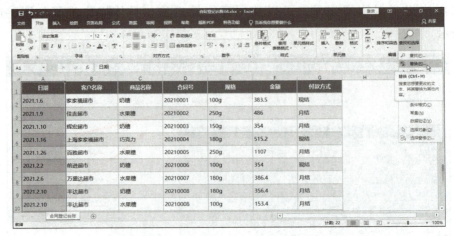

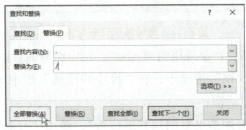

图8-18 查找替换功能整理不规范日期

（1）打开工作簿"合同登记台账02.xlsx"，选中不规范日期所在数据区域
"A2:A22"，切换到"开始"选项卡，在"编辑"组中单击"查找和选择"按钮，
在弹出的下拉列表中点击"替换"。

（2）在弹出的"查找和替换"对话框，在"查找内容"文本框中输入"."，
在"替换为"文本框输入"/"，单击"全部替换"。

（3）系统弹出提示框，提示用户"全部完成。完成42处替换"，点击确定。

（二）分列功能

如果同一列的日期有多种不同格式，而且有的还没有分隔符号，除了寻找
不同的格式分别进行格式化外，可以使用分列功能更加快速地解决问题。具体
操作步骤如图8-19所示。

（1）打开工作簿"合同登记台账02.xlsx"，选中不规范日期所在的数据区域
"A2:A22"，切换到"数据"选项卡，在"数据工具"组中单击"分列"按钮，
弹出的"文本分列向导-第1步，共3步"对话框，点选"分隔符号"，单击下
一步。

（2）弹出"文本分列向导-第2步，共3步"对话框，点选"Tab键"复选
框，单击下一步。

（3）弹出"文本分列向导–第3步，共3步"对话框，点选"日期"单选框，右侧列表日期格式默认，单击完成。

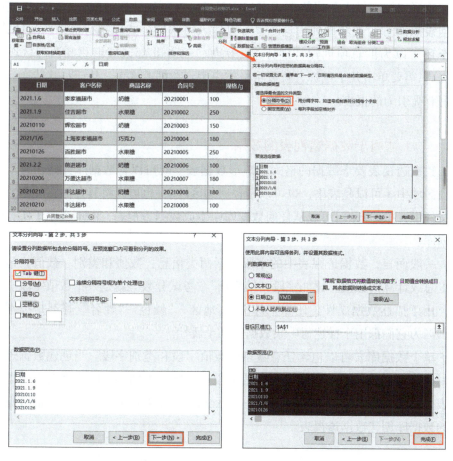

图8-19　分列功能整理不规范日期

第四节　数据透视表

　　在输入数据并进行格式化的调整之后，即开始对数据进行统计与分析。Excel中数据统计分析的方法较多，本节以一种高效处理及分析数据的工具——数据透视表入手，讲述如何利用数据透视表对数据进行快速汇总分析与计算。

一、数据透视表简介

　　数据透视表在本质上是一个从数据库生成的动态汇总报表。这里所指的数据库既可以位于一个工作表中（以表格形式存在），也可以位于外部数据文件中。数据透视表可以将无穷多行和列的数据转换成有意义的数据表示形式，并且完成此工作的速度较快。

数据透视表最大的优势在于它的交互性。在创建数据透视表后，可以按照任何设想的方式重新排列信息，也可以插入特殊的公式以执行各种新的计算，甚至还可以为汇总项创建特别分组（例如，合并北部区域汇总和西部区域汇总）。只需要单击几下鼠标，就可将格式应用到数据透视表，从而将其转换为一个富有吸引力的报表。

（一）适用于数据透视表的数据

数据透视表要求数据的格式是矩形数据表。既可以将数据库存储在一个工作表区域中（可以是表格，也可以是普通的区域），也可以将其存储在外部数据库文件中。虽然Excel可以从任何数据库中生成数据透视表，但不适用于所有的数据库。

一般而言，数据透视表中的字段包括两类信息：数值和类别。数值，包含要汇总或计算的数值。比如字段"销售额""考试分数"就是一个数值字段。类别，用于描述数据属性。比如"月份""地区""颜色""姓名"等都是类别字段，因为它们都用于描述每一条数据的某个属性。

单个数据库表可以包含任意数量的数值字段和类别字段。当创建数据透视表时，通常需要汇总一个或多个数值字段。相反，类别字段的值将会在数据透视表中显示为行、列或筛选项。但是，Excel并不是对所有包含实际数值数据字段的数据库创建数据透视表。

表8-5　某公司一、二、三区上半年汽车销量统计表

地区	一月	二月	三月	一季度	四月	五月	六月	二季度	总结
上海	1 118	1 960	1 252	4 330	1 271	1 557	1 679	4 507	8 837
浙江	1 247	1 238	1 028	3 513	1 345	1 784	1 574	4 703	8 216
江苏	1 460	1 954	1 726	5 140	1 461	1 764	1 144	4 369	9 509
福建	1 345	1 375	1 075	3 795	1 736	1 555	1 372	4 663	8 458
一区小计	5 170	6 527	5 081	16 778	5 813	6 660	5 769	18 242	35 020
广东	1 429	1 316	1 993	4 738	1 832	1 740	1 191	4 763	9 501
广西	1 735	1 406	1 224	4 365	1 706	1 320	1 290	4 316	8 681
湖南	1 099	1 233	1 110	3 442	1 637	1 512	1 006	4 155	7 597
江西	1 705	1 792	1 225	4 722	1 946	1 327	1 357	4 630	9 352
二区小计	5 968	5 747	5 552	17 267	7 121	5 899	4 844	17 864	35 131

地区	一月	二月	三月	一季度	四月	五月	六月	二季度	总结
湖北	1 109	1 078	1 155	3 342	1 993	1 082	1 551	4 626	7 968
安徽	1 309	1 045	1 641	3 995	1 924	1 499	1 941	5 364	9 359
河南	1 511	1 744	1 414	4 669	1 243	1 493	1 820	4 556	9 225
山西	1 539	1 493	1 211	4 243	1 165	1 013	1 445	3 623	7 866
山东	1 973	1 560	1 243	4 776	1 495	1 125	1 387	4 007	8 783
三区小计	7 441	6 920	6 664	21 025	7 820	6 212	8 144	22 176	43 201
总计	18 579	19 194	17 297	55 070	20 754	18 771	18 757	58 282	113 352

表8-5（源数据见工作簿"车辆地区销量.xlsx"-工作表"统计表"）是一个不适合建立数据透视表的Excel区域。虽然该区域包含针对每个数值的描述性信息，但是事实上，这是一张数据统计表，已经进行了初步的数据汇总，相比数据透视表，其灵活性较差。

如果将表8-5未经处理的数据表找出，很有可能是一个非常规范化的数据，如表8-6（源数据见工作簿"车辆地区销量.xlsx"-工作表"数据表"）。这个区域包含78行数据，表示的是苏浙沪三省市在1~6月的销售量数据。每一行都包含了销售量的类别信息。此表格是创建数据透视表的理想对象，它包含了按照地区、月份或季度汇总信息的所有必要信息。

表8-6　某公司一、二、三区上半年汽车销量数据表

省/直辖市	地区	月份	季度	销售量
上海	一区	一月	一季度	1 118
上海	一区	二月	一季度	1 960
上海	一区	三月	一季度	1 252
上海	一区	四月	二季度	1 271
上海	一区	五月	二季度	1 557
上海	一区	六月	二季度	1 679
浙江	一区	一月	一季度	1 247
浙江	一区	二月	一季度	1 238
浙江	一区	三月	一季度	1 028
浙江	一区	四月	二季度	1 345
浙江	一区	五月	二季度	1 784
浙江	一区	六月	二季度	1 574
江苏	一区	一月	一季度	1 460

省/直辖市	地区	月份	季度	销售量
江苏	一区	二月	一季度	1 954
江苏	一区	三月	一季度	1 726
江苏	一区	四月	二季度	1 461
江苏	一区	五月	二季度	1 764
江苏	一区	六月	二季度	1 144

（二）数据透视表示例

以上表为例，此表格包含五个字段，即五列的列标题：省/直辖市、地区、月份、季度和销售量。在公司进行销售分析的时候，肯定不止使用这五个字段，还包括销售额、利润率，等等。仅以此表格观察发现其中包含的数据基本信息，包含销售区域、统计时段、销售量，随后建立数据透视表进行的数据分析也要遵循这个业务逻辑。

表8-7即为表8-6数据生成的数据透视表，行标签为"省/直辖市"与"地区"，列标签为"月份"与"季度"，数值是"销售量"，表8-8为每个地区的每个季度的销量统计。

表8-7　某公司一、二、三区上半年汽车销量数据透视表1

	一季度			一季度汇总	二季度			二季度汇总	总计
	一月	二月	三月		四月	五月	六月		
一区	5 170	6 527	5 081	16 778	5 813	6 660	5 769	18 242	35 020
福建	1 345	1 375	1 075	3 795	1 736	1 555	1 372	4 663	8 458
江苏	1 460	1 954	1 726	5 140	1 461	1 764	1 144	4 369	9 509
上海	1 118	1 960	1 252	4 330	1 271	1 557	1 679	4 507	8 837
浙江	1 247	1 238	1 028	3 513	1 345	1 784	1 574	4 703	8 216
二区	5 968	5 747	5 552	17 267	7 121	5 899	4 844	17 864	35 131
广东	1 429	1 316	1 993	4 738	1 832	1 740	1 191	4 763	9 501
广西	1 735	1 406	1 224	4 365	1 706	1 320	1 290	4 316	8 681
湖南	1 099	1 233	1 110	3 442	1 637	1 512	1 006	4 155	7 597
江西	1 705	1 792	1 225	4 722	1 946	1 327	1 357	4 630	9 352
三区	7 441	6 920	6 664	21 025	7 820	6 212	8 144	22 176	43 201
安徽	1 309	1 045	1 641	3 995	1 924	1 499	1 941	5 364	9 359
河南	1 511	1 744	1 414	4 669	1 243	1 493	1 820	4 556	9 225
湖北	1 109	1 078	1 155	3 342	1 993	1 082	1 551	4 626	7 968

	一季度			一季度汇总	二季度			二季度汇总	总计
	一月	二月	三月		四月	五月	六月		
山东	1 973	1 560	1 243	4 776	1 495	1 125	1 387	4 007	8 783
山西	1 539	1 493	1 211	4 243	1 165	1 013	1 445	3 623	7 866
总计	18 579	19 194	17 297	55 070	20 754	18 771	18 757	58 282	113 352

表8-8　某公司一、二、三区上半年汽车销量数据透视表2

	一季度	二季度	总计
一区	16 778	18 242	35 020
二区	17 267	17 864	35 131
三区	21 025	22 176	43 201
总计	55 070	58 282	113 352

二、创建数据透视表

创建数据透视表的过程是一个交互过程，需要不断尝试各种布局，直到得出满意的结果。具体操作步骤如下：

（1）打开工作簿"车辆地区销量.xlsx"，切换至"数据表"工作表，鼠标选择区域中任意数据单元格，切换至"插入"选项卡，点击"数据透视表"图标，弹出"创建数据透视表"对话框，检查数据源是否正确，选择放置数据透视表的位置，默认为"新工作表"，单击"确定"（如图8-20所示）。

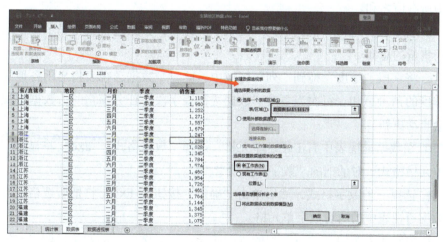

图8-20　创建数据透视表

（2）在新工作表生成数据透视表，此时未选择数据透视表布局（如图8-21所示）。

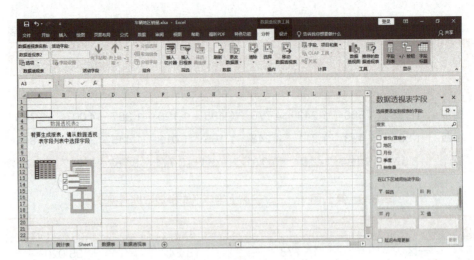

图 8-21　数据透视表界面

（3）设置数据透视表的实际布局。可以采用下面任何一种方法完成上述任务。

① 将字段名称（位于"数据透视表字段"任务窗格的顶部）按照业务逻辑拖拽到该任务窗格底部四个框中的任何一个。

② 在"数据透视表字段"任务窗格顶部的选项旁边放置一个复选标记。Excel会将此字段放入底部的4个框之一。如有需要，也可以将其拖动到其他不同的框中。

③ 右击位于"数据透视表字段"任务窗格顶部的某个字段名称，并从快捷菜单中选择其位置（例如"添加到行标签"）。

通过以下步骤可以创建表8-8显示的数据透视表：

a. 将字段"销售量"拖到"值"区域中。此时，数据透视表将显示销售量列中所有值之和。

b. 将字段"地区"拖到"行"区域中。此时，数据透视表将显示每个地区的销售量的总和。

c. 将字段"季度"拖到"列"区域中。此时，数据透视表将显示各地区每个季度的销量总和。每次当更改"数据透视表字段"任务窗格时，数据透视表都会自动更新。

d. 在数据透视表中右击任意单元格，选择"数字格式"。Excel 将显示"设置单元格格式"对话框的"数字"选项卡。

e. 选择一种数字格式，然后单击"确定"按钮。Excel 将把所选格式应用到数据透视表中的所有数字单元格。

f. 按照业务逻辑调整行与列的排列顺序，本案例可手动调整，调整方法为选中该列或行，鼠标放置其边缘成 ✥ 形状时点击往上下左右移动（如图8-22所示）。

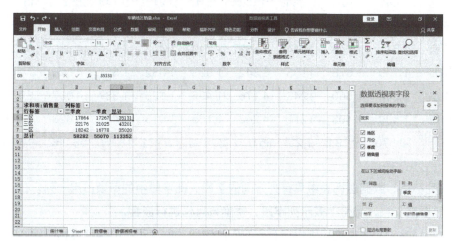

图 8-22　数据透视表调整字段前后顺序

图 8-23 为完成后的数据透视表及筛选字段设置。

图 8-23　"车辆地区销量"数据透视表字段选择及呈现效果

【知识拓展】

数据透视表术语

以表 8-9 "某公司一、二、三区上半年汽车销量数据透视表 1" 为例。

表 8-9　某公司一、二、三区上半年汽车销量数据透视表 1

	一季度			一季度汇总	二季度			二季度汇总	总计
	一月	二月	三月		四月	五月	六月		
一区	5 170	6 527	5 081	16 778	5 813	6 660	5 769	18 242	35 020
福建	1 345	1 375	1 075	3 795	1 736	1 555	1 372	4 663	8 458
江苏	1 460	1 954	1 726	5 140	1 461	1 764	1 144	4 369	9 509
上海	1 118	1 960	1 252	4 330	1 271	1 557	1 679	4 507	8 837
浙江	1 247	1 238	1 028	3 513	1 345	1 784	1 574	4 703	8 216
二区	5 968	5 747	5 552	17 267	7 121	5 899	4 844	17 864	35 131
广东	1 429	1 316	1 993	4 738	1 832	1 740	1 191	4 763	9 501
广西	1 735	1 406	1 224	4 365	1 706	1 320	1 290	4 316	8 681

	一季度			一季度汇总	二季度			二季度汇总	总计
	一月	二月	三月		四月	五月	六月		
湖南	1 099	1 233	1 110	3 442	1 637	1 512	1 006	4 155	7 597
江西	1 705	1 792	1 225	4 722	1 946	1 327	1 357	4 630	9 352
三区	7 441	6 920	6 664	21 025	7 820	6 212	8 144	22 176	43 201
安徽	1 309	1 045	1641	3 995	1 924	1 499	1 941	5 364	9 359
河南	1 511	1 744	1414	4 669	1 243	1 493	1 820	4 556	9 225
湖北	1 109	1 078	1155	3 342	1 993	1 082	1 551	4 626	7 968
山东	1 973	1 560	1243	4 776	1 495	1 125	1 387	4 007	8 783
山西	1 539	1 493	1211	4 243	1 165	1 013	1 445	3 623	7 866
总计	18 579	19 194	17 297	55 070	20 754	18 771	18 757	58 282	113 352

列标签：数据透视表中具有列方向的字段，此字段中的每项占用一列。在上表中，"季度"和"月份"表示列字段，季度与月份进行嵌套。

行标签：在数据透视表中拥有行方向的字段。此字段中的每项占据一行，行字段可以进行嵌套。在上表中，"省/直辖市"和"地区"代表行字段，两个行标签进行了嵌套。

总计：用于显示数据透视表中一行或一列中所有单元格的总和的行或列。可以指定对行或列或者这两者（或两者都不）计算总计值。上表显示了行和列的总计。

组：一组被视为单项的项。可以手动分组或自动分组（例如，将日期按月份分组）。上表中没有已定义的组。

项：字段中的元素，在数据透视表中作为行或列的标题显示。在上表中，"一季度"和"二季度"是"季度"字段的项。"地区"字段有三项："一区""二区"和"三区"。

刷新：在更改源数据后，重新计算数据透视表。

源数据：用于创建数据透视表的数据。该数据既可位于工作表中，也可位于外部数据库中。

分类汇总：用于显示数据透视表中一行或一列中详细单元格的分类汇总的行或列。上表在数据下面显示了每个分行的分类汇总。也可以在数据上面显示分类汇总，或者隐藏分类汇总。

表筛选：数据透视表中具有分页方向的字段，用于限制汇总哪些字段。可一次在一个页面字段内显示一项、多项或所有项。

数值区域：数据透视表中包含汇总数据的单元格。Excel提供了几种用于汇总数据的方法（求和、求平均值、计数等），本案例使用为"求和"汇总方式。

三、数据透视表的排序与筛选

数据透视表可以帮助用户轻松地对庞大的数据进行汇总，但是在对汇总数据进行分析时，有时还是需要根据分析的目的对汇总数据进行排序、筛选。

（一）数据透视表的排序

为了更方便对各产品的销售情况进行分析，可以对各省份的销售额进行排序。具体操作如下。

（1）打开工作簿"车辆地区销量.xlsx"，切换到"数据透视表"工作表。

（2）点击"一季度汇总"该列任一单元格，然后单击鼠标右键，在弹出的快捷菜单选择"排序"—"降序"菜单项，数据透视表中"一季度汇总"列即按照数值从大至小顺序进行排列。（因为列标签"地区"与"省/直辖市"产生嵌套，即包含关系，所以数据仅在地区内部排序）

（3）为排序调整前与调整后对比见表8-10与表8-11。

表8-10　某公司一、二、三区上半年汽车销量数据透视表（调整前）

	一季度			一季度汇总	二季度			二季度汇总	总计
	一月	二月	三月		四月	五月	六月		
一区	5 170	6 527	5 081	16 778	5 813	6 660	5 769	18 242	35 020
福建	1 345	1 375	1 075	3 795	1 736	1 555	1 372	4 663	8 458
江苏	1 460	1 954	1 726	5 140	1 461	1 764	1 144	4 369	9 509
上海	1 118	1 960	1 252	4 330	1 271	1 557	1 679	4 507	8 837
浙江	1 247	1 238	1 028	3 513	1 345	1 784	1 574	4 703	8 216
二区	5 968	5 747	5 552	17 267	7 121	5 899	4 844	17 864	35 131
广东	1 429	1 316	1 993	4 738	1 832	1 740	1 191	4 763	9 501
广西	1 735	1 406	1 224	4 365	1 706	1 320	1 290	4 316	8 681
湖南	1 099	1 233	1 110	3 442	1 637	1 512	1 006	4 155	7 597
江西	1 705	1 792	1 225	4 722	1 946	1 327	1 357	4 630	9 352
三区	7 441	6 920	6 664	21 025	7 820	6 212	8 144	22 176	43 201
安徽	1 309	1 045	1 641	3 995	1 924	1 499	1 941	5 364	9 359
河南	1 511	1 744	1 414	4 669	1 243	1 493	1 820	4 556	9 225
湖北	1 109	1 078	1 155	3 342	1 993	1 082	1 551	4 626	7 968

	一季度			一季度汇总	二季度			二季度汇总	总计
	一月	二月	三月		四月	五月	六月		
山东	1 973	1 560	1 243	4 776	1 495	1 125	1 387	4 007	8 783
山西	1 539	1 493	1 211	4 243	1 165	1 013	1 445	3 623	7 866
总计	18 579	19 194	17 297	55 070	20 754	18 771	18 757	58 282	113 352

表8-11 某公司一、二、三区上半年销量数据透视表（降序后）

	一季度			一季度汇总	二季度			二季度汇总	总计
	一月	二月	三月		四月	五月	六月		
一区	5 170	6 527	5 081	16 778	5 813	6 660	5 769	18 242	35 020
江苏	1 460	1 954	1 726	5 140	1 461	1 764	1 144	4 369	9 509
上海	1 118	1 960	1 252	4 330	1 271	1 557	1 679	4 507	8 837
福建	1 345	1 375	1 075	3 795	1 736	1 555	1 372	4 663	8 458
浙江	1 247	1 238	1 028	3 513	1 345	1 784	1 574	4 703	8 216
二区	5 968	5 747	5 552	17 267	7 121	5 899	4 844	17 864	35 131
广东	1 429	1 316	1 993	4 738	1 832	1 740	1 191	4 763	9 501
江西	1 705	1 792	1 225	4 722	1 946	1 327	1 357	4 630	9 352
广西	1 735	1 406	1 224	4 365	1 706	1 320	1 290	4 316	8 681
湖南	1 099	1 233	1 110	3 442	1 637	1 512	1 006	4 155	7 597
三区	7 441	6 920	6 664	21 025	7 820	6 212	8 144	22 176	43 201
山东	1 973	1 560	1 243	4 776	1 495	1 125	1 387	4 007	8 783
河南	1 511	1 744	1 414	4 669	1 243	1 493	1 820	4 556	9 225
山西	1 539	1 493	1 211	4 243	1 165	1 013	1 445	3 623	7 866
安徽	1 309	1 045	1 641	3 995	1 924	1 499	1 941	5 364	9 356
湖北	1 109	1 078	1 155	3 342	1 993	1 082	1 551	4 626	7 968
总计	18 579	19 194	17 297	55 070	20 754	18 771	18 757	58 282	113 352

（二）数据透视表的筛选

在数据透视表中，如果汇总后的项目比较多，又要从中找出需要的数据，这时可以利用数据透视表的筛选功能。具体操作步骤如下。

（1）打开工作簿"车辆地区销量.xlsx"，切换到"数据透视表"工作表。

（2）鼠标点击行标签下任一单元格，然后单击鼠标右键，在弹出的快捷菜单选择"筛选"—"前10个"；

（3）在弹出的对话框中，选择"最大"的"2""项"，单击确定，即可看到每个地区只留下销售量排名前两位的省份，结果如表8-12所示。

表8-12 数据透视表的筛选

	一季度			一季度汇总	二季度			二季度汇总	总计
	一月	二月	三月		四月	五月	六月		
一区	2 578	3 914	2 978	9 470	2 732	3 321	2 823	8 876	18 346
江苏	1 460	1 954	1 726	5 140	1 461	1 764	1 144	4 369	9 509
上海	1 118	1 960	1 252	4 330	1 271	1 557	1 679	4 507	8 837
二区	3 134	3 108	3 218	9 460	3 778	3 067	2 548	9 393	18 853
广东	1 429	1 316	1 993	4 738	1 832	1 740	1 191	4 763	9 501
江西	1 705	1 792	1 225	4 722	1 946	1 327	1 357	4 630	9 352
三区	2 820	2 789	3 055	8 664	3 167	2 992	3 761	9 920	18 584
河南	1 511	1 744	1 414	4 669	1 243	1 493	1 820	4 556	9 225
安徽	1 309	1 045	1 641	3 995	1 924	1 499	1 941	5 364	9 359
总计	8 532	9 811	9 251	27 594	9 677	9 380	9 132	28 189	55 783

四、生成数据透视图

数据透视图与一般图表最大的不同之处在于：一般的图表为静态图表，而数据透视图与数据透视表一样，都是交互式的动态图表。如果需要更加直观地查看和比较数据透视表中的汇总结果，则可利用Excel提供的由数据透视表生成数据透视图的功能来实现。

下面以品名和业务员创建的数据透视表为例，介绍创建数据透视图的方法。具体操作步骤如下：

（1）打开工作簿"车辆地区销量.xlsx"，选择"数据表"工作表，鼠标选择区域中任意数据单元格，切换至"插入"选项卡。

（2）在"图表"组单击"数据透视图"图标，可同时创建数据透视表与相关联的数据透视图。

本案例数据透视表已创建，鼠标点击数据透视表任意单元格后，在"插入"选项卡，"图表"组单击"数据透视图"图标，弹出"插入图表"对话框，选择合适图形，在此选择柱形图的堆积柱形图（如图8-24所示）。

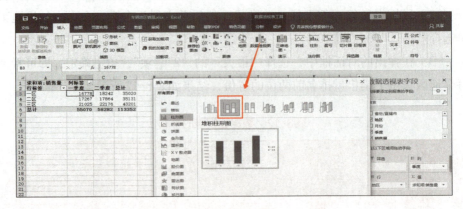

图8-24　数据透视图选择堆积柱形图

与数据透视表相关联的数据透视图即创建在表格旁边。与普通图表相比，数据透视图的灵活性更高，在数据透视图中，数据系列和图例字段都有下拉菜单，可以单击其下拉按钮，然后在弹出的下拉菜单中选择要查看的项，随后透视图就会根据所选的项目形成所需要的透视图，见图8-25。

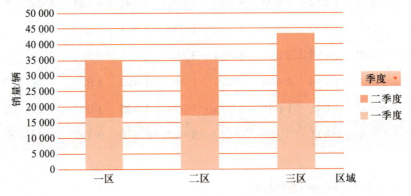

图8-25　数据透视图（堆积柱形图）

点击右侧"季度"字段下拉菜单，取消全选，勾选"一季度"，效果见图8-26。"地区"字段操作同理。

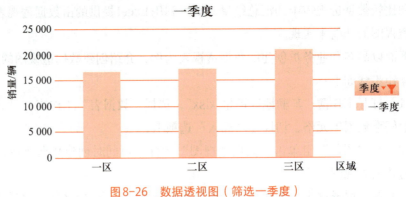

图8-26　数据透视图（筛选一季度）

五、使用切片器筛选

切片器提供了一种全新的筛选报表中数据的方式，它清楚地表明在筛选之后的报表中哪些数据是可见的。具体操作步骤如下：

（1）打开工作簿"车辆地区销量.xlsx"，切换到"数据透视表3"工作表。用鼠标点击行标签下任一单元格，切换至"数据透视工具"下"分析"选项卡，在"筛选"组单击"插入切片器"，在弹出的"插入切片器"对话框勾选"月份"（如图8-27所示）。

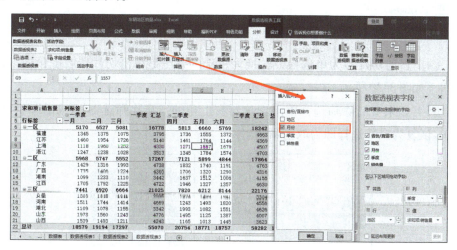

图8-27 数据透视表-切片器

（2）在弹出的"月份"切片器中单击任意月份，该数据透视表即只显示该月份数据及汇总（如图8-28所示）。

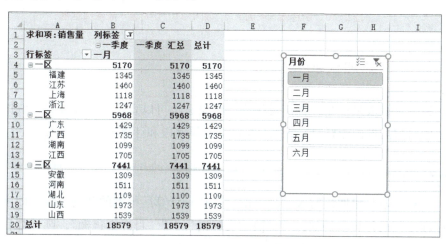

图8-28 数据透视表-切片器呈现效果

（3）利用同样的方法可以再次添加一个切片器，如地区，添加数据透视图（如图8-29所示）。

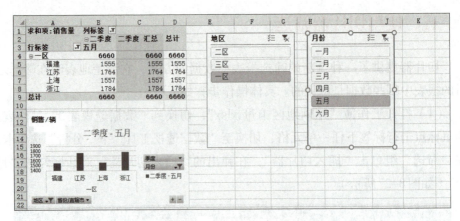

图 8-29　2个切片器的应用

（4）目前切片器为单选项，转换为多选的办法是单击切片器右上角的多选按钮（如图 8-30 所示）。

（5）如果要清除筛选，单击切片器右上角的"清除筛选器"（如图 8-31 所示），恢复为全部选择即为取消筛选。

图 8-30　切片器-多选　　　图 8-31　切片器-清除筛选器

六、数据透视表的计算

数据透视表虽然是一种汇总报表，但是它也可以直接参与计算。在数据透视表中对数据进行计算的方式主要是添加计算字段和计算项。

（一）添加计算字段

计算字段是指通过对表中现有的字段执行计算后得到的新的字段，即字段与字段之间的计算。例如，有字段"实际销售额""目标销售额"，则计算目标差异 = 实际销售额 – 目标销售额。具体操作步骤如下：

（1）打开工作簿"车辆地区销量.xlsx"，切换至"预计销量"工作表，在新的工作表中插入数据透视表。

（2）在新的工作表右侧"数据表透视字段"中，勾选"地区""预计销量""销售量"三个字段，即完成数据透视表的创建。

（3）单击数据透视表内容部分单元格，切换至"数据分析表工具"-"分析"选项卡，在"计算"组中单击"字段、项目和集"，在弹出的下拉列表中选择"计算字段"选项，如图8-32所示。

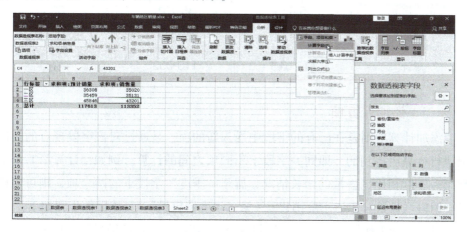

图8-32 添加计算字段

（4）在弹出的"插入计算字段"对话框中，"名称"文本框输入"差异"，"公式"文本框输入公式"=预计销量 销售量"，两个字段的数据可以在"字段"框选中要选择字段然后单击"插入字段"按钮，输入后点击"确定"（如图8-33所示）。

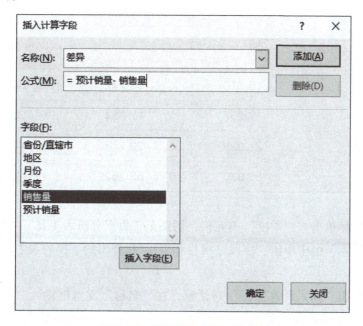

图8-33 添加计算字段"差异"

（5）在新的数据透视表中即新增一条字段为"预计销量"-"销售量"的"差异"，效果如表8-13所示，即为完整的计算了各区销量完成差异的数据透视表。

表8-13 添加计算字段效果

	预计销量	销售量	差异
一区	36 308	35 020	−1 288
二区	35 459	35 131	−328
三区	45 846	43 201	−2 645
总计	117 613	113 352	−4 261

视频：如何添加计算项

（二）添加计算项

添加计算项则是在已有的字段中插入新的项，是通过对该字段现有的其他项执行计算后得到的，即同一字段下不同项之间的计算。例如，计算第二季度与第一季度相比销售量的增长情况，属于"季度"字段下的两个项，则可以计算"销售增长量 = 第二季度销售量−第二季度销售量"。具体操作步骤如下：

（1）打开工作簿"车辆地区销量.xlsx"，切换至"预计销量"工作表，在新的工作表插入数据透视表。

（2）在新的工作表右侧"数据表透视字段"中，将"地区"添加进"行字段"，"季度"添加至"列字段"，"销售额"添加至"值字段"，调整一下行标签和列标签的各项的顺序，效果如表8-14所示。

表8-14 车辆预计销售数据透视表

	一季度	二季度	总计
一区	16 778	18 242	35 020
二区	17 267	17 864	35 131
三区	21 025	22 176	43 201
总计	55 070	58 282	113 352

（3）鼠标单击"二季度"单元格，切换至"数据分析表工具"–"分析"选项，在"计算"组中单击"字段、项目和集"，在弹出的下拉列表中选择"计算项"选项。

（4）弹出"插入计算字段"对话框，在"名称"文本框输入"季度增长"。在"公式"文本框输入公式"=二季度−一季度"，两个项的数据可以在"项"框选中要选择项，然后单击"插入项"按钮，输入后单击"确定"（如图8-34所示）。

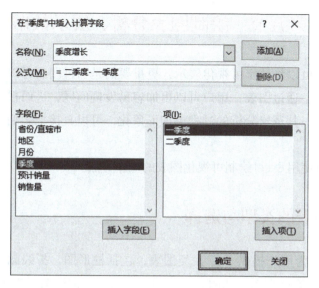

图8-34 添加计算项"季度增长"

（5）新的数据透视表即在列标签新增一项为"季度增长"，效果如表8-15所示。

表8-15 添加计算项效果

	一季度	二季度	季度增长	总计
一区	16 778	18 242	1 464	36 484
二区	17 267	17 864	597	35 728
三区	21 025	22 176	1 151	44 352
总计	55 070	58 282	3 212	116 564

但是发现"总计"为"二季度"＋"一季度"＋"季度增长"，其数值无意义，鼠标右击"总计"单元格，单击"删除总计"。或者切换到"数据透视表工具"-"设计"选项卡，在"布局"组中单击"总计"按钮，在弹出的下拉列表中单击"仅对列启用"，效果如表8-16所示，即为完整地计算了各区季度增长的数据透视表。

表8-16 删除行总计

	一季度	二季度	季度增长
一区	16 778	18 242	1 464
二区	17 267	17 864	597
三区	21 025	22 176	1 151
总计	55 070	58 282	3 212

第五节　绘制图表分析、展示数据

图表不仅可以将数字可视化展示，更重要的是通过图表可以对数据背后的信息进行挖掘。通过图表，用户可以更加容易发现问题，进而根据图表分析问题、解决问题。其逻辑分析的过程更加形象化，可以直接把影响数据变化的因素找出来。

本节讲解使用Excel绘制可视化图表的操作方法。

一、图表的类型与选择

Excel2019为用户提供了17大类图表，包括柱形图、折线图、饼图、条形图、面积图、XY散点图、地图、股价图、曲面图、雷达图、树状图、旭日图、直方图、箱形图、瀑布图、漏斗图、组合等，如图8-35所示。图表类型的选择与数据的形式密切相关，应该根据不同的数据选择不同类型的图表。

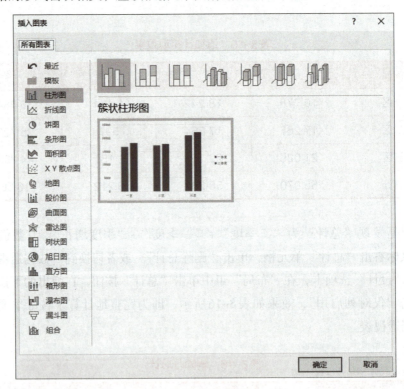

图8-35　Excel插入图表界面

本节选择市场调查相关部分图表进行简要介绍。

（一）柱形图/柱状图

柱形图是最常用的图表类型之一，主要用于显示一段时间内的数据变化或各项数据之间的比较。它由一系列垂直柱体组成，利用柱子的高度来反映数据之间的差异，通常用来比较两个项目或多个项目的相对大小。因为人类肉眼对高度差异很敏感，所以柱形图的辨识效果非常好。

柱形图的适用场合是中小规模的二维数据集。每个数据点包括一个 x 值和一个 y 值，只需要比较其中的一个维度。例如，某公司不同产品的年销售额是一个二维数据，各类产品和销售额各是一个维度，需要比较销售额这一维度。

在Excel中，柱形图又分为簇状柱形图、堆积柱形图、百分比堆积柱形图、三维簇状柱形图、三维堆积柱形图、三维百分比堆积柱形图和三维柱形图7种类型。

表8-17　某公司上半年的商品销量表

月份	A产品销量	B产品销量
1	895	634
2	549	342
3	584	546
4	986	435
5	559	465
6	679	268

以表8-17中"某公司上半年的商品销量"为例（源数据见工作簿"上半年产品销量.xlsx"，工作表"A、B产品销量"），介绍柱形图的几种子图表形态。

簇状柱形图又称并列柱形图，如有两个以上字段需要比较，可以并列显示其数量差异，三维簇状柱形图仅对原簇状柱形图做了一个三维效果，表现意义不变，如图8-36所示。

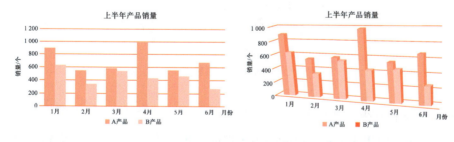

图8-36　簇状柱形图/三维簇状柱形图

堆积柱形图又称堆叠柱形图，如有两个以上字段需要比较，并且该字段之间的关系为相加可得一个整体，可选用该图。如班级人数为男生人数与女生人数之和，再比如该公司销售两类产品，总销量为两类产品销量之和，如图8-37所示，不仅可以看出A、B两类产品的销量区别，两者之和的销售总量也可直观得知。

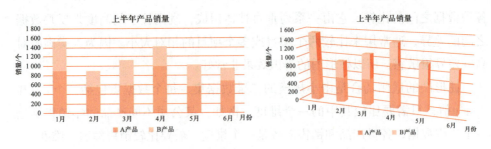

图8-37　堆积柱形图/三维堆积柱形图

百分比堆积柱形图的使用条件与堆积柱形图相同，区别在于其更加直观地表现出总体之间各部分的占比变化，如图8-38所示。

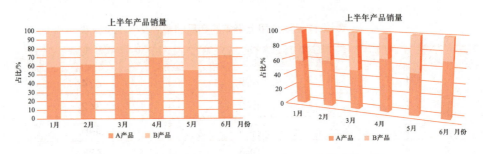

图8-38　百分比堆积柱形图/三维百分比堆积柱形图

三维柱形图在三个维度进行数据分析时表现效果强烈，如对某车间的甲、乙、丙、丁四个工人生产零部件的合格率、次品率、废品率共同进行比较时可用，如图8-39所示。

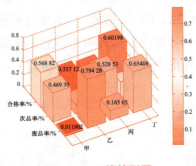

图8-39　三维柱形图

（二）折线图

折线图一般用来显示一段时间内数据的变化趋势，一般来说，横轴表示时间序列。其主要适用于以相同的时间间隔显示数据的变化趋势，强调的是时间性和变动率，而不是变动量，通常用于跟踪表示每月的销量变化及销售趋势分析等。

如将表8-16"某公司上半年商品销量"数据使用折线图，如图8-40所示。对于A、B两类商品销量的横向比较与纵向比较都非常明显（横向比较是指在同类事物或同一历史时期进行的比较，而纵向比较大多是指本事物自身前后的比较）。

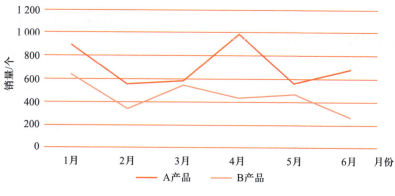

图8-40　某公司上半年商品销量折线图

折线图可以使用任意多个数据系列，可以用不同的颜色、线型或者标志来区别不同数据系列的折线。折线图也包括折线图、堆积折线图、百分比堆积折线图、带数据标记的折线图、带标记的堆积折线图、带标记的百分比堆积折线图和三维折线图7种子类型，原理与柱形图类似。

（三）饼图

饼图又称扇形图，可显示数据系列中各项占该系列数值总和的比例关系。在Excel中，分为常用饼图、三维饼图、子母饼图、复合条饼图和圆环图5种类型。

饼图、三维饼图、子母饼图、复合条饼图只能显示一个数据系列的比例关系。如果有几个系列同时被选中作为数据源，那么只能显示其中的一个系列。

由于饼图简单易学，所以在实际工作中应用较为广泛。但是因为肉眼对面积的大小不敏感，所以饼图一般不超过八个区域。有一个例外，反映某一个部分占整体比重的时候，我们的关注重点不在于这一个整体里有多少种分类，而在于某一个部分占整体的比重，可以将其扇区强化。例如，某一项考核的优秀占比，在不关注良好、及格以及淘汰人数，仅强调优秀人数的占比时，使用饼图明确重点。

如将表8-13数据"某公司上半年商品销量"使用图8-41饼图及图8-42圆环图实现。可以看出此环形图相当于两个饼图的嵌套，理论上三个饼图的嵌套同样可行，但一定要保证图表的可视化效果。

（四）条形图

条形图与柱形图相似，是用来描绘各个项目之间数据差别情况的图形。条形图由一系列水平条组成，用来比较两个或多个项目的相对大小。它主要突出数值的差异，而淡化时间和类别的差异。因为条形图实际上是将柱形图的行和列旋转了90°，所以有时可与柱形图互换使用。

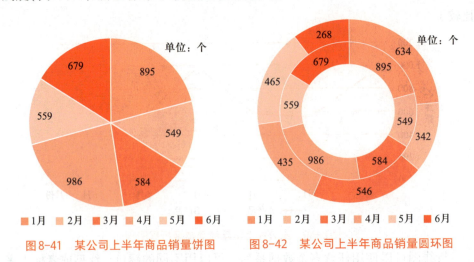

图8-41　某公司上半年商品销量饼图　　图8-42　某公司上半年商品销量圆环图

如将表8-16数据"某公司上半年商品销量"使用条形图实现，如图8-43所示，需要特别关注数据大小、分类项较多或名称较长时，更适宜选用条形图。

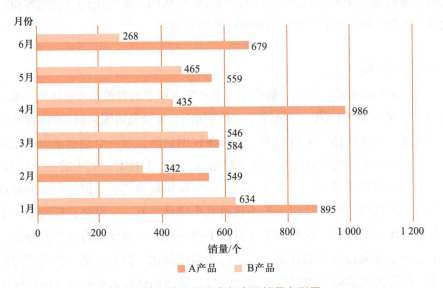

图8-43　某公司上半年商品销量条形图

（五）面积图

面积图可显示每个数值的变化量，其强调的是数据随时变化的幅度。通过显示所绘制的数值的面积，可以直观地表现出整体和部分之间的关系。

在Excel中，面积图又可以分为常用面积图、堆积面积图，百分比堆积面积图、三维面积图、三维堆积面积图和三维百分比堆积面积图6种类型。

如将表8-16数据"某公司上半年商品销量"使用堆积面积图实现，与折线图略有相似，但是折线图注重的细节更多。通过图8-44用户既可以看到各产品销量的变动，也可以看到销售总量的变动。

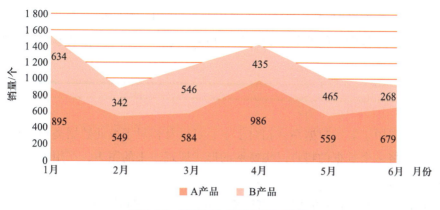

图8-44　某公司上半年商品面积图

（六）XY散点图

XY散点图又称散布图，类似于折线图，它可以显示三个维度的数据在某种规律条件下的变化趋势，通常用于科学数据的表达、试验数据的拟合和趋势的预测等。

在Excel中，XY散点图又分为散点图、带平滑线和数据标记的散点图、带平滑线的散点图、带直线和数据标记的散点图、带直线的散点图、气泡图和三维气泡图7种类型。

在创建XY散点图的时候至少需要选择两个数据字段，一列数据作为x坐标的值，另一列数据作为y坐标的值，用户通过观察即可以得出两个数据系列之间的关系和差异。如有需要，可按某种规则用颜色将散点之间进行区分。

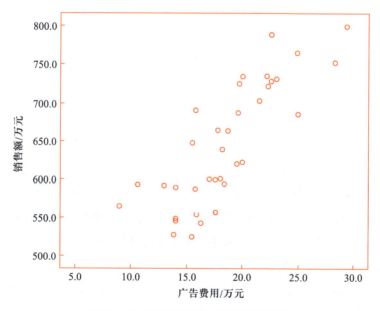

图8-45　商品广告费与销售额散点图

例如，某类商品销售额与广告费用关系散点图如图8-45所示。可以看出广告费用与销售额之间的关系大致呈正相关关系，广告费用投放越多，销售额越高。

（七）雷达图

雷达图用于显示数据系列相对于中心点以及相对于彼此数据类别之间的变化，是指将多个数据的特点以蜘蛛网的形式展现出来的图表，多用于倾向分析和把握重点。

在Excel中，雷达图又分为雷达图、数据点雷达图和填充雷达图3种类型。

例如，将表8-17数据"某公司上半年产品销量"展示为雷达图（如图8-46所示）。A产品（蓝色）的销量在各个月份都大于B产品（红色）。

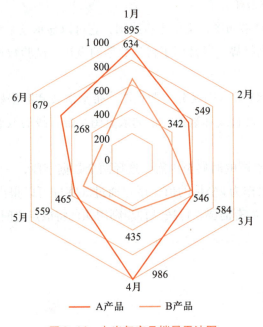

图8-46　上半年产品销量雷达图

（八）树状图

树状图提供数据的分层视图，以便直观地显示哪种类别的数据占比最大，哪些商品最畅销。树分支表示为矩形，每个子分支显示为更小的矩形。

树状图按照颜色和距离显示类别，可以清楚显示其他图表类型很难显示的大量数据。树状图适合比较层次结构内的比例，但是不适合显示最大类别与各数据点之间的层次结构级别。

例如，以表8-18数据"公司电子产品销量表"为例展示为树状图（源数据见工作簿"上半年产品销量.xlsx"，工作表"电子产品销量"），效果如图8-47所示。左上角为数值最大的数据，右下角为数值最小的数据。可以看出，数码配件销量最高，计算机销量最低，计算机类别中，笔记本销量最高，台式机最低。

表8-18　公司电子产品销量表

类别	品名	销量/个
计算机	笔记本	365
	一体机	320
	台式机	120
数码配件	存储卡	380
	充电器	622
	鼠标	156
	键盘	139
相机	数码相机	168
	单反相机	326
	微单相机	198
	拍立得	168

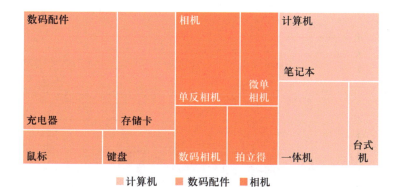

图8-47　电子产品销量统计树状图

（九）旭日图

旭日图也称为太阳图，是一种圆环相接图，每一个圆环代表了同一级别的比例数据。与饼图的子类圆环图不同，离原点距离越近的圆环级别越高，最内层的圆表示层次结构的顶级。旭日图可以清晰表达层级和归属的关系，适用于展现有父子层级维度的比例构成情况，以便进行溯源分析，帮助用户了解事物的构成情况。

以表8-17各产品销量数据为例，创建一个旭日图，如图8-48所示。可以看出内环与外环为包含关系。

计算机　　数码配件　　相机

图8-48　电子产品销量统计旭日图

（十）直方图

直方图是指用一系列宽度相等、高度不等的长方形表示数据的图。长方形的宽度表示数据范围的间隔，长方形的高度表示在给定间隔内的数据数值。

以表8-17各产品销量数据为例，创建一个直方图，如图8-49所示。区间设定通常为半开区间，如[1，3)[3，5)[5，7)[7，9]，( )为不包含关系，[ ]为包含关系。大多数情况边界取值取数据中没有的数值，单个点并不影响分布。

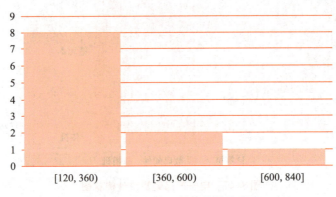

图8-49　电子产品销量统计直方图

（十一）瀑布图

瀑布图不仅能够反映数据在不同时期或受不同因素影响的程度及结果，而且可以直观地反映出数据的增减变化，是分析影响最终结果的各个因素的重要图表，常用于财务分析和销售分析。

以表8-19"某项目财务损益表"的简化数据为例（源数据见工作簿"上半年产品销量.xlsx"，工作表"项目财务损益表"），制作瀑布图，如图8-50所示，可以清晰地看出营业收入与各种成本以及利润的大致关系，并且比柱状图（如

图8-51所示）具备更加清楚的财务业务逻辑。

表8-19　某项目财务损益表

项目	金额/元
营业收入	20 467.00
营业成本	-6 887.00
期间费用	-4 746.00
税金	-1 502.00
营业外收入	-3 099.00
净利润	4 233.00

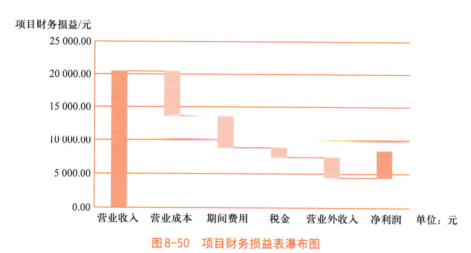

图8-50　项目财务损益表瀑布图

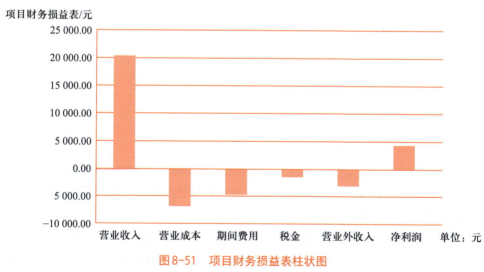

图8-51　项目财务损益表柱状图

（十二）漏斗图

漏斗图适用于业务流程比较规范、周期长、环节多的流程分析，通过漏斗各环节业务数据的比较，能够直观地发现和说明问题所在。在网站分析中，通常将漏斗图用于比较转化率，它不仅能展示用户从进入网站到实现购买的最终转化率，而且可以展示每个步骤的转化率。

表8-20为服装专卖店的顾客购买转化数据（源数据见工作簿"8-7上半年产品销量.xlsx"，工作表"服装店购买转化率"），绘制成漏斗图，如图8-52所示。可以清晰地看出每一个步骤的客户流失数据关系。

表8-20 服装店购买转化数据

项目	人数 / 人
门口人流量	2 000
进店	800
询问	500
上手	200
试穿	50
成交	5

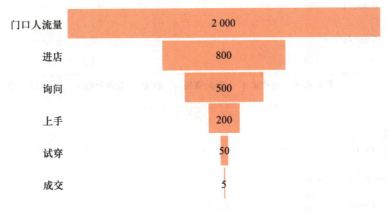

图8-52 服装店购买转化率漏斗图

二、图表的创建

图表的创建总要基于数据源，有数据才有图表。图表的数据源一般是统计汇总表或者是数据量比较小的明细表。

全选或部分选择计划在图表中使用的数据。如果数据有列标题，一定要选择列标题。另一种方法是选择数据区域中的一个单元格，Excel将为图表使用整个数据区域。单击"插入"选项卡，然后单击"图表"组右下"对话框启动器"。展开"插入图表"对话框，选择图形以及相应的子类型列表，如图8-53所示，如果图表为直角坐标系，系统提供了坐标轴互换的选择。

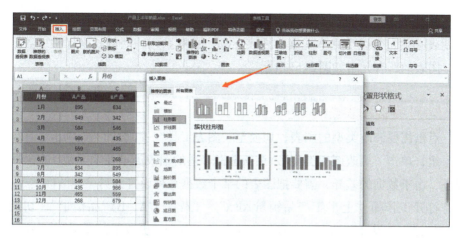

图 8-53　插入图表

　　如果选择的是常用的图表，可在"图表"组中直接单击意向图表并选择子类型。如不知该组数据适合的图表类型，也可点击推荐的图表，在 Excel 推荐的几种图表子类型中进行挑选，如图 8-54 所示。

图 8-54　插入图表快捷方式

三、图表的编辑

　　图表初步创建完成后，用户如果发现创建的图表与实际需求不符，可以对其进行适当的编辑，图表由许多不同的元素组成，大多数元素都是可选的。对元素进行编辑可让图形更加美观，且更加清晰地表达出意图。

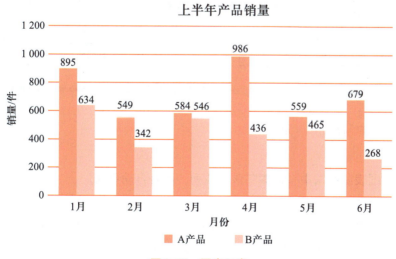

图 8-55　图表元素

图表要完整地表述工作表信息，首先要保证图表元素的完整性。一个完整的图表必须包含以下基本元素：图表标题、数据系列、图例、坐标轴、数据单位。图表的所有元素如图8-55所示。

（一）更改图表类型

点击需要修改类型的图表，切换至"图表工具"–"设计"选项卡，在"类型"组，单击"更改图标类型"，重新选择合适的图表类型及子类型。在某些情况下，由于数据的差异，需要把图表的某个数据系列设置为另一种图标类型。

打开工作簿"上半年产品销量.xlsx"，工作表"A、B产品销量"，切换至"图表工具"–"设计"选项卡，在"类型"组，单击"更改图标类型"，选择"组合"类型。可对各字段右侧的下拉菜单选择合适的表达方式，如图8-56所示。

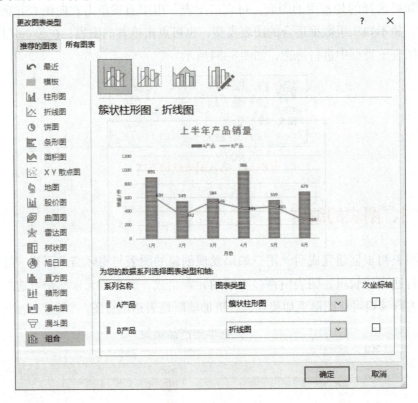

图8-56　更改图表类型

（二）编辑数据系列

1. 减少数据系列

在该图表源数据中直接删除该行或列，图表自动更新。

2. 重新选择数据系列

打开工作簿"上半年产品销量.xlsx"，工作表"A、B产品销量"，切换至"图表工具"–"设计"选项卡，在"数据"组，点击"选择数据"，弹出"选择数据源对话框"。或者在"图表数据区域"文本框输入需要重新选择的数据单元格，或单击右侧箭头，用鼠标来框选需要重新选择的数据单元格，如图8-57所示。

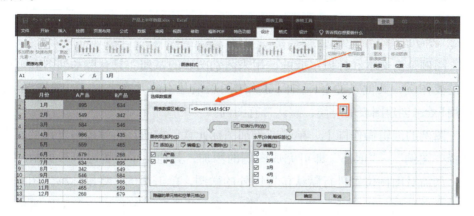

图8-57　图表重新选择数据系列

3. 增加数据系列

方法1：在数据源区域将所需增加的数据填写完毕，然后重新选择数据并将其选中。

方法2：选中所需增加的数据区域复制，然后单击需修改的图表粘贴，即可将新数据添加进图表，利用此方法时注意数据逻辑与格式。

（三）编辑图表标题

图表标题的编辑主要包括添加、删除和修改图表标题。

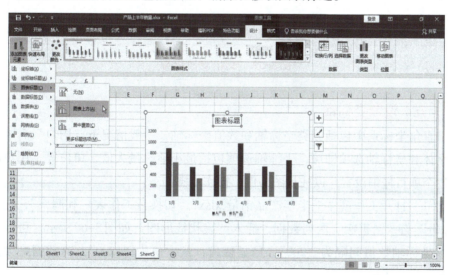

图8-58　图表标题修改

打开工作簿"上半年产品销量.xlsx"，切换到工作表"A、B产品销量"。选中图表，切换到"图表工具"-"设计"选项卡，单击"添加图标元素"按钮，在弹出的下拉列表中选择"图表标题"–"图表上方"即可完成图表标题的添加，选择"图表标题"–"无"，即可删除标题，如图8-58所示。如需修改图表标题，双击需要编辑的标题，进入编辑状态，可进行文本的编辑。

（四）编辑图例

图例是由文本和标识组成的，用来区别图表的系列。只有单系列图表可以不需要图例，其他条件下，图例是认知图表最基本的元素之一。一般情况下，使用Excel创建图表的时候，默认带有图例。

图例的编辑操作同上，单击"添加图标元素"按钮，在弹出的下拉列表中选择"图例"–"顶部"即可完成图例的添加，其他几个位置也可根据情况选择。如需对图例位置进行默认位置以外的微调，单击图例，将鼠标移到图例边框上，鼠标指针即变为可移动状态 ✛，单击后可移动至目标位置（如图8-59所示）。

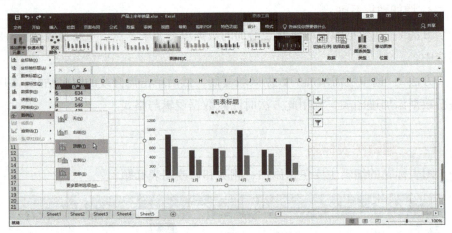

图8-59　添加/修改图例

（五）设置坐标轴

直角坐标系中包括分类坐标轴和数值坐标轴，一般情况下，用户只需要设置字体和坐标轴选项即可，坐标轴选项包括最小值、最大值、单位等，用户需要逐个项目仔细设置。以柱状图为例，操作步骤如下：

（1）打开工作簿"上半年产品销量.xlsx"，切换至工作表"利润率"，选择"月份"与"销售额"两列数据，插入"簇状柱形图"如图8-60所示。可以发现纵坐标轴数值间隔为"200"，稍显稀疏；最大值为"1200"，离数据最大值"986"相差较远。

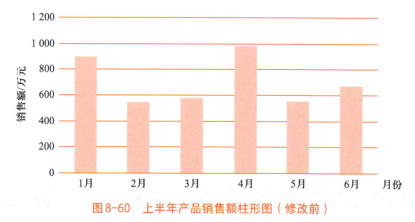

图8-60　上半年产品销售额柱形图（修改前）

（2）单击纵坐标轴任意刻度标签，纵坐标轴呈现选中状态，屏幕右侧弹出"设置坐标轴格式"任务窗格。该任务窗口下有两部分功能，"坐标轴选项"及"文本选项"，"文本选项"为坐标轴文本字号、字体、颜色等呈现效果，"坐标轴选项"是指坐标轴设置，功能较多。

（3）将"边界"－"最大值"修改为1 000，"单位"－"大"修改为100，即可完成设置，操作及设置后的结果如图8-61所示。

图8-61　上半年产品销售额柱形图（修改后）

（六）添加坐标轴标题

除了饼图和圆环图外，其他标准图表一般是直角坐标系，至少有两个坐标轴：数值轴（即纵轴，亦称 y 轴）和分类轴（即横轴，亦称 x 轴）。

Excel默认创建的图表是没有坐标轴标题的，为了使两个坐标轴的意义更加明确，用户可以为其添加坐标轴标题。操作方法与图表标题类似，单击"添加图标元素"按钮，选择"坐标轴标题"–"主要横坐标轴"即可完成主要横坐标轴标题的添加，根据情况选择其他坐标轴标题，如图8-62所示。

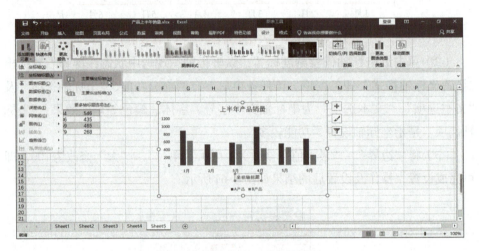

图8-62　添加/修改坐标轴标题

（七）添加数据标签

数据标签是指图表中显示图表有关信息的数据。在图表中添加数据标签可使图表更加直观、更加具体。单击"添加图标元素"按钮，在弹出的下拉列表中选择"数据标签"–"数据标签外"即可完成数据标签的添加，可以根据情况选择其他显示位置，如图8-63所示。

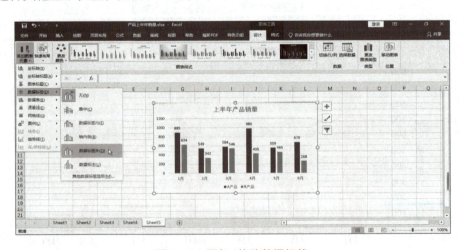

图8-63　添加/修改数据标签

（八）添加趋势线

添加趋势线是指利用画线的方法将低点与高点相连，利用已经发生的事例推测以后大致走向的一种图形分析方法。利用它可以向前或向后模拟数据的趋势，还可以利用趋势线消除数据中的波动。具体操作步骤如下：

（1）打开工作簿"上半年产品销量.xlsx"，切换到工作表"A、B产品销量"，选中图表，右击鼠标，在弹出的快捷菜单中单击"添加趋势线"菜单项。

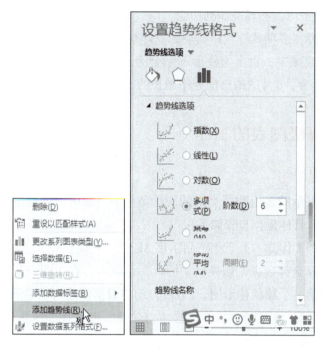

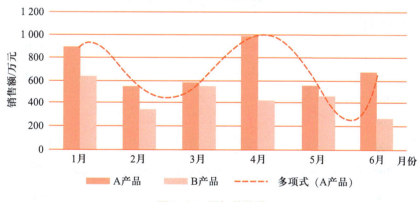

图 8-64　添加趋势线

在"设置趋势线格式"任务窗格，Excel提供了6种回归分析类型，不同趋势线作用如下：

① 指数。主要用于持续增长或持续减少，且幅度越来越大，如成长型公司年度销售额分析。

② 线性。主要用于线条比较平稳，关系稳定，近乎直线的预测，如人流量

和入店率关系分析。

③ 对数。主要用于一开始趋势变化比较快，后来逐渐平缓，如季节性产品销量和时段的关系。

④ 多项式。主要用于波动较大的图形，如股票价格分析。

⑤ 乘幂。主要用于持续增长或持续减少，但幅度并不特别大的分析，如火车加速度和时间对比。

⑥ 移动平均。不具备预测功能。

（2）选择"多项式"，在"阶数"文本框中输入6，即可完成设置（从4开始设置增加或减少，直至与柱形图贴合为止）。从图8-64中，可以看出，相较于5月的销售额，6月的销售额处于增长的态势。

四、高级图表的制作

（一）组合图

当需要展示的多组数据类别的统计单位不一致时，需要添加次坐标轴来解决这个问题。具体操作步骤如下：

（1）打开工作簿"上半年产品销量.xlsx"，切换至工作表"利润率"。

（2）选择全部数据，切换到"插入"选项卡，在"图表"组中选择推荐的图表，选择第一个簇状柱形图，Excel自动将数据创建为柱形图与折线图的组合图。柱状图的纵坐标轴为主坐标轴，位于左侧；折线图的纵坐标轴为次坐标轴，位于右侧，如图8-65所示。

如需修改某一组数据的图表类型等设置，可以在图标上单击选中该数据，然后进行单独操作。

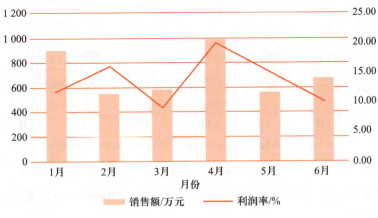

图8-65　上半年产品销售额组合图

（二）图表图形的变形

Excel具备一些简单的功能，对图表的图形进行变形处理以增加图表的美观度。以柱状图为例，具体操作步骤如下：

（1）打开工作簿"上半年产品销量.xlsx"，切换至工作表"图形变形"。

（2）选择全部数据，切换到"插入"选项卡，在"图表"组中选择"簇状柱形图"，观察数据可知每月的数据都在上涨，为了突出数据上涨的趋势，营造积极乐观的氛围，可以将蓝色柱状图进行变形。

（3）在"插入"选项卡，"插图"组中单击形状，选择"箭头：上"，在工作表空白区域绘制一个箭头，然后将其轮廓及填充都设置为红色。选中该箭头，单击"复制"，单击图表中任一柱形，单击"粘贴"，即将每一个柱形都用红色向上箭头进行替换，达到预期效果，如图8-66所示，表达出鲜明、热情、向上的积极氛围。

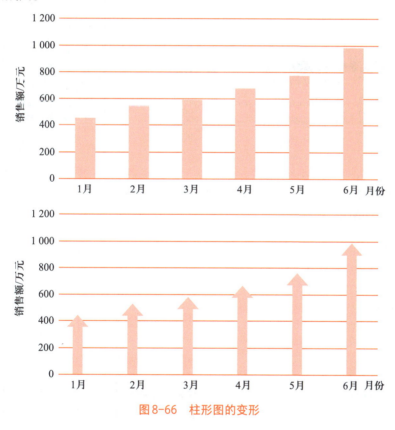

图8-66　柱形图的变形

视频：制作
金字塔分布
图演示

（三）制作金字塔分布图

金字塔分布图，其实质就是条形图的变形。原理是将纵坐标轴置于图表的中间位置，在其两侧分别绘制两个系列的条形对比图，这样的图形更具直观感染力。

（1）打开工作簿"上半年产品销量.xlsx"，切换至工作表"金字塔"，因为要将A产品和B产品分布在数值坐标轴两侧，所以先将B产品销量修改为负数，修改方法除了手动修改每一个单元格，其快捷方法为：在"D2"输入"-1"，然后自动填充"D2:D7"，在单元格"E2"输入公式"=C2*D2"，即"E2"为"C2"的负值，同样自动填充"E2:E7"，如图8-67所示。

（2）复制单元格"E2:E7"，选中"C2"单元格，切换至"开始"选项卡，在"剪贴板"组，单击"粘贴"按钮下"对话框启动器"，在下拉菜单中单击"值"，如图8-68所示。切记一定要选择"粘贴值"，若直接粘贴，则将粘贴原单元格公式。此操作将产品B的销量替换为负值，然后将D、E两列数值删除。

图8-67　使用公式求出C列负值　　图8-68　选择性粘贴（粘贴值）

（3）选择全部数据，切换到"插入"选项卡，在"图表"组中选择"簇状条形图"，如图8-69所示。

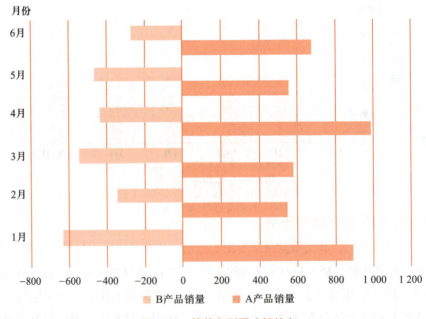

图8-69　簇状条形图（初始）

（4）点击纵坐标轴的月份标签，在屏幕右侧弹出"设置坐标轴格式"任务窗口中选择"坐标轴选项"选项卡，单击"坐标轴选项"按钮，在"标签"组中标签位置选择"高"，即将坐标轴标签移到图标右侧，如图8-70所示。

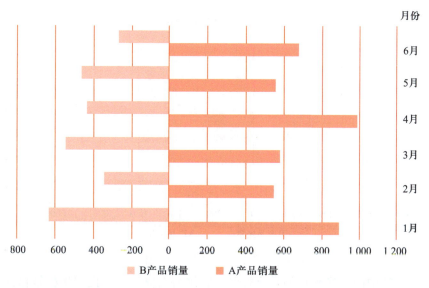

图8-70　簇状条形图（坐标轴标题修改）

（5）选中任意数据系列，在屏幕右侧弹出"设置数据系列格式"任务窗口"系列选项"选项卡，单击"系列选项"按钮，系列重合设置为"100%"，将两个系列条形对齐，间隙宽度设置为"80%"，增加每个条形宽度。

（6）将图标标题设置为"产品销量对比图"，修改完效果如图8-71所示。

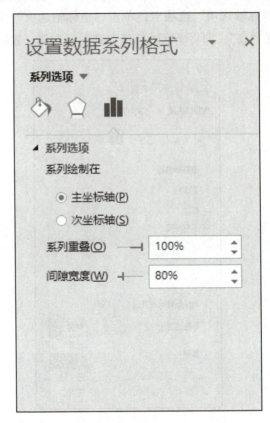

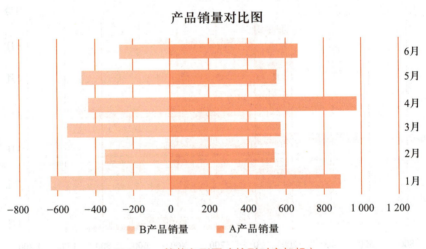

图8-71 簇状条形图（柱形对齐加粗）

（7）选中图表横坐标的数字标签，在屏幕右侧弹出"设置坐标轴格式"任务窗口"坐标轴选项"选项卡，单击"坐标轴选项"按钮，在"数字"组"类别"下拉列表选择"自定义"，"格式代码"文本框输入"#0；#0"（英文符号下同），单击"添加"，如图8-72所示。

　市场调查与数据分析

产品销量对比图

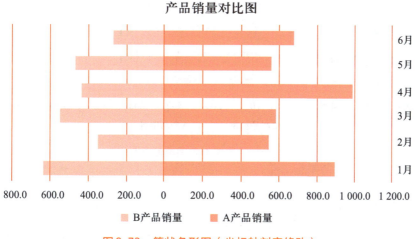

图8-72 簇状条形图（坐标轴刻度修改）

（8）为了更加清楚地显示各产品每个月的具体销售数值，可添加数值标签，"添加图标元素"—"数据标签"—"数据标签外"，发现B产品销量仍然为负值，单击B产品数据标签，在屏幕右侧弹出"设置数据标签格式"任务窗口"标签选项"选项卡，单击"标签选项"按钮，在"数字"组"类别"下拉列表选择"自定义"，"格式代码"文本框中输入"#0；#0"，单击添加。

完整的金字塔分布图，效果如图8-73所示。A、B两种产品分布在Y周两侧进行对比，生动形象，美观度高。

图8-73　完整的金字塔分布图

【素养之窗】
如何快速有效地提高 Excel 技能水平?

驱动是：偷懒。

技巧是：在提高效率和美观的道路上精进，日拱一卒。

口诀是：如果相同或者相似的一件事情第三次做，一定要优化现有解法。

总结起来就是：在实践中不断寻求更好的解法，然后掌握熟练。解法存在于快捷键、函数、高阶工具和VBA之中。

一、快捷键

快捷键不用刻意去记忆，只要在Excel的实操中反复遇到一些略微复杂的操作

（特别是需要使用鼠标的那些操作），就去查查有无快捷键，然后不断使用就自然记住了。另外一个逼迫自己记忆快捷键的快糙猛的办法就是拔掉鼠标。

二、函数

当需求不复杂的时候，用"="或者"sum"等就够了。然而随着需求升级，VLookup就来了。竖着查找之后，就要横着查找（HLookup）以及各种花式查找（Match/Offset/ Indirect/Address）。查找完之后，就涉及统计计算，于是Sumif或者Sumifs的需求就来了。然而这还不够，逐渐会繁衍出类似于数据库的Select等多重复杂条件的需求，于是就不得不引入了数组函数。

三、高阶工具

Excel中有许多高阶工具也能大幅提高效率和美观。首先是图表绘制工具，要实现财经杂志风格，需要一个个参数的优化：优化图表类型，配置Title、标注及数据源，添加趋势线，优化字体等。为了让图表更好看，各种参数都熟练掌握，对于Excel的图表工具，自然就掌握了。

同时，平时收集那些著名财经杂志的经典表格，然后找教材和培训课程把这些表格实现一遍，这样对于Excel画图的功能就更熟悉了。

另外，Excel上面还有许多数据清洗（排序、筛选、根据统 分隔符来分隔数据等）及分析工具，有些是很高阶的，在使用过程中逐步使用和精进，也就逐渐掌握了。

四、VBA

VBA其实先不用系统学，而是先直接用，体会到电脑比人手更高效的快感，然后在实践中不断去摸索和尝试更高阶的技能，只能到遇到瓶颈后，再找本书去看看。

五、构建模型的套路

以上都是技法，Excel最大的实战价值就是制作各类财务模型或者简单的数学模型，用正确的方式方法来做模型，其实核心点就是不断练习加之不断琢磨如何提高效率。

同步练习

一、单选题

1. Excel表格的组成单位由大到小的包含关系是（　　　）。

　　A. 工作簿、工作表、单元格　　　B. 工作表、工作簿、单元格

　　C. 单元格、工作簿、工作表　　　D. 工作表、单元格、工作簿

2. 单元格的数字格式为常规状态下输入1/3，完成输入后，单元格显示为（　　　）。

A. 1/3

B. 0.33

C. 1月3日

D. 3月1日

3. 单元格A1的内容为"20工商管理1班"，将其序列填充至A10，A5的内容是（　　　）。

A. 20工商管理1班

B. 20工商管理5班

C. 24工商管理1班

D. 24工商管理5班

4. 一个班级共50名同学，使用（　　　）表现某科目考试成绩相对更恰当。

A. 柱状图

B. 条形图

C. 饼图

D. 散点图

5. Excel中折线图可以最多设置（　　　）个坐标轴。

A. 1

B. 2

C. 3

D. 4

二、多选题

1. 将单元格A1的内容移至B2，可行的操作方法是（　　　　　）。

A. 拖动鼠标单元格A1移动至B2

B. 选择单元格A1，快捷键Ctrl+C，选择单元格B2，快捷键Ctrl+V

C. 选择单元格A1，快捷键Ctrl+X，选择单元格B2，快捷键Ctrl+V

D. 选择单元格A1，快捷键Ctrl+Y，选择单元格B2，快捷键Ctrl+V

2. 单元格数据验证设置整数介于-1～100，下列内容合法的是（　　　　　）。

A. -1

B. 0

C. 0.1

D. 100

3. 若在数据内容中发现空白单元格，以下不可取的操作方式是（　　　　　）。

A. 不操作

B. 寻找源数据填补空缺

C. 删除整行

D. 填补平均值

4. 关于数据透视表的描述，正确的是（　　　　　）。

A. 可以高效分析数据

B. 数据统计表不适合建立数据透视表

C. 源数据更新，数据透视表自动更新

D. 每分析一个项都需要建立新的数据透视表

5. 一个完整的图表不一定包含（　　　　　）。

A. 图表标题

B. 图例

C. 坐标轴标题

D. 数据标签

三、判断题

1. Excel对于数据整理与统计的相关功能较强，却不擅长数据分析。（　　）
2. Excel序列自动填充只能支持阿拉伯数字，不支持汉字数字。（　　）
3. 在Excel中输入身份证号以后，需要及时将该单元格的数字格式修改为文本。

（　　）
4. 数据透视表只能使用一个切片器进行数据筛选。（　　）
5. 饼图与圆环图无本质区别。（　　）

实训项目

一、实训名称

建立数据透视表，使用ABC分析法进行百货商店销售数据分析。

二、实训背景

大型百货超市销售商品种类可达到五万种，部分商品受客户欢迎，部分商品销量较小，但是必不可少。如何设置合理的营销策略，保证超市的销售额与毛利率，需要进行科学的分析以及计算。

三、实训要求

使用数据透视表分析案例数据"8-8百货超市销售报表"，对ABC分析法进行验证。请计算A、B、C类商品各自在所有商品种类中的占比。

参考提示：

ABC分析法将事物分为三个类别，强调主次清晰，认为管理对象中有很少一部分对象发生频率较低，产生的效益却最高。将其认定为A类，其次是B类，最差是C类。在精力有限的前提下，对C类对象管理的程度最低，因为对其管理的性价比最低。

在本实训案例中，可设定销售金额累计占比50%以内为A类商品，50%～90%为B类商品，其余为C类商品。

步骤1，销售额降序排列并求出总销售额。

步骤2，新增三列：销售金额占比、销售金额累计占比、ABC分析。

步骤3，计算销售金额占比。

步骤4，计算销售金额累计占比。

步骤5，划分ABC三类商品。

步骤6，创建数据透视表/图。

步骤7，选择、设置相应的数据分析。

步骤8，得出ABC分析的结论。

四、实训成果

（1）每位同学均需以案例源数据绘制出一张足以证明ABC分析结论的数据透视图。

（2）根据数据透视表做出ABC分析，并给出结论与建议报告。

第九章

认识大数据分析

学习目标

知识目标

- 掌握大数据的概念与特点
- 掌握大数据思维的变革方向与关注点
- 掌握大数据的采集方法
- 理解物联网的概念与技术原理
- 理解数据可视化图表的设计原理
- 理解闭环与迭代在数据分析流程中的意义
- 了解数据库与数据仓库的概念与特点
- 了解人工智能的概念与技术原理

技能目标

- 能根据业务问题，做出合理、科学的大数据分析项目计划
- 能熟练使用合适的数据采集方法采集数据
- 能在数据分析过程中，快速合理地进行数据预处理
- 能利用数据可视化工具合理分析数据并进行展示

素养目标

- 培养科学的大数据思维能力，树立正确的大数据观和数据法律观
- 掌握信息化技能，使用各类数据分析工具解决工作及生活中的问题

【思维导图】

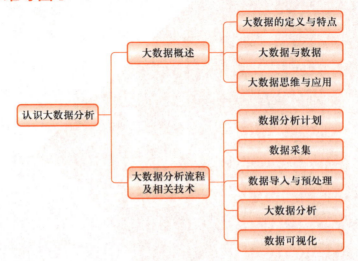

```
                              ┌─ 大数据的定义与特点
                    ┌─ 大数据概述 ─┼─ 大数据与数据
                    │            └─ 大数据思维与应用
认识大数据分析 ─────┤
                    │                    ┌─ 数据分析计划
                    │                    ├─ 数据采集
                    └─ 大数据分析流程 ───┼─ 数据导入与预处理
                       及相关技术         ├─ 大数据分析
                                          └─ 数据可视化
```

【导入案例】
大数据与人工智能（AI）在自动驾驶汽车中的应用

人工智能（Artificial Intelligence，AI）作为当下最热门的技术，融入社会经济的各行各业，汽车行业也不例外。人工智能由数据驱动，传统的汽车行业也在朝着自动化、电气化和网联化方向深度演化，越发由数据驱动。

自动驾驶场景中AI基础数据服务的价值如图9-1所示。

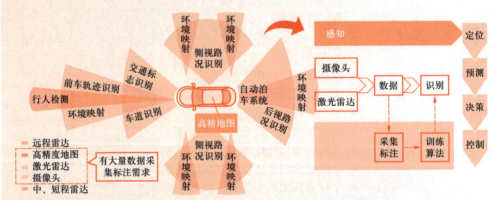

图9-1 自动驾驶场景中AI基础数据服务的价值

自动驾驶车辆技术堆栈包括两大类技术：一是以传感器和计算机视觉为驱动的新自动驾驶汽车技术，以方便实际驾驶；二是整个技术堆栈从桌面和移动端正迁移到车端，因为汽车变得自主，进而成为一个线控传动系统。

一、汽车认知技术

汽车认知技术包括四个关键部分：

（1）传感器融合。车内的摄像头、GPS、雷达和激光雷达的数据经过组合，可以告知车辆的位置以及汽车在任何给定时间点在道路上看到的情况。

（2）感知和地图。感知不仅是汽车看到道路的方式，是一张自动驾驶地图，而且是指理解软件，以获取传感器融合数据，从而了解周围环境。

（3）定位。定位是指车辆相对于其环境地图了解其位置的技术。对于自动驾驶车辆，定位是关于了解车辆相对于车道标记和其他车辆、灌木、人和人行道的位置。定位技术可以测量车辆与环境中其他物体的距离。

（4）线控驱动。线控刹车和油门的路径规划和执行控制是允许自动驾驶车辆在道路上移动、停车或导航，以执行实际驾驶的功能。

二、汽车软件技术堆栈

技术组件使汽车成为一个行走的软件，可以从它们如何帮助自动驾驶车辆支持各种数据的科学应用、连接到车内智能城市基础设施或在车内创造新的设计体验的角度来看待它们。

（1）V2X（即汽车对外界的信息交换）。车内数据可以来自汽车传感器，也可以来自监控道路的摄像头，帮助汽车了解周围环境，使用ADS功能驾驶或自动驾驶，这些数据被传输到云端。

（2）数字孪生。是指来自互联设备和物联网世界实物资产的数字复制品。这实际上是来自任何"事物"的传感器数据，这些"事物"在云端收集并用于运行模拟来管理实物。现在，它被用于远程跟踪汽车零件，以检查零件的健康状况。

（3）联邦人工智能。这是一种在边缘构建人工智能模型的技术，就像在汽车中一样，跨多个组织构建一个组合的共享学习模型。其目标是保护数据隐私，并在整个行业或合作伙伴之间创建共享模型。

（4）车内边缘人工智能。有时数据被用于通过语音Voice、虚拟现实VR或增强现实AR为车内人员创造设计体验。在这种情况下，它被称为边缘人工智能。如今，这种边缘人工智能被用于汽车认知。

（5）数据平台。边缘智能可以与其他数据源（如天气信息或特定位置信息或零售商信息）相结合，为用户提供广告或推荐。这创造了新的商业机会，并有可能对汽车行业的颠覆从汽车行业扩展到零售、保险、智慧城市和医疗保健等其他行业。

（6）区块链。区块链是一个分布式的共享账本和数据库，汽车制造商正在汽车领域试验区块链，以跟踪供应链和保护数据。

人工智能增强了自动驾驶的认知能力，随着自动驾驶车辆从3级和4级向完全自主方向发展（5级为完全自动驾驶），许多潜在的应用在今天不断发展。

案例思考：自动驾驶汽车的风靡，使好奇的人们逐渐揭开了大数据与人工智能的神秘面纱。请思考：

（1）本案例介绍了自动驾驶汽车关于大数据的哪些技术应用？

（2）这些技术应用在其他行业或领域，有哪些成功案例？

第一节　大数据概述

2012年后，大数据（Big Data）一词越来越多地被提及，人们用它描述和定义信息爆炸时代产生的海量数据，并命名与之相关的技术发展与创新。在现今社会，大数据的应用领域越来越广泛，电子商务、新零售、物流配送等行业及各种新业态正通过大数据技术开展新业务，创新运营模式。

一、大数据的定义与特点

（一）大数据的定义

狭义的大数据可以定义为：用现有的一般技术难以管理的大量数据的集合，即对大量数据进行分析，并从中获得有价值的观点。这种做法在一部分研究机构和大型企业中已经实施。现在的大数据和过去的大数据相比，主要有三点区别：第一，随着社交媒体和传感器网络的发展，人们身边正产生大量且多样的数据；第二，随着硬件和软件技术的发展，数据的存储与处理成本大幅下降；第三，随着云计算的兴起，大数据的存储与处理环境没有必要自行搭建。

所谓"用现有的一般技术难以管理"指用目前在企业数据库中占据主流地位的关系型数据库无法进行管理的、具有复杂结构的数据。这是指由于数据量的增大，导致对数据的查询响应时间超出允许范围的庞大数据。

高德纳咨询公司对大数据的定义是："大数据"是需要新处理模式才能具有更强的决策力、洞察发现力和流程优化能力的海量、高增长率和多样化的信息资产。

麦肯锡咨询公司将大数据定义为："大数据是指所涉及的数据集规模已经超过传统数据库软件工具能力范围的数据集合，导致对数据的查询响应时间超出允许范围的庞大数据。"这是一个被故意设计成主观性的定义。多大的数据集才能被认为是大数据，这是一个可变的定义。随着科学技术的不断发展，符合大数据标准的数据集容量也会增长；并且不同行业对大数据也有不同的定义，这依赖于在一个特定行业，通常使用何种软件以及数据集有多大。

随着"大数据"的出现，数据仓库、数据安全、数据分析、数据挖掘等围绕大数据商业价值的利用正逐渐成为行业人士争相追捧的利润焦点，在全球引领了新一轮数据技术革新的浪潮。

2015年8月，国务院印发《促进大数据发展行动纲要》，这是指导中国大数据发展的国家顶层设计和总体部署。当前，我国数字经济总量已超过22万亿元，占GDP比重超过30%，中央政府对于发展大数据、人工智能等前沿科技产业较为重视。秉持创新、协调、绿色、开放、共享的发展理念，全面实施国家大数据战略，加快建设数字中国，助力中国经济从高速增长转向高质量发展。

（二）大数据的特点

大数据的特点可以归纳为"4V"：Volume（容量），即海量的数据规模；Variety（种类），即多样化的数据类型；Velocity（速度），即快速的数据传输和动态的数据体系；Value（价值），即巨大的数据价值。

视频：认识
大数据

1. 数据量大

数据量的大小决定了数据的价值及其潜在的信息量。伴随着各种可穿戴设备、物联网和云计算、云存储等技术的发展，人和物的所有轨迹都可以被记录，数据因此被大量生产出来。微博、照片、录像、自动化传感器、生产监测、环境监测、刷卡机等大量自动或人工产生的数据通过互联网聚集到指定地点（如政府、银行、企业等机构），形成了海量的大数据。

2. 数据种类繁多

因为数据源不同，非结构化数据越来越多，需要进行数据清洗、整理、筛选等操作，将其变为结构化数据。这意味着要在海量、种类繁多的数据间发现其内在关联。在互联网时代，各种设备通过网络连成了一个整体。进入以互动为显著特征的时代，用户不仅可以通过网络获取信息，而且成为信息的制造者和传播者。这个阶段，不仅是数据量开始了爆炸式增长，数据种类也变得繁多。这必然促使人们对海量数据进行分析、处理和集成，找出原本看似毫无关系的数据之间的"关联性"，把似乎无效的数据变成有用的信息，以帮助人们做出判断。

3. 处理速度快

数据的实时性需求越来越明确。对普通人而言，开车去吃饭，会先利用对移动终端中的地图查询餐厅的位置，预计行车路线的拥堵情况，了解停车场信息甚至是其他用户对餐厅的评价。吃饭时，会用手机拍摄食物，编辑简短评论发布到微博或者微信上……如今，通过各种有线网络和无线网络，人和人、人和机器、机器和机器之间产生无处不在的连接，这些连接不可避免地带来数据交换。而数据交换的关键是缩短延迟时间，以近乎实时的方式传送给用户。

4. 大数据的最终意义——获得洞察力和价值

大数据的应用正是在人工智能、机器学习和大数据挖掘等技术的迅速发展驱动下，呈现出的一个过程：将信号转化为数据，将大数据分析为信息，将信息提炼为知识，以知识促成决策和行动。相关专家认为，就大数据的价值而言，大数据规模越大，真正有价值的数据相对越少。

大数据价值密度低。由于数据采集不及时，数据样本不全面，数据可能不连续等，导致数据可能会失真。但当数据量达到一定规模时，便可以从更多的数据中提取有价值的信息，得到真实全面的反馈。所以，行之有效的大数据系统就是把采集到的ZB、PB级数据最终变成一个bit，也就是最后的决策，这才是最关键的。

二、大数据与数据

大数据的研究对象是"数据"，在深入了解大数据之前，依然需要理解数据的概念。

（一）数据的定义

从字面意义上理解，"数据"由"数"和"据"组成。"数"是指数值、数字、数字化的信息，或者以数值形式存储的信息；而"据"则是指"证据"或者"依据"。简单地从字面意义上理解"数据"的定义就是：数字化的证据和依据，是事物存在和发展的数字化记录，是事物发生和发展留存下来的证据。一份数据，不仅意味着数值，而且意味着理解这个数据。如果无法理解数据的含义，就只能称之为"数"，而不是"数据"。

我们都很熟悉5W1H分析法，描述事物发展状态的几个基本元素，包括原因（Why）、对象（What）、地点（Where）、时间（When）、人物（Who）、方法（How）。一个完整的叙事过程需要包含这六个元素，但是一个完整的数据不必包含上述所有元素，谁（Who）什么时间（When）在什么地方（Where）发生了什么（What），这"4W"必须存在。

例如，70kg是一个数值，而不是数据。如果陈述为"小明的体重是70kg"，那么上述就是数据。但是这个说法还是有所欠缺的，因为人的体重是在不断变化的，为了精确，可以将以上事例表述为："小明在某年某月某日（某时）的体重是70kg"，或者说"小明在其18岁生日时测量的体重是70kg"。数据要有事物状态的"时间戳"，没有"时间戳"，这个数据就会变得没有"证据"性。数值与数据见图9-2。注意，此处没有描述地点，因为我们默认在地球上，同一个时间段无论在哪里，小明的体重差异都可以忽略不计。

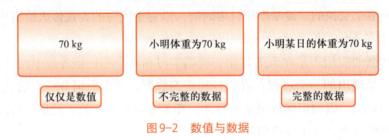

图9-2　数值与数据

（二）数据分析的目的

从严格意义上讲，"数据是人们对客观事物及其发生、发展的数字化记录"。

通过这个记录，可以还原事物在该数据记录时的状态和发生的活动，因此能够通过数据去追溯当时的情景。

追溯只是数据分析目的的其中一个方面，或者说是最基本的一个方面。数据只是作为证据留存以备事后追责求真相，将数据分析用于探寻规律并以此为依据指导未来实践的可能性，是数据分析更高层次的追求，见图9-3。预测是数据分析的最终目标。

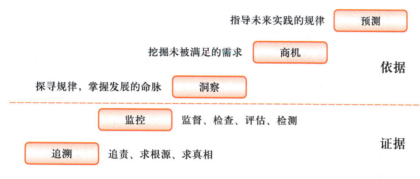

图9-3　数据分析的目的

（三）数据的记录形式

数据所能够记录的信息越全面，对过去发生的状况就会越清晰。文字的记录有其局限性，图片和声音的记录让事物在某时的状态所留存的信息量更多，能够为研究事物发生和发展规律提供更多的"证据"。因此，人们试图用更加复杂的方法或者方式去记录数据，以留存更多的信息。就像人们发明了录音机、照相机和录像机，从而能够记录更多的信息。

如今，人们能够记录的信息越来越多，不仅局限于数值、文字、声音、图片和影像，未来记录信息的方式还会有更多的创新和变化，如图9-4所示。当然，在这个过程中形成的全球标准是需要时间的。例如，对于声音，有MP3等各种编码方式；对于图片，有BMP、JPG、GIF等各种编码方式；对于视频，有AVI、MP4、FLV等多种标准化的编码方式。如今，照相和摄像功能成为智能手机的标配，更多的视频网站发展起来，人们的活动被各种方式记录下来。

图9-4　数据的记录形式

随着科学技术的发展，数据概念的内涵也会不断发展，并继续演变。例如，当全息影像发展起来之后，人们的每个数据都会像"纪录片"一样被记录下来，数据的概念进一步得到延展。本章所使用的"数据"的含义，是一个相对较宽泛的含义，包括了数值、文字、声音、图像、视频等，只要是用数据化方式记录下来的事物的发生和发展状态都称为数据。

三、大数据思维与应用

从某种角度来看，大数据实际上是营销科学导向的自然演化，将不同行业或者渠道所产生的数据进行整合。但整合不是简单的合并，而是能给企业带来商业价值。回归到商业价值，将大数据技术应用到行业中，则大数据思维与业务逻辑的结合至关重要。

（一）大数据思维

近年来，大数据技术的快速发展潜移默化地改变了人们的生活、工作和思维方式。人们对大数据的认识也发生了实质性变革。

1. 从样本思维到总体思维的变革

采样一直是主要的数据获取手段，这是人类在无法获取总体数据信息条件下的唯一选择。在大数据时代，随着数据收集、存储、分析技术的突破性发展，人们可以更加方便、快捷、动态地获取研究对象的所有数据，而不再因诸多限制不得不采用样本研究方法。相应地，对数据的思维方式也应该从样本思维转向总体思维，从而能够更加全面、立体、系统地把握全局。

2. 从精确思维到容错思维的变革

在小数据时代，由于收集的样本信息量比较少，所以必须确保记录下来的数据尽量结构化、精确化。否则，分析得出的结论在总体上就会"南辕北辙"，因此必须十分注重精确思维。然而，在大数据时代，得益于大数据技术的突破，大量非结构化、异构化的数据能够得到储存和分析，这一方面提升了人们从数据中获取知识和洞察的能力，另一方面也对传统的精确思维形成了挑战。在大数据时代，思维方式要从精确思维转向容错思维，当拥有海量的即时数据时，绝对的精准不再是主要目标，适当忽略微观层面的精确度，容许一定程度的错误，反而可以在宏观层面拥有更好的洞察力。

3. 从关注因果关系到关注相关关系的变革

在对小数据进行分析时，人们往往执着于现象背后的因果关系，试图通过有限的样本数据来剖析其中的内在机理。小数据的另一个缺陷就是有限的样本数据无法反映出事物之间普遍的相关关系。而在大数据时代，人们可以通过大数据技术挖掘出事物之间隐蔽的相关关系，获得更多的认知与见解。运用这些认知与见解可以帮助人们捕捉现在并预测未来，而建立在相关关系分析基础上的预测正是大数据的核心议题。

通过关注线性相关关系，以及复杂的非线性相关关系，可以帮助人们挖掘很多以前不曾注意到的联系，还可以掌握以前无法理解的复杂技术和社会动态，相关关系甚至可以超越因果关系，成为人们了解这个世界的视角。在大数据时代，思维方式要从因果思维转向相关思维，努力颠覆千百年来人类形成的传统思维模式和固有偏见，以更好地分享大数据带来的深刻见解。

4. 从自然思维到智能思维的变革

大数据思维最关键的转变在于从自然思维转向智能思维，使得大数据富有生命力，获得类似于"人脑"的智能，甚至智慧。计算机的出现大大推动了自动控制、人工智能和机器学习等新技术的发展，"机器人"研发也取得了突飞猛进的成果并开始应用于实践。应该说，随着信息时代的到来，人类社会的自动化、智能化水平已得到明显提升，但始终面临瓶颈而无法取得突破性进展，机器的思维方式仍属于线性、简单、物理的自然思维，智能水平仍不尽如人意。

大数据时代的到来，为机器的智能化提升带来契机，因为大数据将有效推进机器思维方式由自然思维转向智能思维，这才是大数据思维转变的关键所在和核心内容。众所周知，人脑之所以具有智能和智慧，关键在于它能够对数据信息进行全面收集、逻辑判断和归纳总结，以获得有关事物或现象的认识与见解。在大数据时代，随着物联网、云计算、社会计算、可视化技术的突破发展，大数据系统也能够自动地搜索所有相关数据信息，进而类似"人脑"一样主动、立体、逻辑地分析数据、做出判断、提供见解，从而具备智能思维能力和预测未来的能力。

总之，大数据时代将带来实质性的思维转变。这不仅将改变每个人的日常生活和工作方式。而且将改变商业组织和社会组织的运行方式，使得国家和社会治理更加透明、有效、智慧。

（二）大数据思维应用的关注点

大数据思维开启了一次重大的时代转型，用大数据思维方式思考问题、解决问题成为当下的潮流，各行各业对数据的关注点也发生了很大变化。

1. 数据思维的核心是利用数据解决问题

利用数据解决问题的核心是要深度了解需求，了解真正需要解决什么样的问题，解决问题背后的真实目的是什么。在解决问题的过程中使用数据的方法，通常可以称为量化的方法。

2. 大数据关注"有用"

用数据价值思维方式思考问题、解决问题。信息总量的变化产生了质变，最先经历信息爆炸的学科，如天文学和基因学，引出了"大数据"概念。如今，这个概念几乎应用到所有自然科学和社会科学领域中。从"以功能为价值"转变为"以数据为价值"，说明数据的价值在扩大，"数据为王"的时代出现了。

3. 由关注精确度转变为关注效率

大数据标志着人类在寻求量化和认识世界的道路上前进了一大步，过去不可计量、存储、分析和共享的很多事物都被数据化了，大量数据为人们理解世界打开了一扇新的大门。大数据能提高生产效率和销售效率，其原因是大数据能够让人们知晓市场的消费需求。大数据让企业的决策更加科学，由关注精确度转变为关注效率的提高。大数据分析能提高企业的效率。例如，企业产品迭代的速度在加快，很多手机制造商半年就推出一款新型智能手机。在利用互联网、大数据提高企业效率的形势下，快速就是效率，预测就是效率，变革就是效率，创新就是效率，应用就是效率。

4. 关注定制产品

由企业生产产品转变为由客户定制产品。用定制产品的思维方式思考问题、解决问题。大数据时代让企业找到了定制产品、订单生产、精准销售的新途径。企业下一波的改革是大规模定制，为大量客户定制产品和服务，成本低又兼具个性化。要真正做到个性化产品和服务，就必须对客户需求有很好的了解，这背后需要依靠大数据技术。

（三）大数据的行业应用

大数据无处不在，包括金融、汽车、餐饮、通信、能源、体能和娱乐等在内的社会各行各业都已经融入大数据的痕迹。互联网企业拥有大量的线上数据，而且数据量还在快速增长，相对于其他行业，互联网行业最先开始实现数据业务化，利用大数据发现新的商业价值。大数据在各行各业的典型应用如下：

1. 精准营销

互联网企业应用大数据技术采集有关客户的各类数据，并通过大数据分析建立"用户画像"来抽象地描述一个用户的信息全貌，从而可以对用户进行个性化推荐、精准营销和广告投放等。

在用户登录网站的瞬间，系统能预测出该用户为何而来，然后从商品库中挑选合适的商品，并推荐给他。用户画像（见图9-5）包括一些用户的基本信息和特性。

大数据支持下的营销核心在于，让企业的业务在合适的时间，通过合适的载体，以合适的方式，推送给最需要此业务的用户。

首先，大数据营销具有较强的时效性。在互联网时代，用户的消费行为容易在短时间内发生变化，大数据营销可以在用户需求最旺盛时段及时实施营销策略。

其次，可以实施个性化、差异化营销。大数据营销可以根据用户的兴趣爱好、在某一时间点的需求，做到对细分用户的一对一的营销，让企业的营销工作做到有的放矢，并可以根据实时的效果反馈，及时调整营销策略。

最后，大数据营销对目标用户的信息可以进行关联性分析。大数据可以对用户的各种信息进行多维度的关联分析，从大量数据中发现数据集之间有趣的关联和相关联系。用户画像如图9-5所示。

图9-5 用户画像

2. 个性化服务

电子商务具有提供个性化服务的先天优势，可以通过技术支持实时获取用户的在线记录，并及时为他们提供定制化服务。

许多电商企业都已经尝试了依托数据分析，在首页为用户提供全面的个性化商品推荐。海尔集团和天猫商城提供了让用户在网上定制电视的功能，顾客可以在电视机生产以前选择尺寸、边框、清晰度、能耗、颜色、接口等属性，再由厂商组织生产并送货到顾客家中。这样的个性化服务受到了广泛欢迎。

类似的定制化服务还出现在空调、服装等行业。这些行业通过满足个性化需求使顾客得到更加满意的产品和服务，进而缩短设计、生产、运输、销售等周期，提升商业运转效率。

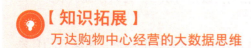
【知识拓展】
万达购物中心经营的大数据思维

万达广场是由全球商业地产行业的龙头企业万达集团投资建设的巨型城市综合体。截至2021年12月31日，公司已在全国开业418座万达广场。持有物业面积规模全球第一，所建之处，往往都成为当地的地标性建筑。

购物中心经营需要怎样的大数据思维？

从市场调研到客户的满意度调研，运营管理者都要采用多样的分析方式，常用的分析方式就是抽样调查，但是这种方式最大的弊端就是结论的不准确，不能精准地帮助管理者做出明确的决策。

大数据时代，商业管理变革的方向将从"经验值"转变为"数据化"。在两个方面可以利用到大数据：一是全数据，在购物中心的运营过程中打破通过抽样调查对未来的经营趋势进行分析的传统模式，考虑消费者整体和消费过程中的所有数据，分析运营趋势；二是在所有的趋势中找到相关联因素，通过相关性把握未来的趋势。

万达广场大数据的核心是什么？

万达广场利用大数据进行趋势研究，从而帮助购物中心提升资产价值。其核心不是随机样本，而是全体数据；不是独立个体，而是全面关联。

在这样的思维模式下，就需要进行庞大的数据收集，通过线上线下进行以下七方面的数据收集：

（1）对租赁的全过程进行数据化管理。商户从进场开始到退场，整个过程中所有团队的变化、进出货的变化还有其各个时间段、各个季节的销售情况，对租赁的全过程进行数据化管理。

（2）对所有品牌建档管理。将品牌精准分类，根据顾客的年龄层、消费额及客流曲线进行品牌定位，为未来大数据的分析提供依据，将购物中心布局调整至最合理状态。

（3）对城市的所有信息进行统计。城市的信息统计不能再次来源于以往的实际调查抽样，而是要尽可能拿到政府真正的统计数据、区域内的人口、区域内的GDP等以及相关政策在这个区域内的动向。

（4）POS交易记录。所有在万达广场经营的商户，都安装POS机，几乎所有商户在分时段、不同位置、不同业态的销售数据，最终可以合并到大数据的数据库里统一进行处理。

（5）客流监控采集。从三个层段分析顾客，建立广场策略。第一个层段是统计进出广场客流量。第二个层段是分区域、分业态进行客流数据统计，万达采用了人脸识别摄像头的统计方式，识别率非常高。第三个层段是在每一家经营的店铺做客流数据的统计。这样，三个层段的数据和销售数据可以一并为大家提供很多经营方面的参考。

（6）顾客WiFi跟踪。在整个广场搭建大WiFi和大会员的体系，通过WiFi体系可以捕捉到在广场范围内所有的智能手机用户，他们的行迹路线、他们所关注的商品和他们的消费习惯，然后通过所有的会员体系掌握所有会员的各类信息及其特有的相关产品喜好。

（7）建立大会员体系。综合所有有效的数据，合并到大数据的数据库里进行处理，这是万达购物中心建立大数据管理的基础，也是万达购物中心全数据模式的基础。

第二节　大数据分析流程及相关技术

大数据从受到大家的高度关注并发展至今仅用时十余年，随着业界对其研究的不断加深，大家对其概念、特点、技术及应用产生一些较为广泛的共识，如麦肯锡及Gartner给予大数据的定义，如总结为"3V""4V"或者"6V"的大数据的特点。

本节从项目管理角度出发，将大数据分析流程作为一个完整的IT项目进行管理，可归纳为如图9-6所示的处理流程。

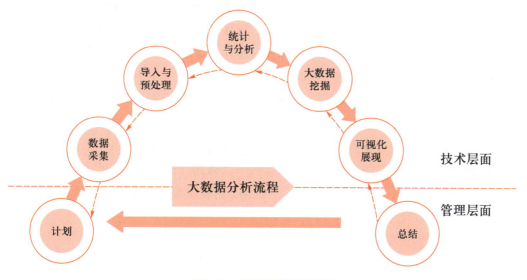

图9-6　大数据的分析流程

一、数据分析计划

从技术角度理解，大数据分析流程第一步为数据采集，因为数据采集是数据分析的前提。但是在实际数据分析项目实操中，收集数据的内容与方式，所有的答案都需要自己或团队通过对问题的判断、对业务的理解、对整个项目的计划以后得出结果。数据分析计划是大数据分析流程中的首要环节。

在项目管理理论中，项目计划包含（但不限于）范围管理计划、需求管理计划、进度管理计划、成本管理计划、质量管理计划、过程改进计划、人力资源计划、沟通管理计划、风险管理计划、采购管理计划、项目沟通计划等。结合数据分析项目的特点，我们第一步需要做的是通过数据思维将业务问题定义为数据可分析问题。

视频：数据
思维公式法

在繁杂的业务问题中，准确定位业务的核心诉求（因变量Y），并找到影响核心诉求的相关因素（自变量X），然后利用各种数据分析工具进一步研究。在这里，自变量X可以有很多个，而核心诉求可能有多个，也可能只有一个。就Y=F（X）这个函数判断，Y只有一个，但是如果从多个角度来解释一个现象，就可以有多个Y，每一个角度单独分析，最后进行整合。

数据思维有一种处理方法称为"公式法"，在此做简要解释，是用公式层层分解该指标的影响因素。例如，现在需要用数据分析来解决"为什么某店铺本月销售利润降低"的这一个业务问题。核心诉求因素是销售利润，根据常识判断，利润=收入-支出，所以影响利润的相关因素是收入与支出，这是通过公式将核心诉求进行拆解。只有收入数字仍然对店铺的经营状态没有了解，假设店铺只通过销售商品获得收入，继续拆解收入=所有种类商品的销售额之和，继续拆解每一种商品销售额=销售量 × 销售单价，继续拆解月销售量=每日销售量之和。支出这个因素也可以剥丝抽茧，逐层拆解，直至认为在当前层级的数据分析已经足以找到问题的根源即可，这样才能通过数据分析得出具有客观价值的，具有实践意义的结论与建议。

在通过公式法确定了该收集的数据内容以后，还要对于数据采集，数据分析等过程实施进行计划。

因为该流程通过业务理解使用项目管理相关知识与数据思维，未使用任何大数据相关技术，业内大多时候不将其纳入大数据分析流程。在此，本单元将其归类到数据分析流程的管理层面，与数据分析技术层面流程向对应。

二、数据采集

数据采集，亦称数据获取或数据收集。关于其概念，目前行业内有两种解释，本节选用"数据从无到有的过程"称之为数据采集。

足够的数据量是企业大数据战略建设的基础，数据采集是大数据分析的前提，是大数据价值挖掘中重要的一环，其后的数据分析与挖掘都需要建立在数据采集的基础之上。大数据技术的意义不在于掌握规模庞大的数据信息，而在于对这些数据进行智能处理，从中分析和挖掘出有价值的信息，但前提是拥有大量的数据。

在计算机广泛应用的今天，数据采集的重要性是十分显著的。各种类型数据采集的难易程度差别很大，数据采集时要注意一些基本原理，还有更多的实际问题需要解决。

（一）基于物联网的采集方法

"物联网"（Internet of Things，IoT）是指把所有物品通过信息传感设备与互联网连接起来，进行信息交换，即物物相联，以实现智能化识别和管理。

物联网是在互联网的基础上，利用射频识别（Radio Frequency Identification，RFID）、无线数据通信等技术，构造一个覆盖世间万物的"物联网"。在这个网络中，物品（商品）能够彼此进行"交流"，无须人工干预。其本质是利用各类技术，通过互联网实现物品（商品）的自动识别和信息的互联与共享。

物联网是从物理世界获取数据的最主要来源，目前已应用于智能家居、智慧交通、智能医疗、智能物流、智慧城市等各个领域。例如，在智能交通中，数据的采集包括基于GPS（全球定位系统）的定位信息采集、基于交通摄像头的视频采集、基于交通卡口的图像采集和基于路口的线圈信号采集等。

（二）系统日志的采集方法

计算机操作系统、软件系统、手机系统，每次的操作都会留存记录，产生大量的日志数据。对于这些日志信息，可以得出很多有价值的数据。通过对这些日志信息进行采集、收集，然后进行数据分析，挖掘公司业务平台日志数据中的潜在价值，为公司决策和公司后台服务器平台性能评估提供可靠的数据保证。系统日志采集系统的功能就是收集日志数据，提供离线和在线的实时分析。

（三）网络数据的采集方法

网络数据采集是指通过网络爬虫或网站公开API（应用程序编程接口）等方式从网站上获取数据信息。"爬虫"技术是互联网在进行非结构化数据处理过程中形成的一项突破性技术，该技术可以将非结构化数据从网页中提取出来，将其以结构化的方式存储为统一的本地数据文件。"爬虫"技术支持图片、音频、视频等文件或附件的采集，附件与正文可以自动关联。

（四）数据库采集系统

一些企业会使用传统的数据库MySQL和Oracle等来存储数据。除此之外，远程字典服务（Remote Dictionary Server）和MongoDB这样的NoSQL数据库（非结构化数据库）也常用于数据的采集。企业每时每刻产生的业务数据，以数据库一行记录形式被直接写入数据库。通过数据库采集系统直接与企业业务后台服务器结合，将企业业务后台不断产生的大量业务记录写入数据库，最后由特定的处理分析系统进行系统分析。

（五）其他数据的采集方法

对于企业生产经营数据或学科研究数据等保密性要求较高的数据，可以通过与企业或研究机构合作，或者通过付费的方式，采用特定系统接口等方式采集数据。

另外，一些官方网站也会定期公布一些行业数据，如国家统计局等政府机构，这些数据是免费的，并且真实性强，但是数据内容与类型较单一，仅具有参考价值。

【素养之窗】
个人信息保护法今起施行，数据安全再升级

2021年11月1日，《中华人民共和国个人信息保护法》（简称《个人信息保护法》）正式施行。伴随我国数据安全法律体系的又一重要组成部分就位，社会大众从此真正拥有了一面抗击隐私侵犯、维护个人权利的强大护盾，其意义和作用不言而喻。长期以来，个人信息保护都是互联网时代的一大安全难题。手机App强制过度侵权、商家暗中收集顾客面部信息、平台非法频繁推送商业信息以及某些科技公司令人哭笑不得的"大数据杀熟"套路等一系列侵权乱象层出不穷，屡屡引发公众指责与媒体声讨，却难以有效遏制。

《个人信息保护法》的正式发布和施行，强化了对公民个人信息的系统保护，从法律层面对各类侵权行为加以禁止，同时进一步完善了个人信息保护投诉及相关举报工作机制，为破解个人信息保护工作中的难点提供了强有力的法律支撑。其中明确了具有代表性的三点：

（1）通过自动化决策方式向个人进行信息推送、商业营销，应提供不针对其个人特征的选项或提供便捷的拒绝方式。

（2）处理生物识别、医疗健康、金融账户、行踪轨迹等敏感个人信息，应征得个人同意。

（3）对违法处理个人信息的应用程序，责令暂停或者终止提供服务。

《个人信息保护法》要求处理个人信息应当具有明确、合理的目的，并应当与处理目的直接相关，采取对个人权益影响最小的方式；在公共场所安装图像采集、个人身份识别设备，应设置显著的提示标识；所收集的个人图像、身份识别信息只能用于维护公共安全的目的；个人信息处理者在利用个人信息进行自动化决策过程中，不得对个人在交易价格等交易条件上实行不合理的差别待遇等。

此前，国家对公民个人信息的保护在法律层面虽有体现，但主要分散于《中华人民共和国民法典》《中华人民共和国刑法》《中华人民共和国网络安全法》《中华人民共和国消费者权益保护法》《中华人民共和国电子商务法》《中华人民共和国数据安全法》等法律之中。而《个人信息保护法》作为"专门"法略，明确提出了

"告知－同意"这一个人信息保护的基本规则，并将其确定为个人信息处理者处理用户信息的规范和前提，从而真正赋予了公民对个人信息处理的知情权与决定权，明确了个人信息的权属权益，为界定相关行为的"合法"与"违法"划出了分水岭，企业、组织等也将在对个人信息的收集、使用、存储、销毁等数据全生命周期中承担更多必要的安全保障责任。

与此同时，《个人信息保护法》明确了公民的个人信息受法律保护，公民个人信息包括但不限于公民的姓名、身份证号、电话、住址、生物识别信息以及行踪轨迹等。《中华人民共和国刑法》规定，不论出售、购买或窃取个人信息，达到一定标准都会构成侵犯公民个人信息罪，而买卖个人信息最高可判处7年有期徒刑。未来，《个人信息保护法》必将持续促进我国公民数据的依法、合理、有效利用，为国家数字经济的健康发展提供重要的法律保障！

三、数据导入与预处理

正如同各类组织采购活动，通过各种途径及方法采购到的物资需要集中有规则地在专门分配的一块区域内进行统一摆放。数据导入即为将前端采集的数据存储到数据库中，也有称之为数据存储，并将其作为一个独立的环节。本节根据主流观点将数据导入与预处理合并为一个环节。

虽然采集端本身会有很多数据库，但是如果要对这些海量数据进行有效的分析，则应当将这些来自前段的数据导入一个集中的大型数据仓库，并且在导入的基础上做数据预处理工作。整个环节都是在为大数据分析做准备。

（一）数据库与数据仓库

数据库，是指用二维的表来存放数据的仓库。

数据仓库，是数据库的升级版，是一个面向主题的（Subject Oriented）、集成的（Integrate）、相对稳定的（Non-Volatile）、反映历史变化（Time Variant）的数据集合，用于支持管理决策。

同样是存储数据的仓库，那么数据库与数据仓库之间有哪些区别？

1. 数据库是面向事务的设计，数据仓库是面向主题的设计

假设小刚去购买家居产品，红星美凯龙作为知名的家居卖场，是小刚的选择之一。它的布局是衣柜、地砖、灯、卫浴等，针对每一个产品，根据其功能安置在不同的区域。如果选择宜家家居，它会根据客厅、卧室、厨房、卫生间等以不同场景分布在不同区域。每一个区域里面有适用于这个房间的灯具、家具、地砖、油漆。这是完全不同的两种布局方式。红星美凯龙的商品摆放很紧凑，但是购买家具的时候，必须要分别前往每一个区域才可以购买齐一个房间

所需要的所有商品。但是在宜家家居，购买客厅用的商品直接就在客厅用品所在的区域内进行筛选、搭配，更加方便快捷，无须前往其他区域。这就是面向事物与面向主题设计的区别。

2. 数据库在设计时尽量避免冗余，数据仓库在设计时有意引入冗余

因为传统的存储设备技术有限，所以要尽量节约存储空间。随着技术的发展，现在可利用足够先进的存储技术来支撑更多的数据。所以数据仓库可以设计更多的冗余。例如，红星美凯龙的每一个区域都有可能设置灯，设置桌子，设置地砖，存在冗余，但是可以使数据分析查找更加方便快捷。

3. 数据库是为了获取存储数据而设计的，数据仓库是为了分析数据而设计的

数据库尽量科学合理地布局存储数据，数据仓库的目的是更好更快的数据查询与分析。大数据特点四个之一就是快速，足够的快也是当前社会发展的需求。

4. 数据仓库一般存储在线数据，数据库存储的一般是历史数据

数据库会随着时间的变化而进行数据更新。数据仓库的数据是不可以修改的。随着时间变化不断增加新的数据内容，并标明数据的历史时期，用以分析数据的变化趋势。

在IT架构体系中，数据库是必须存在的，必须要有存储数据的空间。通常情况下，基于业务数据库，数据分析人员也能完成数据分析需求，但是也一定要建立数据仓库。基于业务数据库进行分析，主要有以下几个问题：结构复杂，数据杂乱，难以理解，数据量大时查询缓慢。而针对上述问题，都可以通过一个建设良好的数据仓库来解决。数据仓库只用于查询，就可以省略数据库关于修改数据权限等众多复杂的内容。随着时间变化，每次历史数据都能保存。也更好地让用户能观察到数据的细节。面向主题的设计也更加方便数据分析与查找。

（二）数据质量

在真实世界中，数据通常是不完整的（缺少某些感兴趣的属性值）、不一致的（包含代码或者名称的差异），极易受到噪声（错误值或异常值）的侵扰。因为数据库太大，而且数据集经常来自多个异种数据源，所以低质量的数据将导致低质量的挖掘结果。

在技术发展的不同阶段，对数据质量有不同的定义和标准。早期对数据质量的评价标准主要以数据准确性为出发点，随着信息系统功能的不断延伸，用户关心的重点逐步由数据准确性扩展至合法性、一致性等方面。数据质量具有四大要素：完整性、一致性、准确性和及时性。

1. 完整性

完整性主要是指数据记录和数据信息是否完整，是否存在缺失的情况。数据的缺失主要包括记录的缺失和记录中某个字段信息的缺失，两者都会造成统计结果的不准确，所以完整性是对数据质量最基本的要求。

2. 一致性

一致性主要包括数据记录的规范性和数据逻辑的一致性。数据记录的规范性主要是指数据编码和格式的规范性，例如：身份证字段长度是18位，其中性别1位，IP地址一定是由用"."分隔的4个0-255的数字组成的。还有一些定义的数据约束，例如数据库中完整性的非空约束、唯一值约束等。数据逻辑的一致性主要是指指标统计和计算的一致性，比如新用户比例以百分数表现在0~1。数据的一致性审核在数据质量审核中是比较重要也是比较复杂的。

导致一致性出问题的原因有很多，有数据记录的规则不一致（但不一定存在错误）、异常的数值、不符合有效性要求的数值等，如网站的访问量一定是整数，年龄一般在1~100，转化率一定是介于0~1的值等。

3. 准确性

准确性关注的是记录中存在的错误，它可能存在于个别记录中，也可能存在于整个数据中。如果整个数据集的某个字段的数据存在错误，例如数量级的记录错误等，则比较容易被发现。当数据集中存在个别的异常值时，可以使用最大值和最小值的统计量去审核，或者使用箱型图让异常记录凸显出来。关于准确性审核上的字符乱码问题或者字符被截断的问题，都可以使用分布图来分析，一般的数据记录基本符合正态分布，那些占比异常小的数据项很可能存在问题。例如，某个字符记录的占比只有0.1%、而其他字符记录的占比都在3%以上，那么这个字符记录很可能存在异常，一些提取（Extract）、转换（Transform）、加载（Load）工具的数据质量审核会标识出这类占比异常小的记录值。对于数值范围既定的数据，超过其值域的记录就是错误的。而对于没有明显异常的错误值就很难发现，因此准确性的审核有时会遇到困难。

4. 及时性

及时性是指数据的刷新、修改和提取等方面的快速性。数据从产生到可以查看的时间间隔，称为数据的延时时长。如果数据需要延时几天才能查看，或者每周的数据分析报告需要几周后才能呈现，那么分析的结论可能已经失去时效，分析师的工作也只是徒劳；或者，某些实时分析和决策需要用到以分、时作为单位的计算数据，比如股票数据，这些需求对数据的时效性要求较高。分析型数据虽然对数据的实时性要求不是太高，但并不意味着没有要求。因此及时性也是数据质量的要素之一。

（三）数据预处理

数据预处理（Data Preprocessing）是指在主要的数据分析以前对数据进行的一些处理，深入地说，其本质是为了将原始数据转换为可以理解的格式或者方便于数据分析的格式。数据预处理就是提高数据质量的有效方法。

数据预处理是整个大数据分析流程最耗时、最烦琐的阶段，约占整个大数据分析流程75%的时间，如图9-7所示。但是该过程的质量取决于数据分析的速度与分析结果的质量，所以数据预处理非常重要。

图9-7　数据预处理流程

1. 数据描述性分析

数据预处理的首要任务是描述性分析数据集中各变量（属性）特征，测定变量的集中趋势和离散程度。数据描述性分析也可以为后续的数据清洗、数据整合、数据转换等数据预处理工作明确目标。

（1）工作一：观察数据总条数、字段名称、字段数等数据基本情况，为后续的数据清洗、数据整合、数据转换等处理工作明确目标。

（2）工作二：描述分析数据集中各变量/属性特征，测定变量的集中趋势和离散程度，为数据挖掘的算法选择做准备。例如：数据的集中趋势和一般水平；比较同一现象在不同的空间和阶段的发展水平；分析不同变量之间的相关关系，如数值平均数、位置代表值等。

2. 数据清洗

数据清洗的主要任务就是对原始数据中存在的缺失数据和异常值数据进行必要的处理。

（1）单元缺失——观测对象所有信息均缺失。

处理方法：

① 直接删除（数据体量大，缺失数据少）。

② 加权调整（主要用于抽样调查统计推断的调整）。

（2）项目缺失——观测对象部分信息记录不全。

处理方法：

① 人工插补法（凭主观经验）。

② 均值插补法（简便，但是某变量缺失值较多会造成数据分布扭曲）。

③ 热插补法（找到完整数据中与缺失数据最相似的数据进行插补）。

④ 回归插补法（关于解释变量Y的回归方程来插补Y的缺失值）。

⑤ 多重插补法（需要大量的工作创建插补集，并进行结果分析）。

⑥ 时间序列插补法（根据时间序列将缺失值前后几条数值做均值插补）。

（3）异常值。

检验方法：

① 箱线图法（如图9-8所示）。

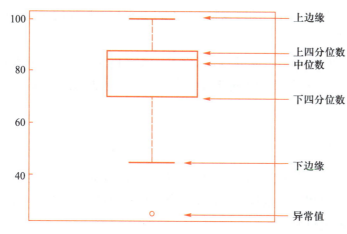

图9-8　箱线图（箱型图）

② 统计检验法（预先明确数据集的分布）。

③ 基于偏离的方法（通过检查一组数据对象的主要特征值来确定孤立点）。

处理方法：

① 分箱法（通过考查相邻数据的取值对异常值数据进行平滑处理）。

② 回归法（构建回归模型，以回归模型的拟合值代替异常值）。

③ 聚类法（将类似的数据聚为一类，用距离异常值最近的一类数据的均值代替该异常值）。

④ 其他（同缺失数据的处理方法）。

3. 数据集成

数据集成为来自多个数据库中不同结构的原始数据进行合并处理，其意义不仅是简单的数据合并，而且是统一化、规范化的数据处理工作。

处理方法：

① 处理对象匹配问题（识别相同的ID或变量是否名称不同）。

② 处理变量单位不匹配问题（如价格、长度单位等）。

③ 处理语义模糊和冲突问题（消除歧义，划定范围）。

4. 数据转换

数据转换是指将数据从一种表现形式转变为统一的、适用于数据分析方法应用的数据形式，使不同的数据之间便于比较。

处理方法：

① 数据标准化（统计数据的指数化，逻辑回归分析之前一定标准化）。

② 数据的代数运算（对数据进行相应的计算变换，如对数化处理）。

③ 数据的离散化（为了数据分析需要，将连续型数据转换为离散型数据）。

5. 数据归约

数据归约是指在尽可能保持数据原貌的前提下，最大限度地精简数据量，其意义在于降低无效、错误的数据对数据建模造成的影响，提高数据建模的准确性，少量且具有代表性的数据将大幅缩减数据挖掘所需的时间，并且降低存储数据的成本。

数据归约的种类包括变量归约（合并变量来创建新变量，或者直接删除不相关的变量）与数值归约（通过选择替代的较小的数据来减少数据量）。

四、大数据分析

大数据分析是指用适当的统计分析方法对收集而成的大量数据进行分析，提取有效的信息以及对数据加以详细研究和概括总结的过程。本节将数据挖掘归属于广义的大数据分析。

（一）传统数据分析与大数据分析的关系

1. 在分析方法上，两者并没有本质不同

数据分析的核心工作是人对数据指标的分析、思考和解读，人脑所能承载的数据量是有限的。所以，无论是"传统数据分析"，还是"大数据分析"，均需要将原始数据按照分析思路进行统计处理，得到概要性的统计结果供人分析。两者在这个过程中是类似的，区别只是原始数据量大小所导致处理方式的不同。

2. 在对统计学知识的使用重心上，两者存在较大的不同

"传统数据分析"运用的知识主要围绕"能否通过少量的抽样数据来推测真实世界"的主题展开。"大数据分析"主要是利用各种类型的全量数据（不是抽样数据），设计统计方案，得到兼具细致和置信的统计结论。

3. 与机器学习模型的关系上，两者具有本质差别

"传统数据分析"在大部分时候，都是将机器学习模型作为黑盒工具来辅助分析数据。而"大数据分析"，更多时候是两者的紧密结合，大数据分析产出的不仅是一份分析效果测评，后续可基于此来升级产品。在大数据分析的场景中，数据分析往往是数据建模的前奏，数据建模是数据分析的成果。

（二）数据挖掘

对于大型的、复杂的、信息丰富的数据集的理解实际上是所有的商业、科学、工程领域的共同需要，在商务领域，公司和顾客的数据逐渐被认为是一种战略资产。在当今世界中，汲取隐藏在这些数据后面的有用知识并有效利用这些知识变得愈加重要。借助于计算机及网络，运用传统及现代的计算方法和统计技术，从数据中获取有用知识和信息的整个过程，称为数据挖掘。

数据挖掘是一个反复迭代的过程，在这个过程中，所取得的结果用"发现"来定义，而这种发现是通过自动方法或人工方法取得的。在对什么将会构成一个"有趣的"结果没有预定概念的初步探测性分析方案中，数据挖掘非常重要。它从大量的数据中收集有价值的、非同寻常的新信息，是人和计算机合力的结果；它在人类描述问题和目标的知识与计算机的搜索能力之间寻求平衡，以求获得最好的结果。

数据挖掘分为有监督的数据挖掘和无监督的数据挖掘。

1. 有监督的数据挖掘

通过已有的训练样本去训练得到一个最优模型，再利用这个模型将所有的输入映射为相应的输出，对输出进行简单的判断，从而实现预测和分类的目的，也就具备了对未知数据进行预测和分类的能力。

有监督的数据挖掘可分为回归和分类。回归，即给出一系列自变量X和因变量Y，拟合出一个函数，这些自变量X就是特征向量，因变量Y就是标签。分类，其数据集由特征向量X和它们的标签Y组成，当利用数据训练出模型后，给一个只知道特征向量而不知道标签的数据，求它的标签。

2. 无监督的数据挖掘

事先没有任何训练样本，而需要直接对数据进行建模。例如，去参观一个画展，虽然对艺术一无所知，但是欣赏完多幅作品之后，也能把它们分成不同的派别。无监督数据挖掘的主要算法是聚类，聚类目的在于把相似的东西聚在一起，主要通过计算样本间和群体间距离得到，主要算法包括K-means、层次聚类、EM算法等。

（三）机器学习与人工智能

1. 人工智能

人工智能（Artificial Intelligence，AI），是研究、开发用于模拟、延伸和扩展人的智能的理论、方法、技术及应用系统的一门新兴技术科学。

人工智能是计算机科学的一个分支，它企图了解智能的实质，并生产出一种新的能以人类智能相似的方式做出反应的智能机器，该领域的研究对象包括机器人、语言识别、图像识别、自然语言处理和专家系统等。人工智能从诞生以来，理论和技术日益成熟，应用领域也不断扩大，可以设想，未来人工智能

动画：机器学习与人工智能

带来的科技产品，将会是人类智慧的"容器"。

2. 机器学习

机器学习最基本的做法，是使用有监督与无监督数据挖掘来解析数据、从中学习，然后对真实世界中的事件做出决策和预测。与传统的为解决特定任务、硬编码的软件程序不同，机器学习是用大量的数据来"训练"，通过各种算法从数据中学习如何完成任务。

例如，当我们浏览网上商城时，经常会出现商品推荐的信息。这是商城根据往期的购物记录和冗长的收藏清单，识别出这其中哪些是客户真正感兴趣，并且愿意购买的产品。这样的决策模型，可以帮助商城为客户提供建议并鼓励产品消费。

从学习方法上分类，机器学习算法可以分为监督学习（如分类问题）、无监督学习（如聚类问题）、半监督学习、集成学习、深度学习和强化学习。

3. 人工智能与机器学习的关系

机器学习就是用算法解析数据，不断学习，对事件做出判断和预测的一项技术。研究人员不会亲手编写软件、确定特殊指令集、然后命令程序完成特殊任务；相反，研究人员会用大量数据和算法"训练"机器，指导机器学会如何执行任务。

这里有四个重要的信息：

（1）"机器学习"是"模拟、延伸和扩展人的智能"的一条路径，所以是人工智能的一个子集；

（2）"机器学习"是要基于大量数据的。

（3）正是因为要处理海量数据，所以大数据技术尤为重要；

（4）"机器学习"只是大数据技术上的一个应用。

五、数据可视化

数据可视化是指以图形或图形格式对数据进行的展示。数据可视化最大的优势是能够帮助人们快速地理解数据。在一个图表中可以突出显示一个大的数据量，并且人们可以快速地发现关键点；并以文字形式表达，可能需要大量篇幅来分析所有的数据及其相关性

大数据可视化是关于数据视觉表现形式的科学技术研究，其目的就是利用计算机自动分析能力，充分挖掘人们在可视化信息认知能力方面的优势，将人和机的强项进行有机融合，借助人机交互式分析方法和交互技术，辅助人们更加直观和高效地洞悉大数据背后的信息、知识与智慧。与立体建模之类的特殊技术方法相比，大数据可视化所涵盖的技术方法要广泛得多。

（一）数据可视化的过程

如今，人们在新闻、网站和图书中看到的那些精致的图表，都是数据图形的典范。制作这些图表的人对数据理解得越深越透，就越能更好地展现自己的研究成果。除了用于展现研究成果，可视化也是一个很好的数据分析工具，可以帮助探索数据，在统计检验中可能无法发现相关内容。只需要明确目标是什么，以及根据已有的数据要提出什么问题。

研究者在数据分析中所采取的具体步骤会随着数据集和项目的不同而不同，但在探索数据可视化时，应着重考虑以下四方面：

- 拥有什么数据？
- 关于数据想了解什么？
- 应该使用哪种可视化方式？
- 看见了什么，有意义吗？

在这些问题中，每个问题的答案都取决于前一个问题的答案。图9-9显示了这个迭代过程。如果拥有很多数据，在可视化数据的某一个方面，所看见的内容可能让人对其他方面产生新鲜感，而这种新鲜感反过来会产生不同的图表。

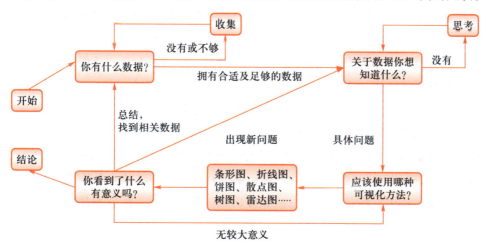

图9-9　数据可视化的迭代过程

1. 拥有什么数据

人们通常会想象可视化应该是什么样子，或者找到一个想要模仿的事例。常见的错误是先形成视觉形式，再找数据。其实应该反过来，应先找数据，再进行可视化。通常，获取需要的数据是最困难、耗时最多的一步。根据所指定的格式获取数据，再轻松地将其导入选用的软件，这在实际工作中是很少见的。研究者需要将获取到的数据进行数据导入并预处理后才可以进行数据可视化分析工作，也有越来越多简单易用的应用程序可以帮助管理数据。

研究数据的时候，应该经常停下来想一想它们代表着什么、来自哪里以及如何衡量其变化。

2. 关于数据，想了解什么

一方面，假设要研究一些数据，应从哪些角度着手？大多数发现都会来自外部信息和其他数据。另一方面，当拥有一个包含数以千计甚至数个百万观察结果的数据集时，想象一下有那么多行的电子表格，这将非常具有挑战性，却不知道从何下手。

为了避免淹没在数据海洋中，开始时应该先问问自己计划从数据中了解什么。

答案无须复杂深刻，只是不太模糊，回答得越具体，方向就越明确。

针对数据提问时，也给自己设定一个出发的位置，随着研究的深入，可能会出现更多需要研究的问题。为更广泛的读者设计可视化图表时，要在研究过程中提出并回答读者可能会问的问题，即研究的重点和目标，对设计过程也很有帮助。

3. 应该使用哪种可视化方式

有很多图表和视觉隐喻的组合可以选择。在为数据选择正确的表格时，研究初期更重要的是从不同的角度观察数据，并深入到对项目更加重要的事情上。制作多个图表时，要比较所有的变量，分析有没有值得进一步研究的内容。先从整体上观察数据，然后放大到具体的分类和独立的数据点。这也是试验视觉形式的好时机。如果尝试用不同的标尺、颜色、形状、大小和几何图形，可能会看到值得进一步探索的图形。如果目标是探索研究，那么就不要让最佳实践清单阻止尝试一些不同的内容，因为复杂的数据通常需要复杂的可视化。

传统的可视化图，如条形图和折线图很容易画，也很容易看明白，这使它们成为探索数据的出色工具。目标改变，选择也会改变。如果是设计仪表板，就要使系统状态显示得一目了然，所以必须用直观的方式进行数据可视化，以便于理解。如果目标是鼓励反思或激发情感，那么效率可能就不是主要的考量要素了。

4. 看到了什么，有意义吗

可视化数据后，需要寻找一些内容，包括增加值、减少值、离群值，或者一些组合。同时也要注意发生多少变化，以及模式有多明显、数据中的差异与随机性相比是怎样的，因为估值的不确定性、人为的或技术的错误或者是因为人或事物的与众不同，导致观察结果与众不同。找到有趣的内容时，问问自己："它有意义吗？为什么有意义？"人们常常认为数据就是事实。因为数字是不可能变动的。但数据具有不确定性，因为每个数据点都是对某一瞬间所发生事情的快速捕捉，数据的其他背景都是人为推断的。

（二）掌握数据可视化设计组件

从数据到可视化图形的飞跃，并非很容易地使用计算机。只需稍动鼠标就可以立刻实现。其中的思考与选择除了图形以外，还包括颜色的使用、标尺的设置、位置的摆放等，不同的可视化组件使用，对可视化图形的寓意和用途都会产生不同的理解。

基于数据的可视化组件可以分为四种：视觉隐喻、坐标系、标尺、背景信息。无论在图形的什么位置，可视化都是基于数据和这四种组件创建的。有时它们是显性的，有时它们则会组成一个无形的框架。这些组件协同工作，对每一个组件的选择都会影响到图形整体。

1. 视觉隐喻

可视化最基本的图形就是简单地把数据映射成各种图形。它的工作原理就是大脑倾向于寻找模式，可以在图形和它所代表的数字间来回切换。必须确定数据的本质并没有在这个过程中丢失，如果不能映射回数据，可视化图表就只是一些无用的图形。所谓视觉隐喻就是在数据可视化的时候，用形状、大小和颜色来编码数据。必须根据目的来选择合适的视觉隐喻，并正确使用它。

（1）位置。用位置做视觉隐喻时，要比较给定空间或坐标系中数值的位置。观察散点图时，是通过一个数据点的横坐标和纵坐标以及与其他点的相对位置来判断的。

只用位置做视觉隐喻的一个优势就是，它往往比其他视觉隐喻占用的空间更小。因为可以在一个横纵坐标平面内绘制出所有数据，每一个点代表一个数据，绘制完成大量数据之后，就可以看出趋势、群集和离群值。这个优势同时也是劣势，散点图不能分辨出每一个点表示什么。

（2）长度。长度通常用于条形图中，条形越长，绝对数值越大。不同方向上，如水平方向、垂直方向或者圆的不同角度上都是如此。

长度是指从图形一端到另一端的距离，引出所需长度比较数值，就必须能看到线条的两端，否则得到的最大值、最小值及其区间的所有数值都是有偏差的。

另外，人眼对长度的比较与识别较为敏感，如图9-10所示，饼图的五个部分很难用肉眼分辨哪个区域较大，如将其转换为柱形图，则一目了然。

图9-10　饼图与柱形图

（3）角度。角度的取值范围是0°～360°，构成一个圆。有90°的直角、大于90°的钝角和小于90°的锐角，直线是180°。

0°～360°之间的任何一个角度，都隐含着一个能和它组成完整圆形的对应角，这两个角被称为共轭。这就是通常用角度来表示整体中部分的原因。尽管圆环图经常被当作是饼图的近亲，但圆环图的视觉隐喻是弧长，因为可以表示角度的圆心被切除。

（4）方向。方向和角度类似。角度是相交于一个点的两个向量，而方向则是坐标系中一个向量的方向，可以看到上下左右及其他所有方向。

对变化大小的感知在很大程度上取决于标尺。例如，可以放大比例，让一个很小的变化看上去很大；同样，也可以缩小比例，让一个巨大的变化看上去很小。一个经验法则是：缩放可视化图表，使波动方向基本都保持在45°左右。如果变化很小但却很重要，就应该放大比例以突出差异；相反，如果变化微小且不重要，那就不需要放大比例使之变得显著了。

近年来大气中二氧化碳含量变化如图9-11所示，该图反映了二氧化碳含量较快的上升幅度，但是仔细发现纵坐标轴将刻度进行了调整，使得图表效果达到了作者的意图。如果将纵坐标起始设为0，那么折线的斜率则很难发现变化。

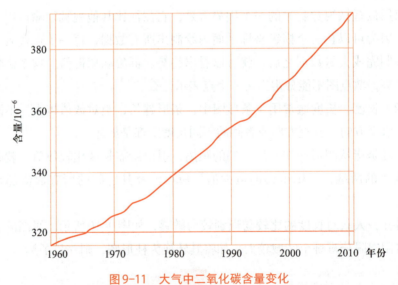

图9-11　大气中二氧化碳含量变化

（5）形状。形状和符号通常被用在地图上，以区分不同的对象和种类。地图上的任意一个位置可以直接映射到现实世界中，所以用图标来表示现实世界中的事物是合理的。例如，可以用一些树表示森林，用一些房子表示住宅区。在图表中，形状已经不像以前那样频繁地用于显示变化。

条形图一样可以利用形状达到图形生动形象的目的，人类历史上最伟大的建筑条形图如图9-12所示。

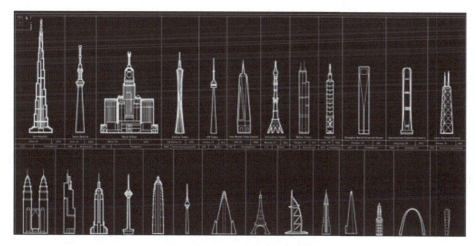

图9-12 人类历史上最伟大的建筑条形图

（6）面积和体积。大的物体代表大的数值。长度、面积和体积分别可以用在二维空间和三维空间中，以表示数值的大小。二维空间通常用圆形和矩形表示，三维空间一般用立方体或球体表示。也可以更为详细地标出图标和图示的大小。

（7）颜色。颜色视觉隐喻分为两类：色相和饱和度。两者可以分开使用，也可以结合起来使用。色相就是通常所说的颜色，如红色、绿色、蓝色等。不同的颜色通常用来表示分类数据，每种颜色代表一个分组。饱和度是一种颜色中色相的量。假如选择红色，高饱和度的红就非常浓，随着饱和度的降低，红色会越来越淡。同时使用色相和饱和度，可以用多种颜色表示不同的分类，每个分类有多个等级（见图9-13）。

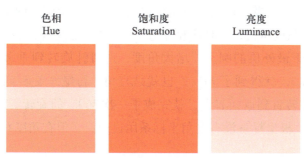

图9-13 色相、饱和度与亮度

对颜色的谨慎选择能为数据增添背景信息。因为不依赖于大小和位置，可以一次性编码大量的数据。不过，有些特殊情况下要时刻考虑到色盲人群，确保所有人都可以解读自己的图表。可以通过组合使用多种视觉隐喻，使所有人都得以分辨。

（8）感知视觉隐喻。1985年，AT&T贝尔实验室的统计学家威廉·克利夫兰和罗伯特·麦吉尔发表了关于图形感知和方法的论文。研究焦点是确定人们理解上述视觉隐喻（不包括形状）的精确程度，最终得出了从最精确到最不精确的视觉隐喻排序清单，即：位置→长度→角度 →方向→面积→体积→饱和度→色相。

很多可视化建议和最新的研究都源于这份清单。不管数据是什么，最好的方法是确认人们能否很好地理解视觉隐喻，感知图表所传达的信息。

2. 坐标系

编码数据的时候，总得把物体放到一定的位置。有一个结构化的空间，还有指定图形和颜色画在哪里的规则，这就是坐标系。常见的坐标系分别为直角坐标系、极坐标系和地理坐标系，如图9-14所示。

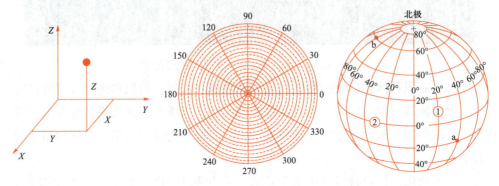

图9-14　直角坐标系、极坐标系与地理坐标系

（1）直角坐标系。直角坐标系是最常用的坐标系（对应如条形图或散点图）。通常可以认为坐标的表示方法为（x，y）。坐标的两条线垂直相交，取值范围从负到正，组成了坐标轴。交点是原点，坐标值指示到原点的距离。直角坐标系还可以向多维空间扩展。例如，三维空间可以用（x，y，z）替代（x，y）。

（2）极坐标系。极坐标系（对应如饼图）是由一个圆形网格构成的，最右边的点是0°，角度越大，逆时针旋转越多。距离圆心越远，半径越大。

将自己置于最外层的圆上，增大角度，逆时针旋转到垂直线（或者直角坐标系的 Y 轴），就得到了90°，也就是直角。再继续旋转四分之一，到达180°。继续旋转直到返回起点，就完成了一次360°的旋转。沿着内圈旋转，半径会小很多。极坐标系没有直角坐标系用途广泛，但在角度和方向很重要时它会更加实用。

（3）地理坐标系。位置数据的最大好处就在于它与现实世界的联系，它能给相对位置的数据点带来即时的环境信息和关联信息。用地理坐标系可以映射位置数据。位置数据的形式有许多种，但通常都是用纬度和经度来描述的，分别相对于赤道和子午线的角度，有时还包含高度。纬度线是东西向的，标识地球上的南北位置。经度线是南北向的，标识东西位置。高度可被视为第三个维度。

3. 标尺

坐标系指定了可视化的维度，而标尺则指定了在每一个维度里数据映射到哪里。标尺有很多种，也可以用数学函数来定义自己的标尺，但是基本上不会偏离三种标尺，即数字标尺、分类标尺和时间标尺。标尺和坐标系一起决定了图形的位置以及投影的方式。

（1）数字标尺。线性标尺上的间距等同，无论处于坐标轴的什么位置。因此，在标尺的底端测量两点间的距离和在标尺的高端测量两点间的距离的结果是一样的。

对数标尺是随着数值的增加而压缩的，因此不像线性标尺那样被广泛使用。对于不常和数据打交道的人来说，它不够直观，也不好理解。但如果关心的是百分比变化而不是原始计数，或者数值的范围很广，那么对数标尺还是很有用的。

百分比标尺通常也是线性的，用来表示整体中的部分时，最大值是100%（所有部分总和是100%）。

（2）分类标尺。数据并不总是以数字形式呈现的，它们也可以是分类的。如人们居住的城市，或性别、颜色。分类标尺为不同的分类提供视觉分组，通常和数字标尺一起使用。拿条形图来说，可以在水平轴上使用分类标尺，在垂直轴上使用数字标尺，这样就可以显示不同分组的数量和大小。分类间的间隔是随意的，和数值没有关系。通常会为了增加可读性而进行调整，顺序和数据背景信息密切相关。当然，也可以相对随意，但对于分类的顺序标尺来说，顺序就很重要了。例如，将电影的分类排名数据按照从糟糕到非常好的顺序显示，这样能帮助观众更加轻松地判断和比较影片的质量。

（3）时间标尺。时间是连续变量，可以把时间数据画到线性标尺上，也可以将其分成月份或者星期这样的分类，作为离散变量处理。当然，它也可以是周期性的，总有下一个正午、下一个星期六和下一个一月份。和读者沟通数据时，时间标尺带来了更多的好处，因为和地图一样，时间是日常生活的一部分。我们每时每刻都在感受和体验着时间的变化。

4. 背景信息

背景信息可以使数据更加清晰完整，并且能正确引导读者。

有时背景信息是直接画出来的，有时它们则隐含在媒介中。至少可以很容易地用一个描述性标题来让读者知道他们将要看到的是什么。想象一幅呈上升趋势的汽油价格时序图，可以把它称为"油价"，这样显得清楚明确。也可以叫它"上升的油价"，用来传达出图片的信息。还可以在标题底下加上引导性文字，描述价格的浮动。

所选择的视觉隐喻、坐标系和标尺都可以隐性地提供背景信息。明亮、活泼的对比色和深的、中性的混合色表达的内容是不一样的。同样，地理坐标系使人置身于现实世界的空间中，直角坐标系的横纵坐标轴只停留在虚拟空间。

对数标尺更加关注百分比变化而不是绝对数值。这就是为什么注意软件默认设置很重要。

现有的软件越来越灵活，但是软件无法理解数据的背景信息。软件可以帮助初步画出可视化图形，但还要由人来研究和做出正确的选择，让计算机为自己输出可视化图形。其中，部分来自对几何图形及颜色的理解，更多则来自练习，以及从观察大量数据和评估不熟悉数据的读者的理解中获得的经验。常识往往也很有帮助。

同步练习

一、单选题

1. 数据分析的最终目标是（　　）。

    A. 追溯   B. 监控

    C. 洞察   D. 预测

2. 一个完整数据的描述不一定包括（　　）。

    A. Who   B. Where

    C. Why   D. What

3. 20GB =（　　）。

    A. 2 000 000KB   B. 20 000MB

    C. 2 048MB   D. 20 480MB

4. 在数据采集结束后，需要进行的操作是（　　）。

    A. 分析数据   B. 展示数据

    C. 业务理解   D. 导入数据

5. 数据转换的处理方法不包括（　　）。

    A. 数据标准化   B. 数据离散化

    C. 处理数据异常值   D. 数据的代数运算

二、多选题

1. 大数据的特点包括（　　）。

    A. 处理速度快   B. 数据量巨大

    C. 数据类型多   D. 数据单位价值低

2. 数据采集的方法包括（　　）。

    A. 基于物联网采集   B. 网络数据采集

    C. 数据库采集   D. 系统日期采集

3. 数据质量四大要素包含（　　　　　）。

    A. 完整性　　　　　　　　　　B. 一致性

    C. 准确性　　　　　　　　　　D. 及时性

4. 常见的几种坐标系包含（　　　　　）。

    A. 直角左边系　　　　　　　　B. 极坐标系

    C. 地理坐标系　　　　　　　　D. 无极坐标系

5. 常见的几种标尺包含（　　　　　）。

    A. 数字标尺　　　　　　　　　B. 分类标尺

    C. 时间标尺　　　　　　　　　D. 双重标尺

三、判断题

1. 大数据是指达到 EB 字节的数据。　　　　　　　　　　　　　　　　（　　）

2. "小明语文考了 60 分"是数据。　　　　　　　　　　　　　　　　（　　）

3. 因为大数据思维要求从精确思维变革为容错思维，所以大数据分析流程不需要对错误数据进行修正。　　　　　　　　　　　　　　　　　　　　　　　（　　）

4. 数据集成是将数据从一种表现形式变为统一的、适用于数据分析方法应用的数据形式，使不同的数据之间便于比较。　　　　　　　　　　　　　　　（　　）

5. 人工智能永远不可能超过人类的智能。　　　　　　　　　　　　　（　　）

实训项目

一、实训名称

手机游戏账号数据预处理操作练习。

二、实训背景

手机游戏运营公司为了具体了解用户流失情况，可以分析游戏用户的登录信息等数据，随后了解用户的基本情况及对游戏的忠诚度。

三、实训要求

打开工作簿"手机游戏账号数据预处理"，按照数据预处理流程，使用 Excel 对源数据进行数据描述性分析、数据清洗、数据集成、数据转换以及数据规约（如无须进行的步骤可省略）。

四、实训成果

（1）每一位同学最终提交一份预处理完毕的数据表。

（2）请将数据预处理所有流程的操作记录作为附件。

参考文献

［1］ 夏学文，周惠娟.市场调查与分析［M］.2版.北京：高等教育出版社，2020.

［2］ 神龙工作室.Excel高效办公：数据处理与分析［M］.3版.北京：人民邮电出版社，2020.

［3］ 赵悦.市场调查与预测［M］.上海：上海财经大学出版社，2021.

［4］ 居长志，周峰.市场调研［M］.2版.南京：东南大学出版社，2019.

［5］ 夏南新.统计学［M］.2版.北京：高等教育出版社，2021.

［6］ 赵国庆.计量经济学［M］.6版.北京：中国人民大学出版社，2021.

［7］ 王宇新，齐恒，杨鑫.大数据分析技术与应用实践[M].北京：清华大学出版社，2020.

［8］ 王珊珊，梁同乐.大数据可视化［M］.北京：清华大学出版社，2021.

［9］ 赵兴峰.企业经营数据分析——思路、方法、应用与工具［M］.北京：电子工业出版社，2016.

［10］ 赵强.数据分析基础技术［M］.北京：电子工业出版社，2021.

▌主编简介

居长志，江苏经贸职业技术学院工商管理学院院长、教授，国家骨干高职院校连锁经营与管理专业负责人，国家级连锁经营与管理专业教学资源库执行主持人，国家级精品在线课程"连锁经营管理原理"主持人，江苏省品牌专业连锁经营与管理专业负责人，江苏省特色专业市场营销专业负责

人，江苏省青蓝工程市场营销专业优秀教学团队带头人。现任江苏省新零售数字化技术研究工程开发中心主任、全国连锁经营管理专业教学指导委员会秘书长、江苏省商业经济学会常务副会长等职务。从事市场营销、商业经营等领域教学和研究工作30余年。先后主持完成"现代市场营销原理与应用"省级精品课程、"连锁经营管理原理"国家精品在线开放课程、主编国家规划教材2部、"十三五"江苏省高校重点教材2部，发表论文20余篇。主持江苏省社会科学基金项目等20余项。荣获国家教学成果奖1项、江苏省教学成果奖1项。

周峰，江苏经贸职业技术学院工商管理学院教授，江苏省"333高层次人才培养工程"培养对象、江苏省高校"青蓝工程"优秀青年骨干教师培养对象。主要研究领域为企业战略管理、市场营销策划。近年主持省部级课题2项、企业服务课题3项、其他课题10余项；主编教材3部，发表论文10余篇；指导学生获国际市场营销大赛金奖；主持"市场调查与预测"校级精品课、"市场调研"校级在线共享课。

防伪查询说明

用户购书后刮开封底防伪涂层，利用手机微信等软件扫描二维码，会跳转至防伪查询网页，获得所购图书详细信息。用户也可将防伪二维码下的20位密码按从左到右、从上到下的顺序发送短信至106695881280，免费查询所购图书真伪。

反盗版短信举报

编辑短信"JB，图书名称，出版社，购买地点"发送至10669588128

防伪客服电话

（010）58582300

信息化教学服务指南

授课教师如需获得本书配套教辅资源，请登录"高等教育出版社产品信息检索系统"（http://xuanshu.hep.com.cn/）搜索下载，首次使用本系统的用户，请先注册并进行教师资格认证。

欢迎加入高教社市场营销专业教学研讨交流QQ群：20643826

高等职业教育
商科类专业群
新专业教学标准体系

新商科

电子商务类专业
电子商务内容运营
电子商务文案写作
商品信息采集
网店运营管理
网店视觉营销
网店客户服务
电子商务法律法规
电子商务物流
跨境电子商务基础
移动商务基础
直播电商
农村电子商务

电子商务综合实训

营销类专业
新媒体营销
移动营销
数字营销
直播营销
消费者行为分析
市场调查与分析
市场营销策划
商务谈判与沟通
现代推销技术
广告原理与实务
品牌推广与管理
销售管理
渠道管理
客户服务与管理

营销综合实训

智慧物流实训

物流类专业
货物学
物流法律法规
仓储与配送管理
采购与供应链管理
物流成本管理
物流营销
运输管理
物流信息管理
物流设施设备
国际货运代理
物流地理
快递实务

互联网+国际贸易综合实训

经济贸易类专业
进出口业务操作
外贸单证操作
外贸跟单操作
国际结算操作
国际英文函电
外贸风险管理
跨境电子商务进出口实务
跨境电子商务推广
报关与报检实务
国际商法
国际市场营销
国际英语
商务英语

商科类专业群专业基础课

- 中国商贸文化
- 电子商务基础
- 市场营销
- 商品学
- 现代物流管理
- 国际贸易基础
- 商务办公软件应用
- 商务数据分析与应用
- 网络营销
- 选品与采购
- 供应链管理基础
- 商务沟通与礼仪

电子商务类专业

营销类专业

物流类专业

经济贸易类专业